湛庐文化
Cheers Publishing
a mindstyle business
与 思 想 有 关

THE
EVOLUTION OF
HEDGE FUND

私募的进化

金融超级蓝海中的跌宕十年

格上研究中心◎著

四川人民出版社

编委会名单

私募基金需要这样一本“回忆录”

桂敏杰

一直想有个机会，能通过一种方式准确、系统、全面地回望我国私募基金行业产生和发展的轨迹。20 世纪初，随着国内金融改革的持续深化、社会财富的不断累积与增长以及居民理财需求的大幅提升，我国私募基金行业开始萌发。虽然相较海外起步较晚，但整个私募行业在过去 10 年实现了跨越式发展，在行业管理规模、管理人数量、规范水平、服务质量、行业纵深、市场认可度等方面有了显著的改善和提升。到 2017 年年底，国内已备案的私募管理人（包含股权、创业及其他类私募管理人）数量为 22 446 家，行业总管理规模达到 11.10 万亿元，其中证券类私募管理人 8 467 家，管理规模 2.29 万亿元，同时还出现了 30 家管理规模超过百亿元的证券类私募巨头。整个私募行业在优化资源配置、促进金融市场多元化发展、服务实体经济和投资者方面开始发挥越来越重要的作用。

我国私募基金行业是伴随着国民财富的迅速增长而兴盛的，它得益于中国共产党的正确领导，得益于中国证券监督管理委员会、中国证券投资基金业协会以及各参与方的共同努力，得益于全体私募行业从业人员的辛勤努力。10 年来，这个被“大牛市”催生的行业，经受住了国际金融危机的严峻考验，并在复杂环境中积累了宝贵的发展经验。在新时代的背景下，私募基金行业的发展已经站上了新的平台，进入了新的阶段，既面临着难得的发展机遇，又面临更高的挑战。因此，对 10 年“进化”的透视，将对我们深入研究私募业面临的形势，积极探讨行业的发展未来具有积极的意义。

我本人长时间从事证券和基金行业的监管工作，曾有幸见证了私募行业的发展过程。至今，我仍依稀可见当年亲身参与其中的身影，特别是私募基金行业的监管方法及监管措施的制定和完善的过程仍历历在目。2004 年以前，国内私募主要以“地下私募”的形式存在，游走于灰色地带，考虑到整个行业刚刚起步，为了鼓励市场的多样性，我们对这类基金的运作模式及正规性并未做严格的限定，对其的直接监管也较少。

2004 年，赵丹阳先生开创了以信托为平台的阳光私募发行方式，开启了证券类私募基金阳光化的大门。在这种模式下，当时大部分通过信托平台发行的私募基金受到银监会监管，行业逐步发展壮大，总管理规模及管理人数量等在此期间都得到了较大发展，到 2012 年年底时，阳光化的私募总管理规模已经超过 2 000 亿元。

随着私募行业的蓬勃发展，我们在欣喜于市场丰富度提高的同时，也开始逐步讨论、筹划私募行业规范化监管的相关事宜。为了完善对私募行业的监管，当时我们配合人大财经委、法工委对全球主要市场（美国、欧盟等）进行了为期一年多的考察和调研，并根据国内金融监管体制和发展阶段，对《证券投资基金法》进行了修订。2013 年 6 月，修订后的《证券投资基金法》正式实施，证券类私募基金被纳入基金法的范围，一直处于游离状态的证券类私募基金终于获得法律地位，整个私募行业的监管权也交至中国证券监督管理委员会手中。自此，私募行业的监管责任进一步得到明确，私募行业的监管体系初步建立，2014 年正式备案的私募管理人达到 5 017 家，管理规模超过 4 600 亿元。

2015 年开始，中国证券监督管理委员会和中国证券投资基金业协会先后从备案、募资、内控、信披、投资等方面对私募行业展开监管，“7+2”自律体系开始逐步建立，监管责任更加明确与细化。2017 年 8 月，国务院发布《私募投资基金管理暂行条例（征求意见稿）》，意味着私募行业的顶层设计即将落地。与此同时，包括私募股权基金、创投基金在内的私募行业总管理规模也节节攀升，并于 2016 年下半年历史性超越公募行业管理规模。

在过去的 10 年里，许多公司在私募行业不断诞生，也不断有公司退出这个舞台，行业高速发展，“百亿级”规模的私募机构不断涌现。党的十九大的召开，为我国经济带来了新的发展动能，经济结构将进一步优化，国内资本市场将更加成熟和自信，未来整个私募行业也将持续展现出蓬勃的生机与活力，同时身处其中的各参与方也一定能够享受到行业发展所带来的红利。随着行业的规范化，私募基金行业也会大浪淘沙，尽管发展空间巨大，但真正能走得长远的，必将是坚守合规、倡导正能量、有核心竞争力、给客户提供长期持续回报的公司。

这本《私募的进化：金融超级蓝海中的跌宕十年》是格上研究中心详细地对私募基金在我国的 10 年历史进行的编年回顾，同时也对业内 18 家知名私募机构的发展历程、投资理念、风控措施进行了详尽的介绍。这是很好地回望成长的方式。书中既有对行业发展历史的总结，也有对产生问题的反思，既富有理论性，也有丰富的实践案例，为读者提供了一个很好的学习、了解、研究私募基金规律的工具和参考，有助于更多从业人员和有志进入这个行业的人们理清私募基金行业的脉络，更好地借鉴知名私募机构的成功经验，从而带动私募行业整体健康发展。

是为序。

构建卓越资产管理机构的四大要素

张 磊 高瓴资本创始人兼首席执行官

我 2005 年回国创业成立高瓴资本，当时中国经济正在崛起，整个国家焕发着勃勃生机，众多朝气蓬勃的创业者与高科技创业公司都在努力创造属于自己的价值，这其中涌现出了众多投资机会。在这样的时代浪潮中，中国的私募基金行业飞速发展起来。

随着实体经济的快速发展和居民财富的不断积累，中国资产管理行业取得长足发展，总资产规模已突破 100 万亿元，各类市场参与主体不断多元化，行业竞争逐步加剧。然而，与成熟市场相比，中国资产管理行业短期内存在证券化率偏低、投资工具过少、专业分工不强等特点。尽管如此，伴随着居民财富管理的迫切需求、金融市场体系的不断完善、实体经济众多企业的创新发展，中国资产管理行业仍有广阔前景。

我认为做一家成功的资产管理机构，需要具备以下要素：

第一，信守投资哲学，构筑伟大格局观

基金管理人的格局观并不仅仅意味着宽广的国际视野、大胆的投资谋略和精准的市场判断，其本质更是你信守的投资哲学。投资需要回归基本面，在熟悉的环境中按照合理的逻辑去思考关键性问题。

高瓴资本有三种投资哲学，我也在公司里反复强调并实践。首先是“以正治国，以奇用兵”，语出老子《道德经》。基金管理人必须坚持高度的道德自律和人格独立，只有做人、做事守其正，才能抵抗诱惑、独立思考，创造出奇的机会。其次是“弱水三千，但取一瓢”，出自《红楼梦》。目前的中国，机会不是太少而是太多。因此，在中国做投资需要学会保持克制，选取真正适合自己的机会，在熟悉的领域做精、做深，这是对自己负责，也是对投资人负责。最后是“桃李不言，下自成蹊”，出自《史记》。只要做好正确的事情，不用去到处宣传，有共同理念的人就会与我们合作，优秀的企业家也会找到我们。

坚持投资哲学并非僵化，而是以严谨的治学精神去认识市场，提炼出基本的价值观和方法论，同时要拥抱变化。我经常说高瓴的本质是一家“投资于变化”的机构，资本市场永远在变，而只有深入的基础研究才能让你对变化有深度理解。

第二，保持平常心，投资回归常识

作为专业的资产管理机构，保持一颗平常心尤为重要。世上的钱是赚不完的，而在风险与利润之间找到最佳平衡点，在恐惧和贪婪的两难抉择中保持平常心、谦卑心和敬畏心，是优秀投资人的必备素质。

无论何时，投资都需要常识性智慧：投资回报应来源于企业的盈利和成长。因此，投资人不应追逐概念或者试图通过短期博弈获益，而是从理性出发，聚焦于基础研究，充分理解市场收益的驱动因素和内在风险，回归投资常识。约翰·博格先生讲过，投资的本质是追求风险和成本调整之后的长期、可持续的投资回报，克服恐惧和贪婪，相信简单的常识，这是我非常认可的。对我来讲最好的投资是不需要退出的投资，“骑驴找马”不是我们的投资方式，我更在乎一家企业有没有长期持续的增长潜力。如果

找到一家好公司，是值得陪伴 10 年、20 年、30 年的。同时，我们应该看到，最好的企业往往是由最好的企业家掌舵。卓越的企业家注定会创造非凡的价值，而这需要时间来满足。因此，投资必须做时间的朋友，相信真理和常识。

第三，坚守企业家精神，铸造公司品质

优秀的资产管理机构应从投资人利益出发，始终将基金持有人利益放在首位，尊重企业家精神，才能赢得未来。

在信息时代，外界炒作的机会和诱惑很多，人也变得越来越浮躁，如果没有定力，不能保持治理上的独立和诚实，很难抵住诱惑。不追踪短期利益，始终坚守投资人品格，将发现价值和创造价值作为伟大事业，这些才是真正企业家精神的体现。与此同时，基金管理人还应当具有同理心，要理解客户、员工，甚至是竞争者。我所看到的伟大企业家之间既是竞争对手，又是合作伙伴，他们往往拥有非常开放的心态和伟大的格局观。资产管理机构的共同目标是促进实体经济向好的方向发展，优秀的实体企业又会以投资回报反馈给好的资产管理机构，以此正向循环，而不是脱实向虚、揠苗助长。

第四，注重人才培养，构建彼此信任的团队

一年之计，莫如树谷；十年之计，莫如树木；终身之计，莫如树人。从投资者的角度来说，风险投资很多是需要退出的，而人才是永远不需要退出的投资。作为资产管理机构，我强调研究，强调信守投资哲学并时刻拥抱变化，这其中的关键正是人才。对于我来说，人才的发掘和培养永远是重中之重，也需要更多资源来支持。

当然，人才的发掘和培养，需要建立一个目标正确、可持续的完整人才培养的机制体系和生态，以便人才源源不断地涌现。团队要彼此信任，互相激发，共同绽放。“盖有非常之功，必待非常之人！”

最后，格上财富的经营理念也很值得推崇。其秉承“宁愿丢掉客户，也不丢掉客户的钱”的极致受托人精神，保持着对研究的专注、专业以及坚持不懈的态度。适值

私募行业发展 10 年之际，其牵头完成的这样一本对私募行业进行梳理和引导的书籍，值得我们学习阅读。

投资如江湖，门派无尊贵。本书除详细回顾中国私募基金行业的发展历程外，还阐述了 18 家有代表性的私募基金管理人的成功经验，其中既有经历市场牛熊考验的 10 年老牌私募，又有新兴策略浪潮的先锋。无论对于资产行业的从业者，还是广大投资人，这都是一本具有参考借鉴意义的佳作。希望中国资产管理行业能够助力中国经济，创造更好的未来！

大资管时代的中坚力量

得益于改革开放40年经济的快速发展，中国国民财富开始迅速增长。波士顿咨询公司的数据显示，2007年，中国个人可投资金融资产总量达到了23万亿元，高净值家庭数量达到了39万户。居民财富积累的提高推动投资需求不断增长，这使得中国的资管行业进入如火如荼的发展阶段。2007年，中国银行与苏格兰皇家银行合作推出私人银行业务，标志着中资私人银行业务的正式启航；同年，信托引入合格投资者概念，开始定位高端理财市场；与此同时，私募基金[①]也开始萌发，大量明星公募基金经理转投私募。

2007—2017年间，随着国民财富的进一步扩张，整个资管领域的格局也在发生巨大的变化。公募基金的管理规模由2007年年底的3.28万亿元扩张到2017年年底的11.6万亿元；信托的管理规模由2007年年底的0.73万亿元扩张到2017年年底的25万亿元；而其中，整个私募行业的表现也异常亮眼：

① 本书中关于私募行业、私募基金、私募管理人的表述如未做特殊说明，均指证券类私募行业、证券类私募基金、证券类私募管理人。

◎ 管理规模大幅扩张。中国证券投资基金业协会数据显示，截至 2017 年年底，包括私募股权基金、创投基金等在内的私募行业管理规模达到 11.10 万亿元，即在过去近 7 年的时间里，整个行业的管理规模增长超过 25 倍，匹敌公募基金管理规模，其中证券类私募管理规模为 2.29 万亿元。

◎ 行业地位日渐提高。截至 2017 年年底，在中国证券投资基金业协会已登记的私募基金管理人（包括股权、创业及其他私募管理人）已达 22 446 家，其中证券类私募管理人数 8 467 家且市场认可度和法律地位日渐提高，私募行业已经由当初市场避口不谈的“灰色地带”，成为整个资本市场的重要参与者之一。

◎ 投资价值凸显。格上研究中心数据显示，2007—2017 年间，绩优私募基金的收益每年均跑赢各个大类资产的平均收益，对于投资者来说投资价值凸显。

◎ 大型私募机构数量逐步增加。格上研究中心数据显示，截至 2017 年年底，行业内管理规模超过百亿元的证券类私募机构数量达到 30 家，其中不乏淡水泉投资、景林资产等超大型私募。

伴随着急速发展，行业发展过程中的一些问题也开始逐渐显现，如部分私募管理人盲目追求规模扩张、缺乏风险意识、资金募集过程变相突破合格投资者要求等。2016 年开始，私募行业开始进入新监管时代，而随着一系列新规的不断发布，整个行业也正朝着规范化方向发展。

自 2007 年证券私募行业加速发展以来，经过 10 年浮沉积淀，众多私募精英登堂入室成为资产管理领域的中坚力量。而国内目前尚无一本书籍系统梳理中国私募行业的发展历程。格上财富在私募研究领域精耕 10 年，值 2017 年私募大发展 10 年之际，撰写并出版第一本记录中国证券私募行业发展的书籍《私募的进化：金融超级蓝海中的跌宕十年》。

本书的内容可概括为三个方面。第一个方面全面翔实地记录了私募行业 10 年的发展历程，囊括了私募行业 10 年间的辛酸与荣耀；第二个方面专访了 18 家优秀私募，涵盖公司管理经验、团队建设路径、投资策略发展脉络、投资案例实录、风险控制手段演变等内容，将私募机构鲜活地展现在社会大众面前，体现中国私募基金行业的风采；第三个方面囊括成功私募的经验思考，并全方位地阐述了私募的筛选方法，首次将格上财富 10 年私募遴选经验完整系统地披露出来，与读者共同探讨，希望为投资者精选私募的投资实践发挥一定的借鉴作用。

十年砥砺，私募行业已成为大资管时代不可或缺的中间力量，展望未来，整个私募行业依然拥有大片蓝海。

THE
EVOLUTION OF
HEDGE FUND

目录

第三部分 转正时代：老江湖们的“新秀”

第四部分 私募群雄炼成秘笈

系统学习私募知识之前，
扫码下载“湛庐阅读”App，
搜索“私募的进化”，
先测一测你对私募基金的了解程度吧！

THE EVOLUTION OF HEDGE FUND

楔 子

从 0 到 11 万亿的聚变

THE
EVOLUTION OF
HEDGE FUND

01

未知路上的自由探索

2007 年之前：草莽英雄的灰色地带

证券精英纷纷跳槽，一呼百应局面形成

20 世纪末，由于民间资金充裕，大约在 1998 年证券投资圈内开始有人从事类似私募基金的代客理财活动，这就是中国私募基金的雏形。由于没有形成正规的金融产品，相对于之后的阳光私募，它们被称为“地下私募”。从 1999 年“5·19”行情后，“地下私募”的规模才真正开始迅速发展。当时“投资管理公司”成为热门，大量证券从业人员纷纷跳槽。最早出来的一批人中，大多是证券业的精英操盘手，专业知识熟稔，市场营销经验丰富，在圈内小有名气，他们甚至引发了一呼百应的局面。其中，有的曾是券商操盘手，利用原来积累的客户和自身的知名度从社会募集资金；有的干脆找几个朋友凑钱，委托其中一个人来操作。有些操盘手的投资业绩相当不俗，在市场上颇受追捧。

当时由于缺少法律保障，这些准私募基金主要以三种变通的形式存在：工作室、委托理财或委托资产管理中心、投资或咨询公司。对于当时的市场人士来说，游走于“灰色地带”是彼此心照不宣的现实。

就像花草萌发于地下一样，在这个鱼龙混杂的灰色地带隐藏着巨大的野心与梦

想，对于最后能成功破壳发售产品、转型为阳光私募的公司来说，这段地下经历是最为磨练投资人心智的时光。

开创阳光私募先河——小荷初露尖尖角，焕发新生

在经历了蜷缩于地下的时光之后，随着相关法律法规的出台，准私募基金开始以委托理财的形式，通过证券公司或信托公司发行产品。私募逐渐迈入“合法化”进程，时称“阳光私募”。

2001 年出台的《中华人民共和国信托法》(简称《信托法》) 梳理了我国契约型证券投资基金的法律关系，这无疑对私募基金产生了积极的作用。人们也有理由相信，我国私募基金可以以此为据，以信托的方式规范发展。不过,《信托法》对私募基金的含义、资金的来源、组织方式、运作模式等未做明确规定。随后，2004 年《证券投资基金法》出台，为私募证券投资基金的发展预留了空间。

2003 年 7 月，云南信托推出“中国龙资本市场集合资金信托计划”。这是国内首只投资于二级市场的证券类信托产品，发行人与投资顾问均为信托公司。该信托计划初始成立规模达到 6 亿元，撼动业内，时称“云南模式”。现在看来，云南模式很超前，是信托公司主动管理的早期践行者，而主动管理正是信托公司当下苦苦转型的方向。

随后，在 2004 年 2 月，私募机构赤子之心与深国投信托合作推出了证券类投资信托计划——“深国投·赤子之心（中国）集合资金信托”，它被业内视为国内首个阳光私募产品。赤子之心以“投资顾问”的形式开启了私募基金阳光化的新纪元。实际上，赤子之心是最早与信托接触并筹备信托型私募的机构，但由于是四方合约，即由信托公司、托管银行、证券公司、投资顾问共同参与，涉及较多合同细节，导致成立时间比预想的晚了一年。

这一阶段，阳光私募基金创新性地建立了以信托关系为基础的代客理财机制，将私约资金改造为资金信托，使私募契约、信息披露和资金募集渠道规范化、公开化，使民间私募基金从地下走向阳光。

规模发展卓有成效，乱象亦层出不穷

中央财经大学课题组调研数据显示，1996 年，我国的地下私募管理体量达到 1 000 亿元左右，而从 1998 年开始，每年净增加 1 000 多亿元，直到 2001 年，管理规模突破 7 500 亿元，达到了阶段小高峰。2002 年开始，受到证券市场行情低迷的影响，地下私募管理规模也有所收缩，但仍不低于 6 000 亿元。游走在灰色地带的私募，以其顽强的生存力量，通过各种模式不断扎根生长。到 2004 年年底，国内首份《中国地下金融调查》显示，中国地下金融的规模高达 8 000 亿元，其中投资于证券市场的规模占到约 7 000 亿元左右，占投资者交易资金的比重达到 30% ~ 35%，大约是公募基金的一倍。据 2005 年中国人民银行的一项调查，投资中国证券市场的私募资金总额在 7 000 亿 ~ 9 000 亿元人民币之间。据中国社会科学院金融研究所的研究，中国的私募规模在 2007 年有可能达到 8 000 亿 ~ 9 000 亿元。私募作为一个新生事物，在不成熟之中逐步酝酿，在缺乏明确法律保障的环境下求生存，几经风雨、日益壮大。

当时，大多私募都处于“地下”，监管亦处于真空状态，在不成熟的市场秩序下，内幕交易、承诺保底等现象层出不穷，给行业发展带来了潜在隐患。例如，当时很多私募的操作手法不外乎“坐庄”和“跟庄”，由于信息披露不完善和监管较少，内幕交易、操纵市场等行为给投资者带来了很高的风险。甚至部分地下私募为了吸引客户，进行私下承诺，如保证本金安全、保证年终收益率等。在这种情况下，即使有书面合同，也很难得到法律的保障。当然，这些问题的存在也在很大程度上推动了私募行业逐步阳光化和规范化的进程。

2007—2010 年：一场“硬仗”后，挣得栖身之地

经历数个寒暑，从最初寥寥可数到逾千个产品发行，到第一波“奔私潮”的兴起，给整个阳光私募行业带来了发展的激情。2007—2010 年间，阳光私募主要采取信托形式，规模不断扩大，产品发行也呈现加速状态。根据格上研究中心不完全统计，截至 2010 年 12 月 31 日，全国可统计的阳光私募机构有 377 家，共

发行证券投资类信托产品 1 234 个，其中，结构化产品 424 个，非结构化产品 768 个，组合基金（TOT）42 个。

牛市“奔私”潮起，势不可当

2007 年对中国私募行业来说，是不平凡的一年。A 股市场掀起了一轮大牛市，引来不少优秀的公募基金经理纷纷奔向私募。第一波“公奔私”潮流出现了。16 位知名公募基金经理“下海”，包括肖华、江晖、魏上云、赵军、张英飚、田荣华、石波、程义全等重量级人物，引发业内关注，也标志着草根生长的私募行业迎来更多“正规军”，其投资理念、方法等均发生了质的变化。

表 1-1　　第一波“公奔私”大佬一览表（部分）

基金经理	原公募背景	私募公司	私募成立时间
肖华	博时基金	尚诚资产	2007.02
张英飚	融通基金	景泰利丰投资	2007.03
江晖	华夏基金	星石投资	2007.06
赵军	嘉实基金	淡水泉投资	2007.06
田荣华	长盛基金	武当资产	2007.06
程义全	交银施罗德基金	理成资产	2007.06
石波	华夏基金	尚雅投资	2007.08
陈家琳	海富通基金	世诚投资	2007.10
吕俊	上投摩根基金	从容投资	2007.11
徐大成	富国基金	博颐资产	2007.12
梁文涛	易方达基金	泓湖投资	2010.03[a]

注：a. 梁文涛 2007 年“奔私”，加入涌金投资担任基金经理，后于 2010 年创办泓湖投资。

资料来源：格上研究中心。

2003 年，肖华由于对汽车股、上港集箱、伊利股份等股票重点投资，使其管理的“博时增长基金”取得了 34.35% 的收益率，名列同类基金第一，名噪一时。随后，其 A 股明星基金经理的光环日渐突出。2006 年年底，肖华离开博时基金，于次年 2

月成立尚诚资产，并成功借助阳光私募模式募集资金，成为当年“奔私”第一人，给整个行业带来不小的信心。

继肖华之后，首家银行系基金工银瑞信投资部总监江晖也加入到私募行列，创立星石投资，这一事件再度成为行业热点。江晖自 1998 年以来，先后担任过华夏基金总经理助理、湘财荷银基金投资总监和工银瑞信基金投资总监，曾经担任兴和基金、兴华基金、华夏回报基金和工银瑞信核心价值基金等基金经理，有长达 9 年的公募基金管理经验。

随后，公募基金经理的“奔私”潮愈演愈烈，各家基金公司几乎都有明星基金经理投身私募行业。这一现象背后的原因到底为何呢？

针对“公奔私”热潮引发的巨大反响，媒体进行了更加深入的报道，其结论是“收入与压力不成比例”成为跳槽的第一关键词。几乎所有受访的公募基金投资人士都认为，“相比自身承受的压力，公募基金目前的收入与阳光私募相比几乎没有任何吸引力”。除收入因素外，“公募基金考核太急功近利”“管理层对于公募基金经理个人投资的限制过于严格”等问题被频繁提及。

另一个主要原因则与市场行情有关，“公奔私”可谓牛市的伴随现象，即大规模“公奔私”常常发生在牛市行情附近，基金经理希望抓住牛市时机，让新创立的公司迅速达到一定的管理规模，奠定长期发展的基础。2009 年市场走出阶段性的牛市，第二波“公奔私”热潮风起云涌，曾昭雄、孙建冬、许良胜等公募基金经理都在这一年转投私募，私募行业不断发展壮大。

表 1-2　　第二波“公奔私”大佬一览表（部分）

基金经理	原公募背景	私募公司	私募成立时间
陈继武	富国基金	凯石益正资产	2009.01
李泽刚	泰达荷银基金	北京和聚投资	2009.03
许良胜	长盛基金	德源安资产	2009.04
张翎	工银瑞信基金	明河投资	2010.02

续前表

基金经理	原公募背景	私募公司	私募成立时间
孙建冬	华夏基金	鸿道投资	2010.03
曾昭雄	招商基金	明曜投资	2012.02[a]

注：a. 曾昭雄 2009 年“奔私”，组建合赢投资（后更名盈峰资本），后于 2012 年创办明曜投资。

资料来源：格上研究中心。

熊市逆势获正收益，私募一举成名

2008 年美国次贷危机引爆了全球金融危机，全球股市全面崩盘。中国股市从 2007 年牛市的最高点到 2008 年年底的最低点，下降幅度超过 70%，大多数投资者的心情如悄然而至的寒冬，惨重的损失致使他们对股市的投资信心大幅萎缩。

当年公募基金业备受指责：净值损失惨重、资产大幅缩水、操作手法散户化，其中不少股票型基金净值近乎腰斩，甚至出现“三毛”基金。然而，阳光私募在大幅战胜市场的同时，亦有部分产品逆势获得正收益，一举成名，逐渐被越来越多的投资者与金融机构关注与认可。

据格上研究中心的统计，阳光私募产品 2008 年平均收益率为 –34.10%，比同期上证指数高 30%，整体战胜市场的比率达到 97.7%，表现良好。值得注意的是，金中和西鼎、星石 1—3 期、中国龙精选、武当 1 期等多个阳光私募产品更是在没有使用对冲工具的背景下，取得难得的正收益，体现出阳光私募优异的风险管理和灵活操作的优势，吸引了越来越多投资者的关注。

价值投资大讨论，策略分化

谈到 2007 年的大牛市和 2008 年的快熊行情，不得不提当时关于“价值投资”的激烈讨论。在 2006—2007 年那轮牛市期间，关于价值投资的著作在国内投资界受到热烈追捧，巴菲特成为 A 股众多投资者的偶像。当时许多出版社引入了大量格雷厄姆、彼得·林奇、巴菲特的相关研究著作，很多中国价值投资者也在博客中分享自己的投资实践，有几个人对普及价值投资理念功不可没，最有名的是但斌、李驰、林园，当时被称为“中巴三剑客”：

- ◎ 但斌，当时被称为“中国复制巴菲特最成功的人”，选择“皇冠上的明珠”般的好企业长期持有，其旗舰产品马拉松信托 2007 月 2 月成立，在 A 股的牛市氛围之中，年内产品净值从 100 元一路上涨至 202.66 元。
- ◎“用 4 角钱的价格去买一项价值 1 块钱的资产。”李驰喜欢用这句话来简单地阐述价值投资。不过，李驰强调的是“中国式的价值投资”，既要选股，又要择时。
- ◎ 林园选股有个铁律，即一要买跟踪 3 年以上的企业；二要选自己熟悉的行业；三要选未来 3 年“账好算”的企业，不买未来盈利不确定的公司。

不过，随后在 2008 年 A 股市场的大幅下跌中，价值派管理的资产遭遇净值腰斩。但斌管理的产品单位净值从高峰时的 202.66 元最低跌至 61.36 元；从 2008 年开始，李驰就一直强调，中国最安全的地方就是金融板块，“抱着金融股睡觉”给李驰带来的却是噩梦，深陷清盘危机；林园用满仓迎接了 2008 年的暴跌，旗下的 3 只产品跌幅都超过 50%，一度饱受质疑。一时间，对于巴菲特的价值投资是否适合中国，在投资者中引发了激烈的讨论。之后，伴随着 2009 年小牛市行情到来，市场对价值投资的讨论开始逐渐变淡，趋势投资逐渐走进投资者的视野，私募的投资策略开始逐渐多元化。

2011—2013 年：对冲！内外部力量在迸发！

自 2007 年、2009 年两波公募大佬奔私潮，以及 2008 年的一举成名，阳光私募行业进入了快速发展的阶段。据格上研究中心的数据，截至 2013 年 12 月，阳光私募行业运营的产品数量共计 2 472 个，管理规模已达到 3 017 亿元，全国迅速涌现出 977 家阳光私募机构（不包括信托公司、银行以及证券公司），北京、上海、广州、深圳在行业中占绝对的主导地位。

在此期间，重阳投资、景林资产两家私募机构的管理规模成功突破百亿元。

2011 年，重阳投资成为首家规模破百亿元的私募机构。其核心人物裘国根曾任职君安证券，有着坚实的金融理论基础和极强的投资能力，在业内享有“投资大师”的美誉。他的投资观点精辟独到且具有很强的前瞻性。景林资产创立于 2004 年，从布局海外市场起家，获得了大量机构投资者的信赖，包括海外的主权财富基金、大学基金会、国内的多家银行及知名企业等。创始人蒋锦志以其对公司的深入分析和价值投资理念闻名于业界。

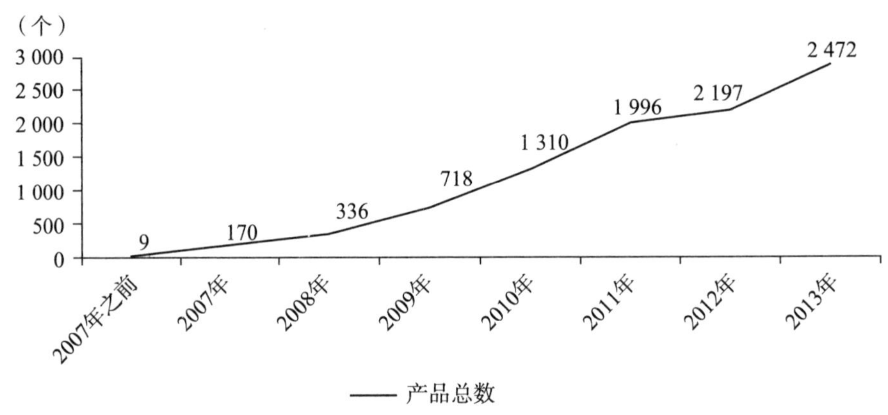

图 1-1　阳光私募历年产品发行数量

注：数据截至 2013 年 12 月 31 日。
资料来源：格上研究中心。

开创国内私募量化元年，策略百花齐放

2010 年 4 月 16 日，沪深 300 股指期货合约正式上市交易，股指期货的到来去除了中国股市“单边市”的记号。同年，上交所、深交所也启动融资融券业务，2012 年沪深 300ETF 发售，这些工具的推出，为证券市场提供了对冲、套利等多种策略工具，阳光私募也有了“对冲基金”之实。当时，不少阳光私募也顺势把下一步的发力瞄向了对冲基金。

从某种意义上讲，2005 年开始的 ETF 套利拉开了量化投资在中国的序幕，也是 2010 年以前国内量化投资的主流策略，另外还有少量可转债套利、量化选股、量化择时等策略。直到 2010 年以后，市场陆续推出了融资融券、股指期货等可以

用来对冲的工具，市场中性策略才逐渐有了用武之地。

业绩稳健、回撤小的量化私募机构就像一匹黑马，突然闯入了公众的视野。倚天阁投资管理的“西部信托·信合东方集合资金信托计划”在2011年以23.38%的收益率夺得阳光私募全行业的收益亚军。与绝大部分私募产品不同，它采用的是市场中性策略，或者说，是一只标准意义上的对冲基金。

如果说2012年是创新类策略的萌芽期，那么2013年就是绽放期。随着对冲工具的增多，证监会允许机构投资者进入商品期货市场，从而形成股票多空策略、市场中性策略、宏观对冲策略、CTA策略等投资策略百花齐放的局面。私募基金的投资策略占比也随之发生变化，2010年之前90%以上是股票多头策略，其他策略占比少之又少，而2011年后股票多头策略占比开始下降，尤其到2013年，包含对冲属性的股票多空策略占比达到21%，已经成为继股票多头策略之后的第二大投资策略。阳光私募正在向真正意义上的“对冲基金”靠拢。

另外，随着阳光私募行业日益多元化，海外基金也在逐渐兴起，越来越多的私募基金不再局限于A股市场，纷纷走向海外寻觅投资机会。早期有赤子之心、景林资产、淡水泉投资等私募机构布局海外，之后每年都有五六只海外私募基金成立。根据格上研究中心统计，截至2011年年底，已经有20家阳光私募公司在海外发行对冲基金，运作的海外基金达到33只。

伞形信托应运而生，私募尝试“有限合伙”模式

2014年前，私募机构还没有管理人身份，最主要的产品发行方式便是借助信托通道。不过，在2009年7月，信托公司的证券账户被停开，而正处于牛市行情中的私募机构发行产品的需求又十分强烈，一时间证券类信托一户难求。据格上研究中心了解，在暂停信托开户期间，信托费用达到1.5%～2%的水平，并且有每年100万元的保底费用，对于任何一家阳光私募机构来说，这都是一笔不菲的开支。由于信托账户费用的存在，发起一个单一信托，至少要1亿元的规模。如果要加入其他资产类别做一个TOT，则需要客户至少有3亿～5亿元的资产总规模才划算，而

这个单个产品规模要求，对于当时的大部分私募机构而言，无异于天文数字。为了解决信托账户不足、费用及规模要求过高等问题，可以帮助多家私募机构分担费用的伞形信托便应运而生。

经历了3年的痛苦煎熬，在2012年，证监会放开了信托公司设立证券账户的限制，同时，对基金子公司、券商资管的管制也有所放松，通道业务竞争加剧。信托公司和其他机构纷纷打起价格战，通道费用降幅明显。在此背景下，信托公司不得不大力开展伞形信托业务以夺回失地。伞形信托原本是为了解决账户不足的问题，这时却成为快速成立标准化产品的捷径。

什么是伞形信托?

伞形信托是结构化证券类信托的一种，由证券公司、信托公司、银行等金融机构共同合作，为二级市场的投资者提供投、融资的产品。在一个信托计划下面，通过交易系统拆分成多个虚拟子账户，通常一个母账户可拆分为20个左右的虚拟子账户。子账户间彼此独立进行投资运作和结算，但公用一个证券账户运行股票市场投资。

每个虚拟子账户都由优先级客户和劣后级客户组成，优先级资金主要来源银行的理财客户，这部分客户将享有合同所规定的固定收益。劣后级客户主要分成三类，自然人客户居多，还有私募机构、投资管理公司及大型集团的资产管理子公司。杠杆不等，即意味着不同子账户的劣后级投资者可以2~4倍的杠杆进行股票交易。较高的杠杆比例，无疑是吸引劣后端资金的重要原因。

不过，伞形信托也逐步暴露出其弊端。其杠杆性质在追涨杀跌中不容小觑，较高的杠杆可谓是把双刃剑，往往成为股市大幅波动的导火索。在随后的2014年牛市和2015年股灾中也可以看到杠杆对于市场波动的推波助澜。不过，不管怎样，从某种程度上来说，伞形信托在中国资本市场的发展中，曾经扮演了重要的角色，有过一段辉煌的经历。

随着市场与监管环境的变化，私募基金的组织形式始终处于不断创新的状态。

当时，为了应对信托开户障碍，除了伞形信托，阳光私募行业也开始了对新模式的探索，如“有限合伙 + 信托”的模式。有限合伙型基金在国外比较流行，这种形式由发起人担任一般合伙人，投资人担任有限合伙人。有限合伙人承担以投资额为限的法律责任，而一般合伙人则要承担无限法律责任。在我国修改《合伙企业法》后，大量的有限合伙企业如雨后春笋般涌现。不少私募机构合理利用规则采用“有限合伙＋信托”的模式，从而成功规避了动辄百万元的证券账户开户费障碍。另外，利用有限合伙的形式，企业本身还可以开设股指期货账户，这让私募离对冲基金更近一步。

基金法修订，私募基金首次纳入监管

2012 年年底通过修订并于 2013 年 6 月 1 日正式实施的《证券投资基金法》首次将私募基金纳入监管，明确了私募的法律地位。修订后的《基金法》第十章“非公开募集资金”，明确对私募基金的登记注册、组织形式、信息披露和合格投资者的门槛等都做了详细的解释。伴随着基金法的修订，私募行业迎来更大的发展机遇，对于后续私募行业的规范发展也具有重要意义。

THE

EVOLUTION OF

HEDGE FUND

02

迈向规范的新征程

2014—2015 年：转正！井喷！

在经历了 6 年多的发展之后，私募行业已初具规模。格上研究中心的数据显示，截至 2013 年年底，全国共有 977 家阳光私募机构（仅包括当时仍在运行的机构），管理的资产总规模已经超过 3 000 亿元，而到 2015 年年底，这一数字已增至 17 892 亿元，当年的“游击队”已经开始成长为资管行业不可小觑的中坚力量。

备案启动，私募基金取得正式的法律地位

2014 年 2 月 7 日，《私募投资基金管理人登记和基金备案办法》的正式实施引爆了整个资本市场，这意味着阳光私募机构终于可作为私募基金发行主体，不再需要通过信托等其他平台发行，同时可以根据投资者喜好、管理人投资风格在投资和风控上进行个性化设置，几乎没有投资限制，大大提升了管理灵活性，私募行业迎来了历史转折点。

在私募的眼中，这是一个极具里程碑意义的日子，从“野蛮生长”到纳入监管，私募基金站上了更广阔的平台。2014 年 3 月 17 日，首批 50 家私募机构成功完成备案登记，其中包括 33 家证券投资类私募管理人、17 家股权类私募管理人。而这距

离赵丹阳2004年在内地发行首个阳光私募产品，已整整10年。私募人士都忍不住“晒”了一下那个刚领到的“红本本”，一排金色的字格外亮眼，上面写着——“私募投资基金管理人登记证书”。

图2-1　私募投资基金管理人登记证书

资料来源：格上研究中心。

同日，重阳投资推出了国内第一个自主发行的产品——重阳A股阿尔法对冲基金，自此，私募自主发行产品正式步入投资者的视野。3月25日，中登公司下发了《私募投资基金开户和结算有关问题的通知》。该通知指出，自当日起私募证券投资基金可以直接开户入市，既可以由基金管理人申请开户，也可以由资产托管人申请开户，这进一步为私募管理人自主发行产品提供了便利。

2014年5月9日，国务院发布《关于进一步促进资本市场健康发展的若干意见》，即“新国九条”，首次明确提出“培育私募市场”。同年8月22日，证监会发布《私募投资基金监督管理暂行办法》，明确了全口径登记备案制度及合格投资者标准。自此，整个私募行业开始迎来初步规范。

私募机构以基金管理人身份自主发行产品的业务模式，也在悄然改变着整个行业格局。自主发行产品不仅规模直线蹿升，业绩也“称霸”各类投资策略，行业内外一致赞其为“万能神器”。2015 年 5 月，招商证券资产托管部总经理秦湘在公开演讲中表示，全行业约 7 000 多家私募基金管理人，近 70% 已选择自主发行。私募终于归本正源，回到了以契约精神为中心的时代，以往私募发行赖以为生的通道——信托、公募专户、券商资管等，其业务空间正被自主发行挤压。

牛市启动，行业迎来快速爆发

在私募行业的底层制度不断完善的同时，始于 2014 年下半年的牛市也为私募行业的爆发式增长添了一把火。在牛市的浸润下，部分私募赚得盆满钵满。投资者的情绪不断高涨，私募产品热度骤增，其发行量从上半年月均 127 个，增加到下半年的 300 多个，发行市场如火如荼，最终 2014 年全年私募新发产品共 2 767 个，是 2013 年的发行量的 3 倍。

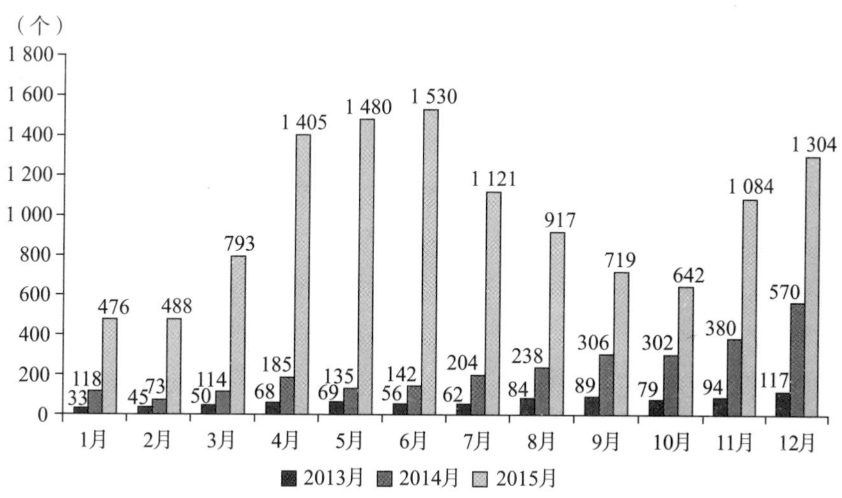

图 2-2　2013—2015 年证券投资类私募产品发行情况

资料来源：中国证券投资基金业协会、格上研究中心整理。

伴随着牛市行情，私募机构的管理规模也迎来了大幅扩张。格上研究中心的数据显示，截至 2015 年 6 月，百亿级证券投资类私募数量达到年内巅峰，共计 28 家，其中 20 家以股票策略为主；而 2014 年年底，百亿级证券类私募仅 7 家，其中 4 家以股票策略为主。

同时，随着市场对私募行业的认可度逐步提高，叠加牛市的浸润，公募、券商等行业的优秀人才也开始大批量涌进私募，这进一步助长了私募行业的繁荣。

据同花顺 iFinD 统计，大批基金公司高管、投研人员在 2014 年离任，单是基金经理，离职者就达到 215 人，加上基金高管，离职人数超过 230 人，远远超过 2012 年的 111 人和 2013 年的 138 人，其中有不少公募的核心投研人员加入了私募的行列。

2014 年 3 月，华夏基金原明星基金经理胡建平创办了拾贝投资；同时，安信证券原首席策略分析师程定华转投私募常春藤；4 月，兴业全球基金原副总经理王晓明创办了上海兴聚投资；汇添富基金原投资副总监、明星基金经理齐东超创办了巨杉资产；此外，华夏基金原经理谭琦、大成基金原首席投资官曹雄飞、“公募一姐”王茹远等均加入私募的行列。

2015 年年初，2014 年半年度业绩冠军、兴业全球明星基金经理陈扬帆发表了一篇洋洋洒洒的“告别信”——《光阴的故事》，表示要“下山去找寻属于自己的江湖”，随即创立猛犸资产；与此同时，2013 年公募业绩冠军、景顺长城副总经理王鹏辉以一篇记叙文《在不确定的世界，放下一切》，告别工作了 7 年多的景顺长城基金管理公司，创立望正资产，开始自己的私募生涯。此外，还有民生加银原总经理俞岱曦创立万吨资产（2015 年 1 月）；原嘉实基金张弢创立泓澄投资（2015 年 4 月）等。格上研究中心的数据显示，2015 年离职公募且于当年创办私募的人数达 128 人，其中 25 位在公募期间为投研总监或总经理级别的大佬。

危机袭来，问题爆发

然而，在整个私募市场迎来轰轰烈烈大发展的同时，让大部分人始料未及的是，繁荣背后的危机正步步紧逼。

2015 年 6 月，大盘一骑绝尘地冲向 5 178 点。随后市场经历两轮暴跌的洗礼，大盘开始飞流直下，A 股市场迎来继金融危机以来的第二次大回调。在市场断崖式下跌的环境下，大部分私募基金净值回撤的幅度约在 10%～40%，不少产品跌破清盘线，触发被动清盘；也有部分产品出于投资的考虑，选择提前清盘止损，退出市场，这直接导致该年清盘基金数创历史新高。据格上研究中心统计，2015 年共有 1 686 只基金清盘，接近 2014 年的 3 倍，相当于过去 4 年清盘基金数量的总和。其中，6 月暴跌以后清盘的数量达 1 191 只，占全年清盘总量的 70% 以上。在这些清盘基金中，85% 以上为股票型私募基金。

随着股市的巨幅下调，不少私募基金的收益大幅回吐，加上客户主动赎回，证券类百亿级私募数量也有所下降，由年中的 28 家降为年底的 22 家。

表 2-1　　2011—2015 年证券类私募基金清盘数量分布

年度	清盘基金数（只）	2015 年月度证券类私募基金清盘数量分布
2011	173	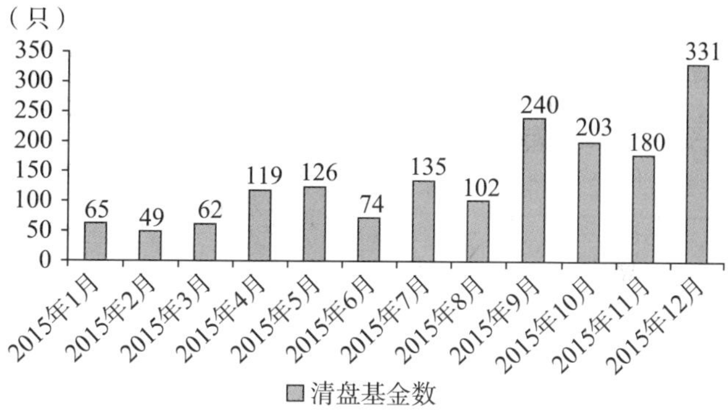
2012	369	
2013	478	
2014	579	
2015	1 686	

资料来源：格上研究中心。

突如其来的清盘潮也给整个行业的各参与方敲响了警钟。其反映了在私募行业急速扩张的背后，实际已问题重重。比如，部分私募机构对市场的认识不足，投资能力参差不齐、风控意识欠缺等。同时，也暴露出了一些行业乱象，如不少私募机构利用私募管理人资格作为信用背书去募集资金；在资金募集过程中向非特定对象公开宣传和推介私募基金产品；通过非法手段获取股市内幕信息，从事内幕交易、操纵股票交易价格等。

2016—2017 年：从严监管，正规军养成记

为了维护私募行业的健康、有序发展，2015 年年底，监管层开始陆续出台一系列新的监管措施，对行业内的各种不合规行为进行规范。

监管政策日趋完善，“7+2”自律体系护航

2016 年 2 月以来，中国证券监督管理委员会（简称证监会）和中国证券投资基金业协会陆续发布了一系列监管新规，旨在构建“7+2”自律规则体系。该体系主要包括 7 个自律管理办法和 2 个指引。7 个管理办法包括：募集办法、登记备案办法、信息披露办法、从事投顾业务办法、外包服务管理办法、托管业务办法、从业资格管理办法。2 个指引包括：内部控制指引、基金合同指引。这些办法和指引初步构建起私募投资基金的监管框架。

其中，《关于进一步规范私募基金管理人登记若干事项的公告》（以下简称《公告》）对私募管理人备案提出了更为详细的要求。新规除了加强对新备案私募的监管外，还对之前已经获得管理人资质，但一直没有发行产品的私募机构进行排查，对于在规定时间内仍未发行产品的私募机构，协会将取消其管理人资格，这便催生了私募行业的“保壳”运动。此外，随着北上深等地暂停投资类公司注册，协会同时提高了对私募管理人的登记备案要求，私募资质显得愈发珍贵，“空壳”私募价格一路看涨，私下买卖的壳资源价格飙升至百万元，私募“保壳”行动再次升温。

为了保住私募管理人资格，私募机构只能想办法先发行一只产品，这又催生了产品发行高峰，只是这样的发行潮多少会显得有些另类——多数产品都会很“迷你”。如很多公司只是发一个 200 万—500 万元的小产品，由自己或者朋友购买，去投一些固定收益的品种，这种做法纯粹就是为了保壳。

期间，券商、期货公司等机构纷纷给出“保壳”方案，最低 100 万元就可以成立产品，满足私募“保壳”要求。部分券商的员工在社交软件内转发，“按照私募机构管理新规，私募机构注册登记后，还没有发过产品的私募资格将会被注销（自主发行），最近一个时间节点是 5 月 1 日，如需‘保壳’，请未自主发行过产品的私募机构尽快和我们联系，提供产品发行、清算、行政服务外包等一站式服务”。类似的消息屡见不鲜，其中券商最为积极，期货公司、第三方服务机构也参与其中。

“新规定还要求必须有两名高管具备基金从业资格，有些还得再考试，3 月份的基金从业资格考试报名都满了。”相关人士说。

《公告》实施后，行业内“壳私募”清理效果显著，一大批无展业能力的空壳机构被注销，重塑了行业形象。根据中国证券投资基金业协会的数据，2016 年，协会共注销 12 834 家私募管理人（包括股权、创业及其他类私募管理人）。其中，因未按期完成《公告》整改要求而被注销的机构 10 957 家；因在办结登记手续之日起 6 个月内未完成备案首只私募基金，而被注销的机构 86 家；1 791 家机构主动注销登记。

为了进一步规范私募基金的募集行为，2016 年 4 月 15 日，中国证券投资基金业协会发布《私募投资基金募集行为管理办法》（以下简称《办法》），自 2016 年 7 月 15 日施行。与之前相比，该《办法》强化了私募基金应该遵守的募集流程和面向特定投资者的要求，包括以下内容：

◎ 仅管理人、具备销售资格及协会会员资格的销售机构具有募集资格。

◎ 私募基金推介前，须进行合格投资者确认。

◎ 合格投资者确认需提供财产证明文件。

◎ 禁止基金份额的拆分转让。

◎ 购买私募产品时设置了 24 小时投资冷静期。

◎ 实施回访确认制度等。

募集办法的出台极大地规范了行业的募集行为，从真正意义上让投资者的利益得到保护。

7 月 15 日，证监会将 2015 年 3 月中国证券投资基金业协会发布实施的《证券期货经营机构落实资产管理业务“八条底线”禁止行为细则》(简称《细则》) 升级为证监会的规范性文件——《证券期货经营机构私募资产管理业务运作管理暂行规定》，即“新八条底线”。10 月 21 日，中国证券投资基金业协会发布《证券期货经营机构私募资产管理计划备案管理规范第 1—3 号》文件 (简称《新规》)，在证监会发文的基础上进一步进行了细化和加强。

一方面，《新规》对私募产品的杠杆水平进行了严格的限制。根据最新规定，股票、混合类资产管理计划杠杆倍数最多不超过 1，而员工持股计划则最多不得超过 2 倍；期货、固定收益、非标类资管计划杠杆不得超过 3 倍，其他类型资产管理计划杠杆倍数不得超过 2。同时，结构化产品不得嵌套投资其他结构化产品放大杠杆，且名称中必须明确包含结构化或分级字样，而集合类资管计划的总资产不得超出净资产的 140%。而在 2015 年 3 月份的版本中，《细则》对结构化的分级资管计划仅要求杠杆倍数不得超过 10。

同时，《新规》还对投顾资格进行了严格的规定，即“3+3+1”规定。私募作为投顾既要满足在协会登记满 1 年、无重大违法违规记录的会员条件，又要满足具备 3 年以上连续可追溯投资管理业绩的投资管理人员不少于 3 人的要求，其中业绩情况需要经过托管、审计等公允机构出具相应的产品报告或其他证明材料予以证明。此外，私募证券投资基金管理人不得为主要投资于非标资产的资产管理计划提供投资建议服务。这意味着，不符合“3+3+1”投顾要求的私募将不能再发行通道产品，这大幅抬高了私募作投顾的门槛，借通道发产品更加困难。

2016—2017 年，监管层又陆续发布《私募投资基金管理人内部控制指引》《私募投资基金合同指引》《私募投资基金信息披露内容与格式指引 2 号》等多部新规，对私募管理人内部运营、风险管理、基金各参与方的权责予以明确和规范，使得整个私募行业的监管体系更为健全，让私募管理人在运营、投资过程中有章可依。

图 2-3 2016—2017 年针对私募行业的主要监管文件

资料来源：格上研究中心。

此外，2016 年，中国证监会与中国证券投资基金业协会同时加大了对私募行业的检查与整改力度，对违规私募管理人进行了监督与处罚，主要包括证监会的行政监管措施、协会的异常机构公示以及责令整改等。仅 2016 年上半年，证监会便组织各地证监局对 305 家私募机构开展了专项检查，涉及 2 462 只基金，管理规模 9 000 亿元，占行业总规模的 14%。据格上研究中心了解，2016 年，证监会对 74 家私募机构发出了行政处罚决定。

可以说，2016 年以来私募行业迎来了史上最严监管期，2016 年也可称为“私募监管元年”。这是一个行业由乱而治、规范发展的重要时间节点，它预示着中国私募 2.0 时代的开启。

强监管下私募行业进一步规范发展

尽管 2016 年以来，私募行业经历了自兴盛以来的第一次强监管时代，但同时行业里也出现了一些新的积极的变化。

鼓励多元化发展，完善行业生态。与对私募机构监管日趋严格不同，监管层对投资范围及投资机构的限定却在逐渐放开，并加大了对私募行业多样化的支持力度。如 2016 年，监管层曾多次公开支持 FOF 在国内的发展，为 FOF 在国内发展塑造了良好发展环境。同时，2016 年的年中，证监会也曾公开表示，允许符合条件的外商独资和合资企业申请登记成为私募证券基金管理机构，并开展包括二级市场证券交易在内的私募证券基金管理业务。这在一定程度上，有利于丰富私募行业的参与者及投资策略类型，为投资者提供更多选择。2017 年 2 月，全面受限一年半的股指期货也开始逐步松绑，让部分量化类私募机构看到了曙光。

私募“出海潮”加快国际化进程。2016—2017 年期间，港股通、债券通的开通以及 A 股“入摩”使得整个市场国际化程度越来越高，参与者也越来越成熟。沪深港通的开通点燃了私募机构布局海外的热情，尤其是在港股大涨、客户海外资产配置需求旺盛的背景下，这种态势持续火爆，越来越多的私募机构通过取得香港 9 号牌照、发行海外基金等形式扬帆出海。格上研究中心的数据显示，2016 年发行的可投资港股的私募基金有 6 258 只，是 2015 年总体发行量（2 668 只）的 2.35 倍，涉及 3 298 家私募管理人。

“私转公”火爆，部分私募谋求转型。随着整个私募行业的蓬勃发展，部分行业内顶级私募机构开始谋求新的发展路径。2016 年 6 月，鹏扬投资正式获批设立公募基金公司，成为业内首家转型公募的私募机构，随后凯石投资、博道投资也先后获得公募牌照。

私募后来居上，规模首超公募。随着监管政策的进一步完善，以及市场的多样化程度越来越高，私募行业得到了越来越多投资者的认可。2016 年 10 月，借着政策春风，正式出道不足 3 年的私募“小弟”逆袭，成功超越发展近 20 年的公募“老大哥”。中国证券投资基金业协会的数据显示，2016 年 10 月，包括股权基金、创业基金等在内的私募行业认缴规模达到 9.13 万亿元，凭借 3 900 亿元的微小优势，首次超越公募基金的 8.74 万亿元规模，成为中国资本市场上具有标志性意义的大事件。同年 12 月，全行业私募基金认缴规模突破 10 万亿元大关，年内增幅达 101.97%，平均有度增长超过 4 000 亿元。

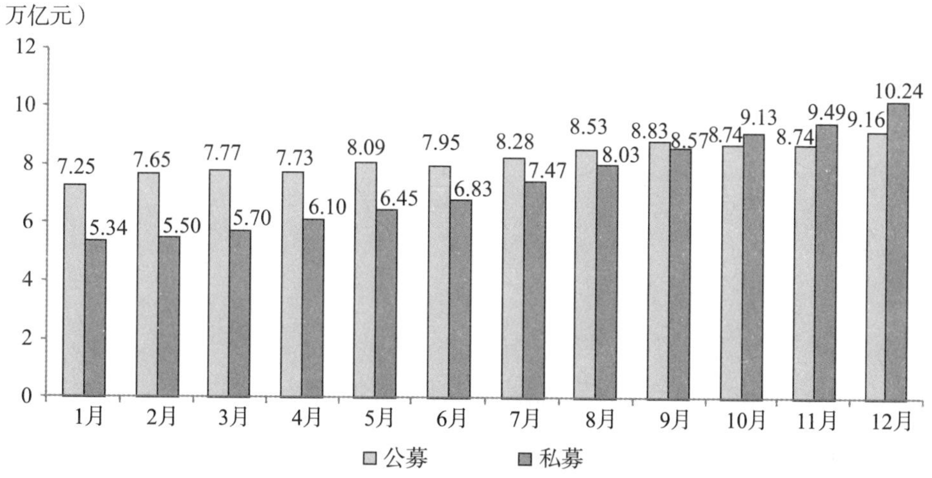

图 2-4　2016 年各月份公私募基金规模图

注：私募行业规模以认缴规模计算。

资料来源：中国证券投资基金业协会，格上研究中心。

2017 年证券私募规模下滑，量化对冲基金陷入低谷。2016 年 A 股市场呈现震荡行情，股票型私募全年平均亏损 6.81%。2017 年，市场进一步分化，不少偏好成长股投资风格的私募机构旗下产品业绩低迷。随着 A 股整体缺乏大的趋势性机会，不少投资者开始转向股权类投资，希望以时间换取稳健收益，再加上私募基金业绩的自然损耗，截至 2017 年年末，整个证券类私募行业的管理规模较 2016 年底缩水 4 803 亿元。

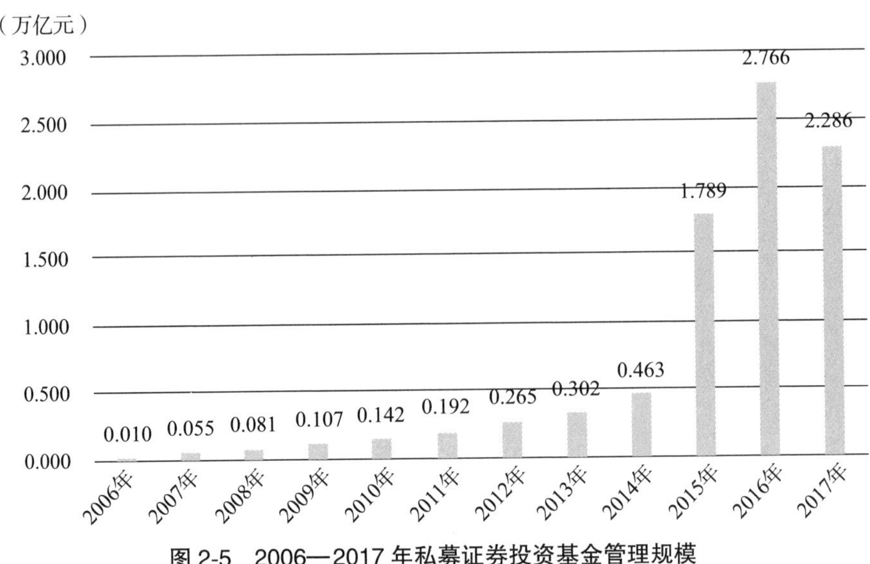

图 2-5　2006—2017 年私募证券投资基金管理规模

数据来源：中国证券投资基金业协会、格上研究中心。

此外，2017 年，由于整个 A 股市场呈现一九分化状态，而大部分量化多头或者量化对冲机构的组合中以配置中小市值的成长型个股为主，故在这种市场状态下难以获取超额收益。在 CTA 策略方面，2017 年，期货市场呈现震荡状态，以趋势跟踪见长的量化 CTA 策略开始遇到瓶颈，平均亏损 0.68%，量化基金陷入低谷。

历经 10 多年的发展，私募行业已经从当年名不见经传的草莽英雄，成为能够跟公募行业匹敌的资本市场的重要参与者。随着整个行业的不断发展，未来私募行业必将在国内资本市场谱写出新的篇章。

经过 10 余年行情跌宕洗礼，越来越多的私募管理人从努力“活下来”到脱颖而出，在投资管理、公司运营、团队凝聚等方面沉淀了丰富的经验。格上研究中心访谈了 18 家优秀的私募管理人，涵盖股票策略、债券策略、量化策略、宏观对冲策略等领域，以内部视角跟随私募机构重走成长路，从点滴细节中感受投资的智慧。

THE EVOLUTION OF HEDGE FUND

第一部分

拓荒者
从草莽英雄到百年老店

THE
EVOLUTION OF
HEDGE FUND

古语有云“十年磨一剑”，私募行业更是如此。在实现阳光化的 10 余年中，资本市场并不平静，私募从业者既经历了轰轰烈烈的 2007 年大牛市，又遭遇了 2008 年全球金融危机崩盘式下跌；熬过了 2011 年开始长达 3 年的“温水煮青蛙”行情后，还经受了 2014—2015 年杠杆牛熊的惊险。活下来就是胜利，一度成为私募从业者的口头禅。格上研究中心的数据显示，能够熬过 3 年熊市的私募机构不足 7 成，其中还有不少已经沦为僵尸企业。

重剑出鞘，一些成立于 2007 年及之前的老牌私募，历经 10 年风雨后依然屹立不倒，在行业百花争艳的当下仍绽放着夺目的光彩。下面就请跟随格上研究中心，一同走进这些 10 年老牌私募机构，探究铸造精品的奥义。

THE
EVOLUTION OF
HEDGE FUND

03

像做实业一样做投资

景林资产的价值挖掘之道

上海景林资产管理有限公司（简称“景林资产”）的业务最早可追溯至 2004 年 6 月，“景林”是国内较早创立和较具规模的私募品牌。10 余年来，“景林”品牌几乎摘下了国内私募行业以及国外私募基金领域所有重量级奖项。“景林”专注于真正的价值投资，聚焦中国公司，并在全球范围内挑选优质资产。如今，“景林”品牌在全球私募基金领域已享有盛誉，成为中国私募机构的代表之一。在市场中经过 10 余年的考验，景林以优秀的业绩和专业的管理，赢得了来自全球机构投资者和高净值个人客户的信任。其中，“景林”品牌的海外机构客户包括主权财富基金、大学基金会、大型银行、保险公司、跨国公司、养老金和家族基金等；景林资产的国内客户包括中国工商银行总行、中国银行总行和招商银行总行在内的多家银行和知名企业。高质量的投资者结构，为“景林”品牌的长期发展奠定了稳定的资金根基。

景林资产创始人蒋锦志先生是中国第一批证券人。1992 年，他从中国人民银行研究生部毕业以后，便进入深圳证券交易所工作，见证了中国资本市场从弱小逐步成长的过程。在创业之初，蒋锦志先生首先发起并管理的是海外大中华股票基金，投资于较为成熟的海外市场中概股。2006 年，境内阳光私募机制雏形初现，景林在 A 股市场的布局也开始扬帆启航。“景林”成为其精心打造的私募品牌，他希望通过专业合规的管理，为投资者奉献长期优异的业绩，从而缔造一家受人尊敬的企业。

价值投资就是研究企业本身

投资首先要少犯错误。不要老想着短跑，短跑你要盯着你周边是谁；而长跑你只要注意自己的呼吸和步伐。修炼好内功，最终才能超越自己。

——景林资产创始人、CEO 兼首席投资官蒋锦志

蒋锦志先生是深度价值投资者和逆向投资者，从 1996 年就开始了 A 股的投资管理生涯，2001 年开始投资香港、美国等地上市的中国企业股票和 B 股。相对于短期市场涨跌、短期投机博弈，他更看重的是标的企业的质地是否优良，能否赚到企业长期盈利增长的钱。如果上市公司业务模式好、进入壁垒高、增长快，股价相

比估值模型严重被低估，他就坚决买入并持有。在过去的10多年中，蒋锦志先生发掘了A股的茅台、港股的腾讯以及在美国上市的携程、学而思等公司，为投资人获取了可观的回报。

景林资产创立以来，延续了蒋锦志先生的这种价值投资理念，强调以实业家的心态去做投资，"真正的价值投资"思维贯穿于整个投研活动当中。

在选择标的时，景林资产首先考虑是否是好公司，对其长期竞争力、管理团队、公司治理进行充分论证；其次是对其企业价值进行分析，倾向于使用更为严谨的DCF贴现的估值方法；然后，在后续的尽调过程中，强调对上市公司进行360度全方位的调研，重视归纳与推理之后的实证研究与深度研究。这种对标的的考量方法有时候会失去对市场短期热点的把握，但更利于成为优秀的长跑选手，保持长期业绩的优异。

景林资产并不会经常择时，除了因为市场波动不可预测外，还因为价值投资理念就是通过研究公司本身，挑选出长期业绩稳定且价值被低估的公司。这类公司往往不惧牛熊：当市场陷入熊市恐慌的时候，反而是以更低价格买入的好时机。摒弃短期频繁择时，可以让研究团队更专注于公司质量本身，挖掘出真正有价值的公司。这种长期跟踪、深度研究龙头企业，并在遭遇事件性危机或系统性风险时敢于出重手的投资风格，颇有20世纪80年代后巴菲特之风。

聚焦中国企业，追求多通道价值挖掘的共振效应

景林资产长期看好中国崛起，始终专注于中国市场上最优质、最有发展潜力的资产。它认为，在中国经济较快增长的背景下，上市公司中必然存在一批具备长期成长潜力的优秀公司。

对于好的公司，景林资产不会区分其上市的区域。新兴产业中的许多龙头公司，分布在美国、中国香港和A股市场。得益于对境内外市场的全面布局，景林资产能够敏锐地察觉境内外优秀的公司，并借助港股通、QDII等机制进行全球配置。同时，"景林"品牌旗下不同法人也覆盖了一级股权市场、一级半定增市场，对好的项目

可以在更早期阶段就介入。正是其对产业链和企业生命周期的覆盖范围和研究深度，以及项目挖掘、社会资源的整合能力，赋予了景林资产独到的竞争力，从而给了其投资人更多、更好的投资标的和选择。

事实上，景林资产对于公司股票的上市地并没有那么敏感，更关心的是已上市公司是否有投资价值。**目前，"景林"旗下主体的投资范围已经涵盖 A 股、B 股、H 股、红筹股、美股（含 ADRs）等境内外中国上市公司的股票，也兼及私募股权投资，形成了个股研究的共振效应。"景林"已成为一个从全产业链角度覆盖上市、非上市公司，从地域角度覆盖境内外各个资本市场的私募基金管理品牌。**

当然，出于合规考虑，"景林"在私募股权和私募证券管理人（景林资产）之间建立了严格的信息隔离制度，有效防范风险及内幕信息的传递；在投资操作上，往往会在私募股权基金投资全部退出后，私募证券基金才会买入，严格杜绝各种利益冲突和利益输送。

圈画布局行业，高壁垒造就高价值

在行业选择上，景林资产的投资领域主要集中在消费品及现代服务、医疗医药和健康、TMT、先进制造四个行业。对这些行业，其研究非常细致，行业研究员和基金经理需要把握每个重点公司每个季度，甚至每月的重要经营事项。对于个别行业，如互联网、医药、消费等，景林配备的分析师数量可能比一些卖方研究所还要多，这在私募管理人中较为少见。

景林资产对轻资产的商业模式较为看好。一方面，轻资产对资本的消耗较小；另一方面，像腾讯、阿里巴巴等互联网公司，在形成网络和规模效应后，竞争对手很难赶上，形成很高的进入壁垒，成为持续赚钱的机器。这类公司是非常好的投资对象。

品牌类公司也是景林资产喜欢的类型。如茅台和学而思，因为这些公司已形成自己的壁垒，保持较高的产品议价能力。如果企业没有形成品牌，就需要不断地更新技术、降低成本，且很容易被替换。同时，品牌也是保护伞，在遭遇衰退时，企业不会一夜之间垮下来。

锁定个股，定性与定量构建价值坐标

在考量股票的价值时，从定量分析角度，景林资产首先考虑的是安全边际，即跟价格相比，股票价值被低估的部分。**它认为，低估值的公司也可以是好公司，只是有时候市场把它的负面因素扩大化了，要发掘其中的机会，需对行业、对公司有深刻的理解。景林资产以实业投资的心态深入研究二级市场标的，这样往往能看到别人看不到的机会，同时在市场环境恶化时，更能坚持自己的判断，从而取得更好的长期收益。**

在如何给股票定价的问题上，景林资产认为，可以用的方式包括DCF、市盈率等，但最好的方法是DCF。用DCF对公司进行估值时，更像一个经营者对自己未来的生意进行估值，充分反映了资本结构和现金流等不同的因素，更侧重长期自由现金流的价值，而不是短期的现金流或利润。从这个角度也更能理解阿里、京东等互联网企业早期亏钱时的企业价值。

股票的定量评估体系

经过多年摸索，景林资产构建了一套适合中国上市公司的定量估值体系：

首先，通过对经济数据和经济政策的分析，对主要经济变量做预测，以此作为行业选择的基础。

其次，通过对行业增长前景和行业结构的分析，预测各上市公司经营环境和进入壁垒的变化。

再者，通过对上市公司竞争策略和核心竞争力（主要是产品生命周期、企业的创新能力、管理团队的执行力等）的分析，选择具有可持续竞争优势的上市公司的股票。

最后，通过价值指标来衡量上市公司的估值是否合理，主要运用市净率（P/B）、市盈率（P/E ）、增长调整后的市盈率（PEG）、股价/

公司经济价值（P/EV）、公司经济价值 / 现金流（EV/EBITDA）等一系列科学严谨的量化指标，不但分析上市公司的历史财务数据，更着重于预测上市公司的未来指标。

只有上市公司质量和估值水平在国内甚至国际资本市场上具备竞争力的企业股票，才能被纳入股票库。

除了可以定量计算出来的数据之外，还有一些定性考虑的因素，这些因素共同决定了公司资产价值的成长性。例如，中国企业和企业家是非常紧密地结合在一起的，糟糕的管理层会毁灭公司价值，而优秀的管理层和企业家则会带领一家公司走得更远、更好。从长期看，优秀企业家及其创造的企业文化是影响企业长期自由现金流的最重要的因素。

除了可以在公司的持续成长中挖掘到好的机会之外，还可在公司的巨大变动中，即在“乌鸦变凤凰”的过程中发现好机会的苗头。例如，2007 年，表面上看股价很贵、市盈率很高，但景林资产还是大量买入古井贡 B，因为经过调研发现，新换的管理层能力更突出，加上公司品牌本身基础好，行业也不错，于是就毅然进行了投资。最后事实证明，通过这次投资，景林为投资者获得了不错的收益。

综上所述，在对目标公司的考察上，景林资产有几个标准：

◎ 公司行业前景广阔，有大的发展空间。

◎ 其公司有“绝招”，有宽阔的护城河能形成自我保护。

◎ 股价被严重低估，有较大的安全边际。

◎ 在公司治理上，管理层优秀而可靠，能够带领公司向前发展，股权激励制度明确而有效，团队成员团结，能够将公司越做越好。

价值的落地，流程保证投资理念贯彻

在投资上，景林资产有一套自己的流程，从标的研究、讨论决策、组合构建再到策略的实施，各个步骤从严把握，将价值投资的理念贯彻始终。

投资也要接地气，360 度攻克信息死角

通过定量分析建立股票库后，研究员将通过密集实地调研、专业人士访谈、咨询行业专家和竞争对手等多种方式和渠道对企业展开调研。在调研的过程中，考察方式非常有特点，借鉴一级市场鉴别投资对象的方法，对所投公司进行 360 度调研，包括企业内部治理、行业上下游的关系以及竞争对手的评价等，更深入地把握上市公司的基本面情况。

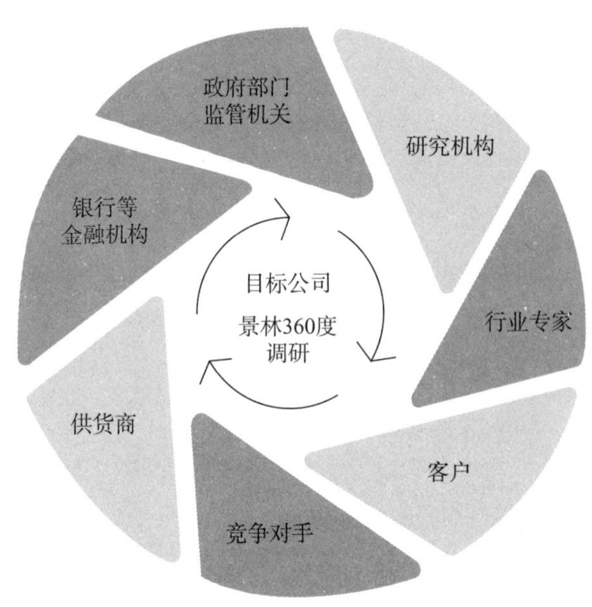

图 3-1　景林资产的 360 度调研体系

资料来源：景林资产。

这种方法能让景林资产看到财务报表背后的东西，因为财务报表只反映过去。要真正了解一个公司的管理水平和竞争优势，就必须从全方位获取信息，包括当面

与它的领导团队、内部员工接触，考察它的竞争对手，同时咨询行业专家，从公司的上下游去了解信息。因此，景林资产的行业研究员和基金经理除了要善于分析判断，还要具备和各方面建立良好沟通渠道的能力。

深度讨论定原则，基金经理定组合

经过上述公司研究和全流程尽调之后，研究员将研究报告提交投资决策委员会或深度讨论会。其中，投资决策委员会由投资总监以及其他基金经理组成，深度讨论会由投资总监、基金经理、相关研究员参加。参会成员遵循投资组合构建的原则，结合市场状况及宏观局势，在讨论后确定投资原则，并在宏观层面上做出投资决策。基金经理则针对经深度讨论研究的股票，在相应权限内做出投资安排。

在构建投资组合时，基金经理首要考虑的是组合风险最小化和收益最大化，在目标收益下，把组合的风险系数降到最低。**投资组合配置完成后，交易员会每天编制净值报表，提交相关的基金经理，进行动态评估。评估的主要依据为股票价格与其内在价值的相互关系，各股票或行业间的相关系数，以及组合整体的波动性。在持仓过程中，基金经理需要根据股票价格与内在价值的偏离程度，不断调整投资组合的构成。**

全流程透彻风控，绝非“机械”减仓止损

景林资产恪守“有安全边际的逆向投资”的风险管理理念，建立了一套完整的风险管理机制，同时，把风险管理理念融入投资决策的全过程，提高风险调整后收益率。

融入投资决策全流程的风控

在投资前，把风险控制融入投资标的的选择和投决的环节当中，严控股票的入池，避免高风险行业和股票。在选定目标投资企业时审慎调查，和全球同行业的上市公司做估值比较，选择有安全边际的时机建仓；同时制定严格的风险控制体系并

保证严格实施，包括控制个股和行业的集中度和关联度，重视股票流动性等。**在资产配置上，景林资产将“自上而下”和“自下而上”相结合，一方面发挥自己选股的优势，坚持价值投资和安全边际，降低错误率；另一方面，通过“自上而下”的监控，鉴别系统性风险。**

建仓后，团队长期密切追踪目标企业和其所处行业、关联行业的变动因素，决定卖出时机和实时动态调整组合。若遇到下行风险，首先会判断原因。若下跌幅度在一天内超过 5% 或多日持续下跌幅度达到 10% 时，会组织相关研究员、基金经理进行讨论。在系统性风险不大、个股基本面持续向好、相对估值不高的情况下，则会选择持续持有或加仓，但会提请基金经理与研究员更为紧密地跟踪研究，直至认为上述三方面中至少有一个方面出现明显的不利，或者认为相对于自己持有的股票存在更好的投资机会时，才会减持或全部卖出。一般来说，景林资产对风控的理解并不是机械地降仓止损。

风控合规是生命线

在投研以外，景林资产格外注重“风控合规”。蒋锦志先生反复在景林内部强调：风控合规是公司的生命线！

景林资产严格遵守中国证监会、中国证券投资基金业协会的各项规定。在内部制度层面，制定了《内部信息隔离制度》（含限制交易股票名单制度）和员工证券交易申报制度，防止各类利益冲突，严格杜绝利益输送；依照相关监管部门的要求，加强内部制度建设，并与监管人员、自律协会人员、外部合规顾问、外部专业律师事务所律师建立了畅通的沟通渠道，就合规专业问题可以及时取得较权威的解释意见；每年定期举办两次合规培训，全员参加，邀请监管人员、专业律师、合规顾问开展讲座，学习政策法规和监管文件，警示各类合规风险，如内幕交易、操纵市场等，并要求员工恪守职业道德、履行保密业务等。

内部设有风控专岗和合规专岗

风控专岗对投资组合的净值和持仓股票价格进行监控、逐日盯市。若持仓股票的股价和投资组合的净值达到内部规定的回撤比例时，风控专岗会邮件提醒相关基金经理、研究员到投资决策委员会启动相应层面的回顾和讨论。

合规专岗对可以定量计量的风险以外的其他风险进行防控，对法律合规风险、声誉风险等进行管理和控制，强化内部控制体系建设。

全球背景 + 实业经验，打造高精尖团队

作为多基金经理的平台型公司，除创始人蒋锦志先生作为董事长同时兼任基金经理外，景林资产还有多位重要骨干，比如基金经理蒋彤、金美桥、高云程以及负责境内产品运营和市场工作的田峰等人。景林资产核心员工来自证券交易所、中国证监会直属单位、公募基金、保险公司、会计师事务所、外资大投行等，具有非常丰富的从业背景和投资管理经验。

景林资产的投研团队近 50 人。许多团队成员不仅拥有国内外名校，如清华大学、原中国人民银行研究生部、武汉大学、哈佛大学、哥伦比亚大学等高校的优秀教育背景，而且在各自研究的领域有多年的实业工作经验，对相应产业的发展趋势、行业人脉与信息渠道等方面拥有独特的优势。不少员工还有在著名金融或监管机构的工作经验，知识结构完整。复合型的投研团队是研究质量最为重要的保证。

在研究员的具体分工上，景林资产只分行业、不分地区和国别。“这样做的好处是让我们具有全球视野，能够对一个企业的估值进行跨市场的比较，在三地市场中找出性价比最高的公司进行投资。”高云程如是说。

景林资产长期重视在产业界的资源积累，与国内上市公司、各行业的第三方研究机构均有良好的沟通渠道，并与很多企业家、行业专家长期保持接触。2014 年景林创立十周年庆典上，到场的企业家比金融行业人士还要多。

景林人的愿景是，做受到全球投资者尊重的中国投资专家。

THE
EVOLUTION OF
HEDGE FUND

04

逆向式投资

重阳投资追求价值基础上的绝对收益

2001年12月，上海重阳投资有限公司（“老重阳”）成立。2009年6月，专注于资产管理业务的上海重阳投资管理有限公司（“新重阳”，简称“重阳投资”）成立。历经市场的多番沉浮，目前重阳投资已成为国内首屈一指的资产管理机构。作为首家百亿级私募航母，重阳投资有着与众不同的基因，这决定了其对投资近乎极致的专注和在公司管理方面一系列前瞻性的布局。

纵观私募行业的发展历程，绝大多数私募机构的规模爆发出现在2015年，2015年的大牛市也将部分私募推上了百亿级的宝座。不过，跟大部分百亿级私募发展路径不一样的是，重阳投资早在2011年规模便突破了百亿元，成为国内首家百亿级私募机构，经过多年发展，目前重阳投资已稳居百亿级私募宝座。时间的积淀以及敢为行业先的魄力成为重阳投资百亿之路的重要推手。重阳投资从2001年开始以公司的名义做投资，相较同行有着更长时间的历史投资业绩，在此期间它始终坚持价值投资、长期投资的风格，稳定的投资风格，使重阳投资取得了优异、稳定的历史业绩，这在一定程度上让其获得了投资者的青睐。

另一方面，在行业的发展过程中，重阳投资一直走在行业的前列，如2009年，跟招商银行的合作，首次实现了私募基金与银行渠道的合作销售；2012年年底，与国泰君安合作发行的君享重阳，是私募行业内灵活对冲策略的第一次尝试，在业内树立了很好的示范效应；2014年3月，第一批进行了基金备案登记，同时发了中国第一只法律意义上的私募基金——“重阳A股阿尔法对冲基金”，这些都领行业之先。这些创新也树立了重阳在投资行业中的标杆形象，为后来赢得投资人的信任奠定了基础。

大事记：

2001年12月4日，上海重阳投资有限公司成立。

2008年9月5日，重阳投资首只阳光私募基金“重阳1期”成立。

2009年6月26日，专注于资产管理业务的上海重阳投资管理有限公司成立。

2012年12月27日，重阳投资首只对冲基金“君享重阳－阿尔法对冲1号”成立。

2014年1月8日，专注于战略投资业务的上海重阳战略投资有限公司成立。

2014年7月3日，上海重阳投资管理有限公司改制为股份公司。

2015年4月16日，重阳国际资产管理有限公司成立。

2015年11月，上海重阳投资有限公司改制为集团公司。

“重为复，阳为升，重阳寓意复合增长。”2001年年底，“老重阳”在上海虹口区欧阳路的一栋大楼里正式成立，但公司成立的最初目的并非为外部客户提供资产管理业务，而是以管理公司自有资金为主。公司董事长裘国根先生在先前的投资活动中取得了巨大成功，在成立公司之前已经完全实现了财富积累，拥有足够的资金进行投资。随着资管行业的蓬勃发展，也伴随着公司的投资策略、团队构建、运营管理等逐步成熟，作为一个成功的投资人，公司董事长裘国根希望通过投资来服务客户、服务机构，从而回馈社会。于是，公司于2008年9月发布第一支公开产品——重阳1期，并于2009年6月成立新重阳——上海重阳投资管理有限公司（重阳投资），开始正式转向面对客户的资产管理。

纵观国内外资管机构的发展路径，大多数资管机构成立的初期均以管理客户资金为主，随着策略的不断成熟以及财富的不断积累，部分资管机构会逐步收缩对外管理资金的规模，转变为以管理自有资金为主。重阳的发展路径则完全是“背道而驰”的，从自有资金管理拓展到客户资金的管理，这种异于其他机构的发展路径，也注定使重阳投资在投资理念、日常运作、发展愿景上有别于其他私募机构。以董事长裘国根为代表的多位经验丰富的高管，多年来一直管理自有资金，这注定了重阳投资从骨子里缺乏对短期暴利的饥渴感，更追求稳健的中长期收益，视野更高，心态更从容。

避免大亏，投资成功的第一要义

投资成功的第一要义是避免大亏，平庸和精彩交替的结果是惊人的复合收益率。

——重阳投资创始人裘国根

相比于一般私募基金起始于客户资金的管理，重阳投资在正式管理客户资金前的7年时间里一直服务于自有资金。在自有资金的管理上，重阳竭力避免亏损，只有在不亏损的前提下才考虑如何获得收益。绝对收益的理念，从此时便深入重阳投资的骨髓。值得庆幸的是，绝对收益理念本身也与重阳投资之后从事的私募行业高度契合。这种理念的贯彻在重阳投资开始管理客户的资金后也体现得淋漓尽致。从投资业绩来看，重阳投资在成规模的私募基金中，在给定业绩的情况下波动率几乎是最小的。

自我克制也是一种力量

实际上，对于一个成熟的私募基金管理人来说，他最大的资本不是规模，而是他的信誉和风格的稳定，以及在风格稳定下业绩的可持续成长。有了这种稳定鲜明的风格和历史业绩，规模就是自然而然的事情。

一个人的发展和一个机构的发展是一样的，若你把你的目标定在一个比短期商业目标更高的层次上，当你实现你的目标时，你的商业目标自然而然也就实现了。

——重阳投资总裁王庆

立足长远，掌握规模扩张的主动权。2015年，市场一片疯狂，投资者投资热情高涨，资金大量涌入，很多的私募机构借机拓展，迅速做大。然而对于重阳投资来说，它有着自己的思考。对于任何一家管理人来说，规模和业绩到了一定程度时必须有所取舍，重阳投资认为最重要的一点首先是确保可持续的、稳定的业绩。这个可持续很重要，相比而言，对于规模的追求反而是第二位的。

通过衡量当时市场的风险收益情况，重阳投资觉得不适合再接受新资金，所以关闭了不少旗下产品的申购，同时逐步提高了对冲产品的套期保值比例。尽管在短期内，这种措施会损失一定的收益，但就长期而言，它提高了风险收益比，确保了客户的利益，以及业绩的可持续性。

在公募资格申请时的进退衡量。从市场定位看，私募基金与公募基金针对不同的客户群体，私募基金主要服务高净值客户群体，而公募基金主要服务于大众市场。从海外成熟市场的经验来看，公募基金依然是资产管理行业的主流，市场空间大于私募基金。国内情况也基本相同，从存量规模、发展速度及未来潜力各个角度看，公募市场同样具有较高的吸引力。据此，2015 年 12 月重阳投资着手申报公募牌照，希望将业务拓展到一个更具发展空间的市场领域，但最终重阳于 2017 年 4 月主动退出了公募申请。

对于退出申请的原因，重阳回应称，"重阳投资多年来坚持价值投资和长期投资，坚持'客户利益第一'的经营理念。重阳投资一直立足并专注于权益投资，相较而言，公募基金的业务更为多元化。经过反复讨论研究，公司认为现阶段专注于当前的业务，发挥自己的强项，有利于更好地服务客户，体现'客户利益第一'的经营理念。因此，公司决定暂不开展公募基金管理业务。当前证监会加强对资本市场的监管，加大对资管行业的规范力度，有利于价值投资理念的实践，有利于资管行业的健康发展。重阳投资将会继续坚持自己的理念，不断提高投资管理能力，为我国资管行业的发展贡献自己的力量"。

THE EVOLUTION OF HEDGE FUND 对话

格上财富：重阳投资对于未来中国的投资机会有什么看法？

重阳投资：我们认为中国经济从长远来看是非常确定的，肯定会不断增长，人民生活水平也会不断提升，越来越接近发达国家，而且会以比其他国家更快的速度去接近。不过，目前中国经济正处在转型的关键时期，短期内有一些不确定性，比如说高负债、高杠杆、国企改革等，同时包括金融风险的问题。对于未来中国的核心竞争力，重阳投资认为中国经济真正的立足点是中国市场足够大，这是诞生优秀企业很重要的基础。从全球来看，伟大的公司多数是在大型市场中产生的。为什么很多伟大的公司在美国，很重要的原因是美国市场足够大。在为一个单一的、足够大的统一市场提供产品和服务的过程中就有可能创造出伟大的企业来，中国也是这样。中国有统一的大市场，从需求方面看注定会出现优秀的企业。

随着中国经济的演化，人们收入水平不断提高，这自然会催生多样化的需求。规模优势、市场集中度的提升等都有助于优秀企业的产生，而且任何行业都可能产生优秀的企业。

格上财富：重阳投资对于私募行业发展有什么看法？

重阳投资：大浪淘沙，行业集中度提升将成为长期趋势。

回顾国内私募行业的发展，我们认为，私募行业上一轮的快速发展，受益于两个事情，一个是制度红利——备案登记，另外一个就是市场的牛市行情。经历了2014—2015年的快速发展之后，制度上已经加强了监管，市场也进入横盘震荡的态势。目前，无论是从制度层面还是从市场层面，私募行业都在经历大浪淘沙、集中度提升的过程。

在国外，资产管理行业的二八现象、一九现象很突出，也就是20%的管理人管理了80%的资产，而国内目前远没有到那样的阶段。根据格上研究中心2017年6月的统计，目前，中国私募基金行业0.3%的管理人管理着22%的资产，这种集中度已经很高了。我们认为，行业集中度还会持续提升。一方面，在经历了市场大的震荡以后，投资者越来越成熟。私募基金的投资人越来越强调，要专注于跟一些有长期记录的管理人合作。另一方面，投资者的结构也发生了较大变化，原来没有机构委外，现在委外资金大量进入，这些机构对管理人的考察更理性，看得更长远。因此未来整个行业还有着很大的发展空间，同时行业内部的投资风格也会逐渐稳定，市场集中度的提升也将是一个长期趋势。

真正的中国价值投资之道

在中国做价值投资不能像巴菲特那样拿着不动，中国的投资市场有自己的特点。相当一部分参与这个市场的投资者并不是很理性，这导致市场短期内波动性很大。基本面很好的公司短期内也可以跌很多，而很差的公司短期内也可能涨很多。这个特点值得所有投资者注意，要充分利用它来规避风险并抓住相对应的机会。**因此，在中国市场做价值投资实际上是基于深度研究基础之上的逆向价值投资。逆向意味着博弈，当然，这种博弈是价值投资基础上的博弈。**

对接，投资策略的确定方式

重阳投资始终坚守价值投资、理性投资理念，并认为价值投资是中长期风险收益比最佳的投资方法，而且长期坚持基本面研究和投资可持续提升团队的投研实力。

在投资策略的制定上，重阳投资主要遵循以下路径：通过前瞻性的宏观研究，自上而下地进行大类资产配置；通过深入细致的行业和公司研究，自下而上发掘投资标的；最终通过自上而下和自下而上的对接来验证投资策略的有效性。具体来讲，重阳的价值投资就是基于深度研究基础之上的、逆向的价值投资。因此，从策略上来讲，重阳投资首先坚持自上而下要有一个宏观的观点，要有行业的配置；其次自下而上要认真选择投资标的，包括选项目、选行业以及选人；同时需要注意的是，自下而上、自上而下的分析结论要一致，当发现二者之间有矛盾的时候，肯定是在某个方面有盲点，所以需要自上而下、自下而上反复进行比对，然后达到一致，这是很重要的一点。

“三四七八”的研投框架

基于上述理念，重阳投资从过往投资十几年的经验中，总结了“三四七八”的投研框架，要求公司内部投研人员要守纪律，从投资创意、投资布局、随后的跟踪到退出都要时时刻刻把握好，不能有懈怠和闪失，而且在投资时不仅要关注短期的事情，也要关注长期的事情。

在“三四七八”的投研框架中，“三”指投资研究中的三部曲，包括严谨清晰的逻辑、全面深入的实证、及时有效的跟踪；“四”指重阳投资的投研人员在做市场的基本面分析时建立的，由盈利、利率、风险偏好和制度组成的四要素框架；“七”指在投资建议书的准备过程中，重阳投资要求投研人员必须分析到位的七个要素，包括核心投资逻辑、行业分析、公司竞争力分析等；“八”则是在投资跟踪时需要做到八个方面的紧密跟踪，包括全球政经动态、全球宏观经济景气度、全球利率、汇率及商品价格等。

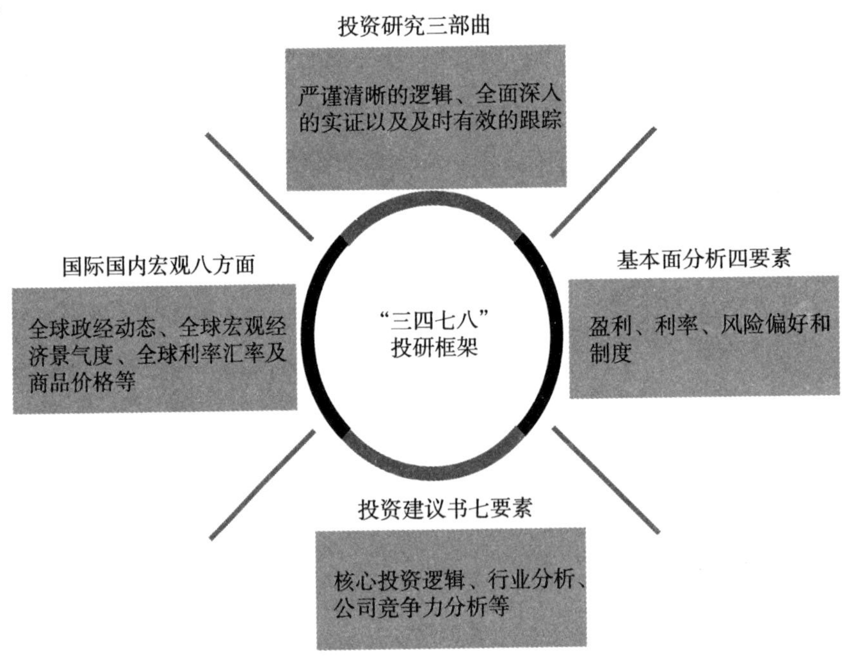

图 4-1　重阳投资“三四七八”的投研框架

资料来源：重阳投资。

好行业不一定有好股票，好公司也不一定是好股票

在行业的选择上，重阳投资会对全行业都保持关注。从中长期来讲，重阳投资在投资上不拘于某个行业，而是会重点关注能成为行业领袖的标的。公司认为，做投资最终需要落实到个股上，好行业不一定有好股票，同样，很热门的行业也不一

定有好公司可以投。关键在于如何在好公司、好行业和好股票之间把握平衡，而这个平衡点就是股票的价格是否合适。

重阳投资立足于价值投资，对估值非常挑剔。对于具体的公司以及投资机会，重阳投资有着自己的理解。重阳投资强调，做投资，尤其是在二级市场投资，好公司和好股票是两个概念。比如 PE、VC 所投的部分优质标的以及行业当中的独角兽都是好公司，但是一旦进入二级市场之后它们可能不会成为好股票。这里很关键一点是估值，如果其 IPO 的定价估值非常高，已经透支了未来成长的空间，这样的股票对于重阳投资来说未必是二级市场上好的投资标的。

风险与收益是判断投资机会的核心标准

在重阳投资内部，不会区分成长型公司和价值型公司，更多地还是看以后它能有什么样的增长、确定性有多高、自己现在愿意付出多少钱去买。如果最终比较下来，觉得划算，就会纳入标的池。对于很多公司，重阳投资会对其未来基本面有个预期，基于这个预期，再参考其价格与预期是否能合理匹配，如果是合理的，才会去进行投资。对于处于风口上的股票，重阳投资也会研究。同时重阳投资认为，很多传统行业的公司也有很好的转型机会，不比风口上的公司缺少创新意识。对于这类公司，重阳投资会在研究其基本面之后，再判断它的价格背后的风险和收益是不是划算。

自成立至今，市场上各种风格陆续兴起，重阳投资经历了崇尚价值投资的年代，也经历过质疑价值投资的时代。不过，重阳投资一直坚持其“价值投资”的理念。它认为在中国践行价值投资，最重要的是坚持。中国市场波动性很大，这使得长期投资的理念被广泛接受还需时日。因此，在这样的环境下坚持价值投资需要强大的内心，而重阳投资做到了。

THE EVOLUTION OF HEDGE FUND 案例

投资长江电力（600900.SH）

2012 年下半年，重阳投资通过研究发现，长江电力具有较高的投资价值。原因有三：第一，长江电力具备独一无二的资源禀赋，三峡集团拥有长江流域水电独家开发权，而长江电力是其唯一水电业务平台；第二，公司具备相对确定的成长性，既包括外延式增长、内涵式增长，也包括电力市场改革带来的制度红利，还有财务费用降低带来盈利增长；第三，股票估值具有安全边际，因为无风险利率的下行以及风险溢价的降低引导折现率下降。

同时，重阳投资根据不同情境对长江电力进行了 DCF 估值分析，结果显示，即使使用较为保守的假设，长江电力当时的股价仍具备较高的安全边际。另外，如果资产注入、电价改革、经济回升带动社会用电量增速加快等变化如期而至，那么其股价将具备更为可观的上升空间，也将为投资者提供更为充足的安全边际。

2012 年三季度到 2014 年三季度，重阳投资一直处于平稳吃进、逐步提升仓位的阶段。它以“上海重阳投资有限公司”的名义买入长江电力，持股数从最初的 8175.01 万股逐步加仓到 1.39 亿股，占比为 1.42%，这一过程历时两年。其间，长江电力股价并没有太大起色，一直在 5.5～7.5 元左右震荡，2014 年初还触及最低 4.88 元，随后震荡攀升。

2014 年年底，《关于进一步深化电力体制改革的若干意见》获得国务院通过。而自 2014 年四季度开始，重阳投资加快了布局进程，“上海重阳投资有限公司”“外贸信托—重阳对冲 1 号”双双出现在长江电力前十大股东中，总计持股 2.06 亿股，占比为 2.11%。2015 年一季度，重阳旗下又一产品“上海重阳战略投资有限公司 - 重阳战略聚智基金”出现在长江电力前十大股东之列，与另两个产品合计持股增至 2.74 亿股，占比 2.8%。

截至 2015 年半年报发布，重阳投资已经占据长江电力前十大股东的四个席位，“上海重阳投资有限公司”“上海重阳战略投资有限公司 - 重阳战略创智基金”“上海重阳战略投资有限公司 - 重阳战略汇智基金”“上海重阳战略投资有限公司 - 重阳战略英智基金”，合计持股达到 3.43 亿股，占比为 3.52%。至此，长江电力的股价到达阶段高点 14.84 元，停牌于 14.35 元，相较于重阳最初建仓时涨了近三倍。

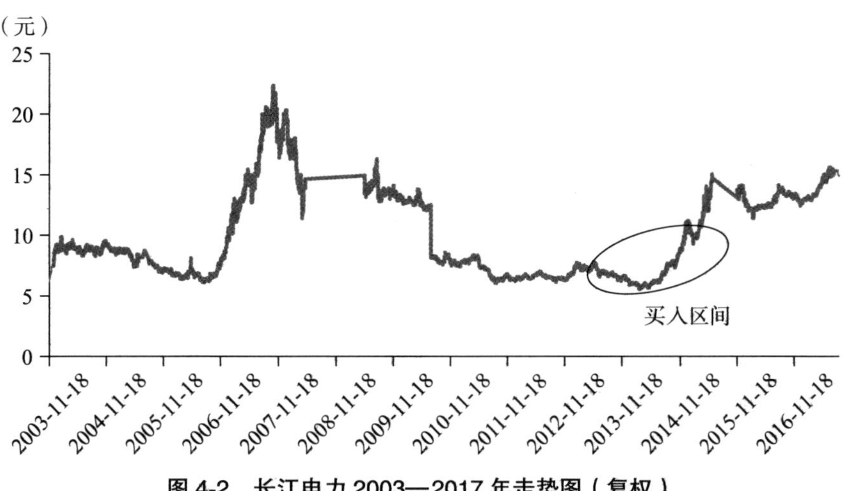

图 4-2 长江电力 2003—2017 年走势图（复权）

风控是投资的前提和必要条件

得益于自身基因，重阳人对绝对收益的理念深入骨髓，它坚定认为，做投资，尤其是在二级市场投资，首先不要想着赚多少钱，而是要想着不亏钱。因为只要相信社会在进步，中国经济在成长，那么市场肯定就会存在成长和赚钱的机会。不过，要想把握这些机会，很重要的一个出发点就是不要亏钱、别出局，少亏或不亏是赚钱的重要前提。因此风控非常重要。

在具体的风险控制上，除了具备一套完善的风控体系外，重阳投资更加注重事前标的的选择以及对冲工具的运用。

一般的公募基金通常采用调整股票仓位来控制风险，重阳投资则不倾向于采用这种方式。在股指期货、对冲策略还没有成熟之前，重阳投资在投资过程中仓位相对较重，但仓位重的自信是建立在对标的谨慎选择之上，它通过布局一些确定性高的标的来降低组合在市场波动时向下的空间。当股指期货等对冲工具诞生之后，重阳投资开始灵活运用对冲策略来进行风险控制。2012 年重阳投资“君享重阳 – 阿尔法对冲 1 号”成立，成为首只对冲基金，并取得了不错的成绩。

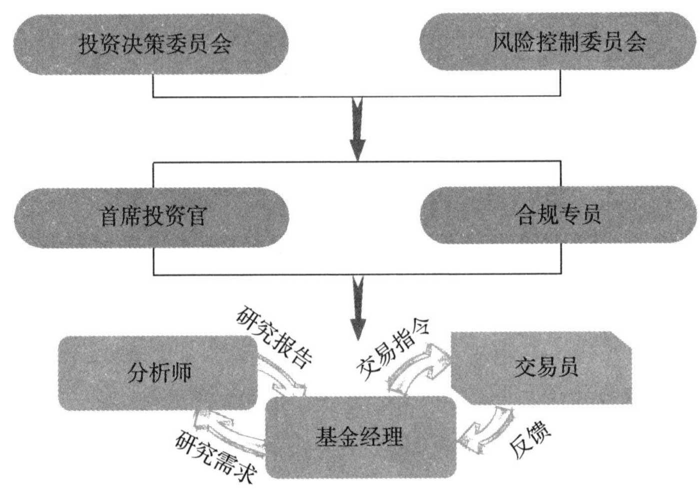

图 4-3　重阳投研合规风控架构图

资料来源：重阳投资。

风险控制

2014 年，市场在 2 000 点左右。2015 年年初，市场上涨到 3 000 点，接着，迅速飙升至 3 500 点，之后直奔 5 000 点，在这个过程中重阳投资一直保持着理性。

早在 2014 年年初重阳投资就宣称 2014 年有一个中等级别的行情，有 30% ~ 50% 的上涨空间，其核心逻辑是无风险利率下行，带动整个大类金融资产价值重估。不过，那个时候市场一片悲观，觉得没有希望，重阳投资的声音显得非常孤立。2014 年 7 月，股市开始上涨，直到 2015 年一季度。此时，重阳认为由无风险利率下行带动的价值重估轮动的过程接近尾声。

当市场涨到 3 500 点之后，市场呈现出不理性状态，出现了很严重的估值泡沫以及杠杆泡沫。出于对市场的理性判断，重阳投资从三四月份开始偏谨慎，逐步采取保护措施，一方面对多头组合进行调整，同时，逐步提高了对冲产品的套期保值比例。不过，由于重阳投资对市场判断过于理性，在依旧疯狂的二季度市场，错过了局部机会，导致市场上众多产品都赚钱，而重阳投资的产品净值不怎么涨，那几个月承受了很大的压力。

然而市场非理性究竟延续多长时间，你永远也不知道，此时，重阳投资仍然坚持认为系统性风险较大，市场已不可持续。随着时间的推移，重阳投资的判断逐步得到验证，无论从估值角度还是市场交易本身的亢奋度来说都有些过头了。市场的成交量和换手率等指标也都显示市场已过热。重阳投资的管理团队从内心里觉得这样的过热状态是不可持续的，事实证明当时团队采取的风险防范帮助公司规避了股市异常波动的冲击。另一方面，2015 年上半年实际上重阳投资已将很多产品的申购关闭，这是重阳投资从客户利益考虑而做出的决定，它认为当时市场的风险收益情况不适合再去接受新资金。从整体上看，尽管 2015 年市场经历了巨大的调整，但重阳投资的产品最终取得了不错的收益。

吹响集结号：人才是第一生产力

截至 2017 年年底，重阳投资共有 63 名员工，其中投研团队 30 余人，管理团队的背景涵盖各行业。

对于团队人员的选择，重阳投资强调理念的一致，风格的一致。重阳投资认为作为私募投资基金，不一定要很大。私募这个行业发展空间很大，只要能够在细分行业、细分市场中保持自己的特色和地位，就会有很大的发展空间。不过，想要将自身的优势发挥到极致，需要管理人员用同样的思路、框架、语言去沟通。

令人艳羡的高管团队

作为业内顶尖的私募机构，重阳投资拥有令人艳羡的高管团队，他们个个出身名校、在各自擅长的领域深耕多年，是行业精英中的精英。一个扎实、紧密，同时有着相同理念的高层管理团队又极大地支持了重阳投资的发展。

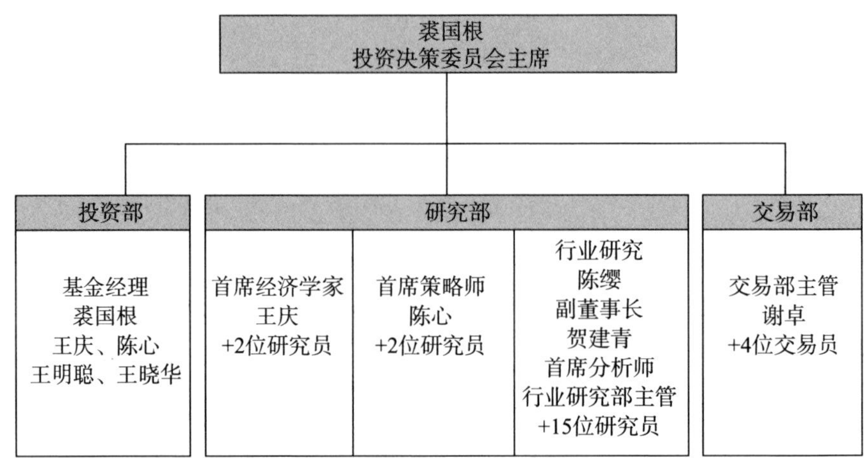

图 4-4　重阳投资内部组织架构

资料来源：重阳投资。

极具诱惑的人才引进及培养机制

私募基金的团队建设是一件很难的事情，公司需要把这个团队聚拢在一起，并让团队成员能够发挥各自优势，形成合力，这需要很大的精力与努力。而作为资产管理机构，人才是公司核心竞争力的体现。在人才的引进和培养上，重阳投资也极为重视，通过为他们提供最具竞争力的薪资水平、最佳的工作环境、最顺畅的上升通道、最有吸引力的发展前景，来留住最优秀的人。目前公司人才引进及培养机制的形成也经历了漫长的探索过程。

在公司投研人员的引进上，重阳投资采取的策略是从学校中直接招录。重阳投资认为应届生毕业后直接来到重阳，得到统一的培养，这将使他们拥有共同的研究理念、研究方法，而这些理念和方法都是经过实践、被证明是行之有效的，这样就形成了重阳的传承，同时这些人未来的投资理念也能与重阳投资的投资理念和企业文化实现更好的契合。

2006 年，重阳投资首次成规模地从学校招来了一批应届生，到目前他们都已经成为公司的骨干，有的甚至已经成为合伙人。2012 年，公司又一次直接从学校大规模招收了一批应届生，目前他们中有一部分已经成为公司内部优秀的基金经理。通过这样的人才引进及培养机制，重阳投资希望可以培养出成梯队的基金经理。同时，也正是这种极具诱惑的人才引进和培养机制，为重阳的发展带来了活力与延续。

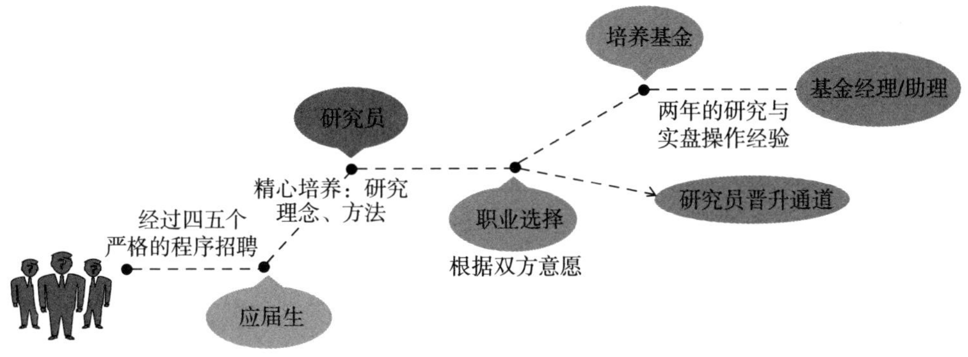

图 4-5　重阳投资——人才梯队培养路径

在人才的培养上，目前重阳投资也已经探索出了一套完整的培养体系。首先，经过四五个严格的筛选程序，重阳投资会从应届毕业生中找到最优秀的人加入公司；接下来公司会对这些新人进行精心培养。一般而言，新来的投研人员会从基础研究员做起，经过几年的学习和积累，若其研究水平达到一定的深度后，公司会根据双方的意愿，制定下一步的培养计划：

◎ 若该研究员未来想往投资方向发展，公司会以自有资金成立培养基金，由他来运行，在研究的同时做一些实盘操作。再经过两年左右的时间，公司根据他以往的研究和实盘操作情况，最终决定其能否成为基金经理助理或者基金经理。

◎ 若该研究员希望专注于研究，不做基金经理，那么，公司内部也会相应地提供研究员的晋升渠道。

毫无疑问，作为投决会主席的裘国根起到了灵魂的作用，但各基金经理也在公司的整体管理与适度放权中达成了平衡。一方面，投决会自上而下的指导管理是比较紧密的。投决会具备严格的风格把控力，定期给出投资策略、仓位、个股集中度方面的指引。另一方面，各基金经理在指引的基础上也拥有自由决定权，能适当地发挥分仓基金经理在行业方面的优势。

高瞻远瞩的视角——战略研究部

在研究体系的构建上，除了有大多数私募机构所配备的行业研究部外，重阳投资还拥有一支背景雄厚的宏观分析团队，他们组成了重阳投资的战略研究部。

在重阳投资看来，中国的股票市场对宏观经济非常敏感，同时中国宏观经济的波动性也非常大。宏观经济波动对市场有非常深远的影响，这个影响远超过了精选个股所带来的可能的机会和风险。在这种背景下，重阳投资成立战略研究部，专门从事宏观经济方面的研究。

战略研究部除了对一些重大的宏观问题进行研究外，同时也对市场趋势性的大变化有独到的认识，其中不仅涵盖宏观、流动性、利率、汇率的变化，也包括制度性的变化。重阳投资对此投入了很大的力量，这就促成了研究部强大的研究能力以及研究实力。由于重阳投资一直秉承长期价值投资的理念，同时重阳的风格是长时间持股、高仓位运行，因此它必须充分认识到重大的宏观问题。例如在2012—2015年期间，创业板、中小板异常火爆，但重阳投资一直没有介入，正是认识到这种非理性投资不具有可持续性。

战略研究不仅包含中长期研究，同时也包括短期影响的研究，这些研究对重阳投资的对冲策略大有裨益。**另外，由于股市是中国经济体系中唯一没有刚性兑付的市场，它对各种各样的风险因素反映得非常明显。有任何风吹草动，所有的风险都会在股市集中体现。股市的这种波动性孕育着机会，也带来了风险，这需要投入很大的研究力量。**很多传统做股票的基金经理在这方面不太擅长，投入的精力也有限，而重阳投资在这方面投入的精力则比较多。这些投入的精力就转化成了研究优势，在实践中就可以指导投资。

同时值得注意的是，战略研究部每周会在重阳投资微信公众号发布重阳问答、重阳视点等内容，专门针对一些重大问题进行解答。

THE EVOLUTION OF HEDGE FUND

重阳好书荐

《长线》

作者：查尔斯·埃利斯

推荐理由：想成为一家基业长青的资产管理公司，资本集团的许多经验值得借鉴。比如，注重长期；高度关注创新及创新者；始终如一地要求职业高标准，坚持以充分论证为基础的稳健投资；珍视一流人才；不遗余力地为投资者提供良好服务。

《历史的教训》

作者：威尔·杜兰特 / 阿里尔·杜兰特

推荐理由：马克·吐温说："历史不会重演，但总是押着同样的韵脚。"《历史的教训》是美国著名历史学家杜兰特夫妇 50 年多年历史研究所萃取的精华，里边包含了一连串令人惊叹的"历史的韵脚"。

《人类简史》《未来简史》

作者：尤瓦尔·赫拉利

推荐理由：尤瓦尔·赫拉利拥有外星人一般的视角。《人类简史》颠覆了你的历史观，而《未来简史》告诉我们人类正面对一场前有未有的大变革，未来已来。如何避免在这场变革中沦为作者所言的"无价值的群体"，值得每个人认真思考。

THE
EVOLUTION OF
HEDGE FUND

05

专注股票多头策略

星石投资的“极简”秘笈

2017 年正好是星石投资成立的第 10 年，也是私募行业大发展的第 10 年，在这 10 年中，星石投资目睹了行业规模从 0.4 万亿元高速膨胀至 10 万亿元的辉煌，也见证了同行的沉浮起落。星石投资自身的规模从 1.5 亿元发展到过百亿元，团队人员从十几人增长至一百多名，尽管已经可以跨进“大”公司的行列了，但公司内核却始终不变：专注。因为专注，才有 10 年对一个策略的坚持，才能坚持自主培养投研生力军，从而锻造出日益强大的投资合力。

星石投资的成绩不但让投资者知道了这家公司，还帮助整个私募行业获得了国内外投资界的关注。2008 年，董事长江晖受邀参加陆家嘴论坛，与保险、公募等资管同行同堂论道，同时也促成了国内私募机构和商业银行合作的先例。2008 年年底，招商银行北京分行发现，很多其高净值客户去券商处认购星石投资作为投顾的产品。于是，招商银行迅速行动起来，和星石投资合作发行产品，这样既满足了客户的需要，又能留住客户资产。2009 年 1 月，在各方积极推动下，星石 8 期问世，这是国内第一批经银行正式代销、私募做投顾的产品，开辟了私募机构与商业银行合作的先河。在此之前，国内银行是不对尚处于监管真空地带的私募基金开放的。

2009—2010 年，星石投资管理的资产规模逆势增长到近 40 亿元，成为当时管理资产规模最大的私募机构之一。

2009 年 3 月，星石 1—7 期入选 MSCI 对冲基金指数的样本基金，中国本土私募基金首次走入国际视野。该指数由摩根士丹利资本国际公司与晨星于 2008 年 9 月联手发布。它们从全球 8 500 只对冲基金以及组合对冲基金中选择了 300 只作为样本基金，从而形成了全球对冲基金行业中使用最普遍且最受认可的对冲基金指数系列。

2010 年，首届中国阳光私募金牛奖揭晓，星石投资荣获首届中国“金牛阳光私募管理公司”大奖。2012 年，晨星在内地首次颁发年度对冲基金奖，星石 1 期同样摘得此奖，此后，星石投资共获得 7 届“金牛奖”，成为“金牛奖”的“常客”。10 年来，公司获得的各项国内外荣誉超过 100 个。

星石投资还与私人银行深度合作，形成良好互补，它入选了几乎所有商业银行的“私募白名单”。为了解决投资人与产品信息不对称的问题，让投资人投得放心，让渠道服务得省心，公司多年来不断升级渠道服务体系，目前已形成了一套行之有效的、量身定制的服务体系，包括产品运作汇报、专项汇报、上门服务和 VIP 通道四大方面。

"若星之恒，若石之坚"，这是星石投资名字的由来，质朴地表达了创始团队的私募情怀。事物但凡长久，必然不会一帆风顺，但最终肯定会向其本质收敛，星石投资对投资事业的执着，是其初心，也是其本质。私募最大的优点是更加灵活自由，股东、管理层和基金经理是三合一的角色，基金经理能够按照自己的风格设计策略和布局产品，能成为投资主导型公司。

在"奔私"之前，星石投资董事长江晖作为中国最早的一批公募基金经理，已经跻身明星基金经理之列。他曾参与筹备华夏基金和工银瑞信基金等大型老牌公募基金公司，管理过基金兴和、基金兴华、华夏回报和工银瑞信核心价值等多只知名基金产品，也有自己的"粉丝"。然而，在 2007 年 2 月，他与几位志同道合的合伙人毅然投身私募。不过，当时私募基金行业的法律法规仍不完善，总带着"非法集资"的标签，所以在公司成立之初，无论是注册还是筹备产品，都历经坎坷，直到 2007 年 7 月底才正式成立第一个产品。

首个产品成立时，上证指数已疯狂上涨至 4 000 多点，全中国都沉浸在"股市年底破万点"的狂热中。然而，星石投资的投研团队却没有这么乐观。通过大量研究，他们发现全市场 30 多个大类行业中 25 个以上出现了景气度明显下滑的趋势，再加上银根持续收紧，这一切使他们嗅到了风险的气味。因此，在 2007 年年底，星石投资开始清仓旗下所有产品。

在后续的两三个月里面，市场的疯狂演绎到了极致，星石投资旗下产品收益虽然也不错，但是仍然跑输部分同行。这段时间，投资人提出了各种质疑，甚至把客户经理骂哭，但投研团队不为所动。

随后次贷危机突然而至，A 股进入熊市。2008 年上证指数跌幅约 70%，而星石投资却在没有对冲工具的情况下，全部产品都逆市获得了正回报，一战成名。这样的情景在未来数次市场出现拐点时不断重复。星石投资总是作为市场的少数派，在短期质疑中，坚持自己的判断，从不从众，从不迎合市场，并且大部分时候这种坚持都被证明是正确的。

投资的精进，十年打磨的利器

“不忘初心，方得始终。”星石投资 10 年来经历了多轮牛熊切换，也经历了规模的起起落落，但始终没有变的，就是对于投资的初心和专注。

回顾过去，尤其是近 5 年，随着制度的放开和资金的充裕，资产管理领域创新不断，风口络绎不绝，新三板、定增、量化等不断涌现，对于资管机构来说，诱惑十足。然而，每次星石投资都反复考量，最终仍坚持股票多头策略。

在能力圈中不断磨合

星石投资认为，做基金经理与做产品经理有异曲同工之处，一个好的基金产品应该是与客户“互动和磨合”出来的。何谓互动和磨合？客户有盲点，不懂市场长期与短期的关系，只盯着短期赚钱机会，容易错过长期趋势带来的大机会。基金经理懂投资，看得清长期趋势，但不懂兼顾客户体验。因此，一只好的基金产品，需要不断反馈，在基金行业，产品的反馈期可能是 3 ~ 5 年，需要长期、稳定、大量的投入，否则可能最终损害到客户的长期利益。可以说，坚守能力圈，是对客户利益保护的最好方式。

实践证明，在细分领域做到极致，仍然能够得到资金的认可，并获得规模上的馈赠。2015年，星石投资成为国内首批百亿私募，旗下产品超过50个，获得了大多数银行的认可，入选了几乎所有商业银行的“私募白名单”。同时它还与银行资产管理、资管公司、高校基金会、海外机构等机构投资者展开合作。

群狼战术，复制投资策略

星石投资在投资管理方面实行“投资决策委员会领导下的多基金经理负责制”，每只基金由多名基金经理进行投资决策，执行“复制投资策略”，即由9名基金经理来共同管理一个股票多头策略，根据每个基金经理的特长与能力，分配相应比例的资金。每个基金经理拥有独立决策权，但是他们选择的个股必须来自投研团队共同建立起的“股票池”，这也减少了决策和操作的风险。

多基金经理负责制一方面能够聚焦投研能力，让投资这件事变得更加纯粹，也让投研团队能更加专注于对这唯一一个策略的打磨和调整，同时有效避免资产规模增长对投资产生的负面效应，保持投资能力大于资产规模；另一方面能够最大程度地发挥个人特长，优势互补，保证专业的人做专业的事。另外，采用多基金经理负责制还可以避免“一言堂”及由于基金经理个人状态的好坏而影响产品业绩的情况。

众人拾柴火焰高，集体的智慧是无穷的，10年里，公司始终在对策略进行升级完善，根据产品周期和对市场的长期判断，其策略可分为两个阶段，即“1.0版本”与“2.0版本”，每一个版本几乎都沿用超过5年。

1.0版本的策略稳健偏保守，主要目的是控制回撤，也就是净值上涨稳健，回撤小；这一阶段，公司旗下产品回撤率远低于业内平均水平，近似债券型基金。在近5年实践中，星石投资意识到，这种操作会让一类客户非常喜欢，因为绝对回报更稳当、安全，但也有一些客户非常不喜欢，因为太稳了。如果客户鲜明地分成“喜欢”和“不喜欢”的两类，那这很难说是一个好产品。自2012年开始，星石投资花了三年时间升级进入“2.0版本”，目标是让更多客户都满意。

2.0 版本则稳健偏积极，不再要求时时刻刻不回撤，而是允许回撤、承受波动，但要在一定时间内净值能够收复失地且创出新高。因为大部分客户投资是为了赚钱，而并非仅是不赔钱。**在成熟市场，收益和风险是对称的，但在中国这个非成熟市场，两者之间并不对称，过于控制风险会损失掉更多收益，要规避一单位风险，收益可能会损失两个单位，甚至更多。**

方法升级之后，星石投资判断市场将进入长期向好的区间，于是其始终保持满仓操作。在 2014 年年底到 2015 年上半年的 9 个月时间里，公司的产品表现较好。从 2013 年到 2017 年 6 月份方法升级之后，产品的复合回报率较之前大幅提升，夏普比率几乎没有变化。不过，星石投资仍然谨慎地认为目前年限短，尚不能推测客户已经满意了，因为这个行业的客户体验期是 5 年。未来，星石投资将继续用心浇灌每一个策略。

挖掘确定性强的投资机会

星石投资秉持中长期趋势投资法，将 A 股划分为三个类别，在类别中又分行业，行业中再区分公司，根据三个层面驱动因素协同向上的原则，寻找确定性较强的机会。一旦遇到结构性机会时，该做法就能更好地把握。

星石投资拥有强大的内部投研实力和外部研究支持。在外部研究合作方面，它已经获得 22 家大型券商研究所的支持；在内部，它搭建了近 50 人的“奢侈”团队，实现对所有行业的三层面“地毯式轰炸”。在星石投资看来，只有具备强大的内部投研实力，才能更好地甄别运用外部研究的成果。因为外部研究多是销售导向，有了自己的研究力量，就能够对外部成果去伪存真，交给投资决策团队来判断。

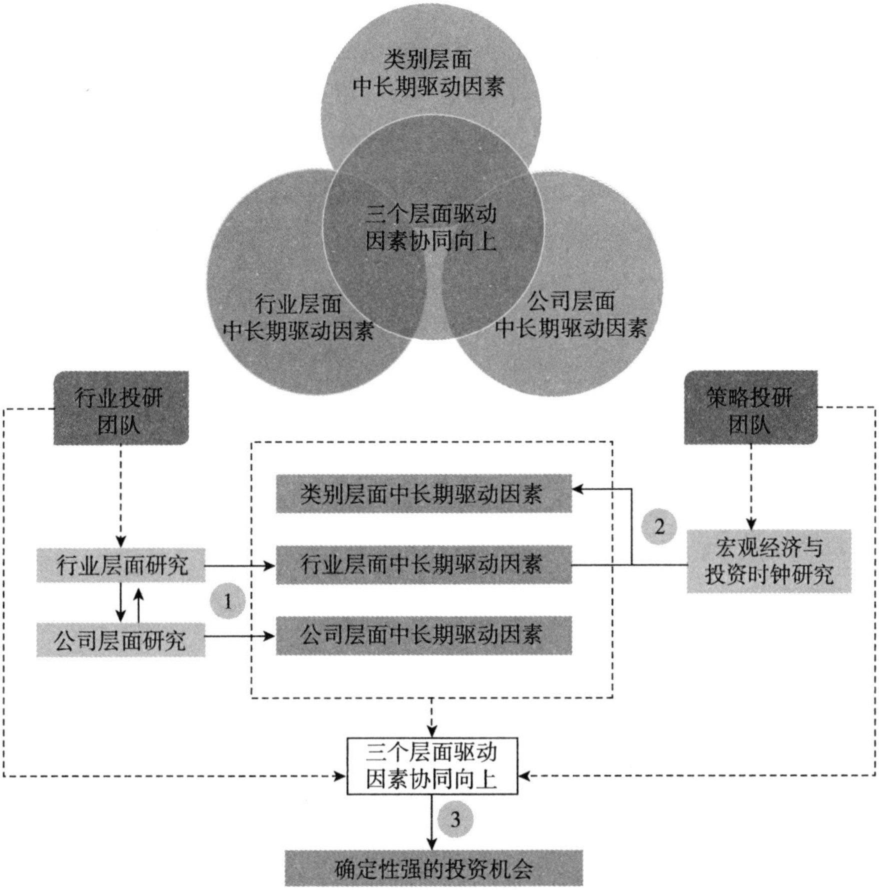

图 5-1 星石投资的中长期趋势投资法

资料来源：星石投资。

THE EVOLUTION OF HEDGE FUND 案例

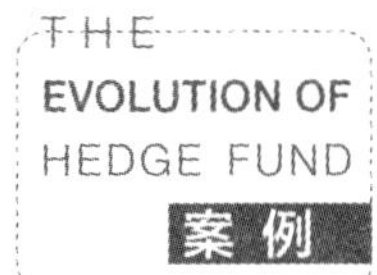

布局高端白酒

2016 年，星石投资将白酒股行情从“鱼头”到“鱼身”完整吃下，主要得益于其对行业层面主导因素变化的观察和研究。自国家严厉整治“三公消费”后，2013—2015 年，白酒股股价一路下跌。不过，公司研究人员在 2015 年年底发现了一些变化，即“三公消费”在高端白酒中，占有量不到 5%，而民间消费的规模在不断扩大，每年增速达 15%。

一方面，星石投资广泛查阅公开资料。另一方面，其研究人员经常出去实地调研，看经销商库存，找行业协会的消费量数据，跟各个研究机构、上市公司交流，了解他们的一手情况。由此掌握了民间消费变化的数据，并预期在2016 年、2017 年，高端白酒供求关系会发生逆转。

确定了行业的景气度反转，再看公司层面。高端白酒龙头股中的 A 公司比主要竞争对手 B 议价能力强得多。因为 B 经常要和经销商谈返利才能将产品销售出去，而 A 不需要返利就能销售出去，说明 A 的竞争力要更强。另外，2015 年，A 积极扩张经销商，经销商也很踊跃的与 A 合作，而 B 没有能力获得经销商。到 2016 年年底又发生了新变化，A 开始砍经销商，实行优胜劣汰，将不好的经销商淘汰，B 却还在扩经销商。

再考虑宏观层面主导因素，经济从下滑到止跌，L 形由一竖变为了一横，显然消费会变好，因此星石投资大量买入消费股，其中最看好高端白酒。

合规风控：100 亿前的“1”

合规是私募经营的底线

合规是生存的前提，也是做大做强的基石。10 年发展，星石投资见证了行业规模从不足 1 万亿元走向 10 万亿元的壮大过程，也见证了整个行业从草莽走向规范的过程。早在 2007 年，正是因为首批“奔私派”带来的、来自公募、券商等成熟金融行业规范经营的理念，才给备受诟病的私募行业带来了一线生机。星石投资等“公募派”私募在创立之初，借鉴了公募的优秀制度，把投研和其他部门物理隔离，断绝利益输送，让投资人安心。

不合规的私募即使做大，也必然会被清理出历史舞台，这一点无论在国内还是在国外已有例可循。目前的百亿级私募，无一不注重合规，几乎都设立独立的合规风控相关部门。星石投资除了设立合规风控相关部门，还在每个部门都设立了合规风控责任人。

保留基金经理的激情

做投资，一半是科学，一半是艺术。风控的目标是实实在在地控制住风险，同时，又不耽搁公司的业务发展。

私募的特点之一是收取 20% 的浮动业绩报酬。私募如何有底气收取这 20% 呢？就是要在这个领域中做得优秀，而这就必须保证基金经理的激情。风控过度很可能就扼杀掉了这些优秀人才的激情，业绩的持续性便难以保证；若风控过于松动，很可能因为一个风险事件的出现，多年的心血就将毁于一旦。

由内而外，从心出发，不留死角

星石投资的合规制度主要包含三部分。

一是员工的行为准则。星石投资有详细的《员工守则》，有类似于公募的入职申报、股票申报和备案制度，还有一些关键岗位的谈话，且有明确的管理监督制度。这些机制不是为了让大家处于一种被强迫、被监督的氛围中，而是让大家意识到公司是为每个人的职业生涯考虑，让大家都能自觉、自愿地遵守合规制度。严守合规准则是星石投资立足私募行业 10 年的重要原因。

目前，星石投资在市场服务、投资研究等各方面都设置了严谨的风控体系，形成了完善的内控体系：在公司层面，设有监察稽核部，负责公司层面的合规体系建设和监察；在各个业务部门层面，同样配备了风控责任人，例如在投研部门，设置了风险管理部，对基金经理的投资策略、投资组合进行审查和风险评估；在交易部门，配备专人对交易行为进行监控，保障交易部在执行指令过程中严格遵守合规制度。

二是投研体系风控。在投资风险管理中，星石投资采用“事前、事中、事后”三重风控体系：事前分为方法上的风控、投研体系设置上的风控和股票池管理制度；事中分为紧密跟踪研究和交易规范两部分；事后则有考评上的风控、投资组合风险评估、合规风控检查和其他制度的软约束。以此三部分星石投资保证了投资活动能稳中有序，平稳进行。投研风险管理与合同硬性约束共同构成了星石投资的两层风控体系，以确保没有违规事件发生。

三是相关信息披露。星石投资按照各项法规和自律规定，及时向中国证券投资基金业协会申报、更新相关信息，并且积极响应协会号召，进行投资者教育的宣传。2013年《基金法》修订，星石投资成为中国证券投资基金业协会首批特别会员；次年，董事长江晖为私募证券投资基金专业委员会委员；2017年，首席执行官杨玲为中国证券投资基金业协会第二届合规与风险管理专业委员会联席主席，与协会、与行业相互扶持共同发展。

团队培养：投资是关于人的生意

星石投资的成立是合伙人出于对投资的热爱，对自主做投资决策的渴望，但想要在投资领域取得成功单靠孤军奋战是肯定不能实现的，必须构建一个系统、科学、有活力、可持续发展的投研体系，即行之有效的投资方法和一群牛人的组合，然后把时间、精力、资源都投放在最关键的事情上，心无旁骛，才能做到极致。

因此，在公司创立之初就将“人”作为第一要务，立求打造一支“投研梦之队”。目前，公司有近50人的投研团队，如此大的团队在业内十分少见。

不同之处在于，其他公司在成立之初可能更喜欢招聘“老炮”来帮助公司加速发展，而星石投资愿意培养应届毕业生，尤其是名校学生。只有这样，才能保证招到最好的投资苗子，投研人员中清华、北大占比近四成。星石投资招人挑剔、严苛：先从学分高的学生中，挑选可以参加复试的，经过复试获得实习资格，实习生要通过报告答辩，多数情况下董事长江晖会亲自参与以判断其水平高低，最后留下1/3左右的人员进入公司。

为了保证投研团队可以心无旁骛地做投资，公司专门设置了“类真空”的投研环境，将投研团队与外界隔离开。不仅有物理隔离，以保持投研团队的敏感度和专注度，而且公司还设置了策略研究部作为投研团队与外界沟通的桥梁，以传达最新的投研动态和市场观点。这套“类真空”的投研机制，在多个关键时点帮助公司坚持“中长期趋势投资理念”，从而抓住了拐点机会。

自主培养提升投资合力

中长期趋势投资法听起来容易，但“类别、行业、公司”三个层面的中长期景气度的驱动因素很多，如何抽丝剥茧，寻找出“致命一击”的机会并不容易，需要投研团队有深厚功底。

为了让投研人员更快成长，公司建立了完善的“传帮带”的梯队制。“研究员—基金经理助理—行业基金经理—基金经理（板块类别）—高级 / 资深基金经理（全行业）”的阶梯式培养机制让每个人在不同的发展阶段都不迷茫，有自己明确的发展目标和学习对象。

研究员刚进入公司会接触到一套完整的培训工具，最初只限于怎么去了解、认识上市公司，学会如何判断行业中的好公司。当然，好公司不代表就是一只好股票，这还涉及到价格问题。从研究到投资有一个过程，就是怎样把研究转化为投资成果，这一步更微妙。到此阶段，研究员需要找到合理的买点和买入理由，当他的建议被采纳，并被证明有价值之后，就会被认为至少在投资方面有一定的悟性，此时可以更进一步，让他拓展范围。例如之前研究白酒，再在消费大类中研究几个行业，看他的研究复制能力。这是从行业研究到类别研究的过程，其间工作量并非仅是之前的三倍，很可能就变成了三次方。这一切都在考验其能否将真正的投资机会抓出来，如果能抓出来，就可以去做基金经理助理，相当于辅助基金经理进行一些投资决策，做一段时间助理后就能成为基金经理。

这样的自主培养方法成才率极高，目前星石投资的 9 名基金经理中，全部为自主培养的，从研究员到基金经理，最快只要一年半的时间。董事长江晖在接受采访时也说道：“9 名基金经理的排名中，如果我的业绩没有排在前几位，那我才觉得我成功了。”由此可见他对于这些“后辈小生”的殷切期望。

虽然已经历了 10 年，星石投资的投研团队仍然保持着活力，源源不断地产生投资人才。随着团队的成熟，并围绕一个策略磨砺 10 年，其投资合力越来越强，不仅内部可实现全行业覆盖，而且抓取投资机会的准确度和速度也在提升。如今星石投资每年调研上市公司逾200次，已成为调研次数最多的私募基金公司之一。

打造纯粹的投资俱乐部

星石投资在坚持严格选择具有投资天赋的人、创造充分分享沟通的氛围的基础上，采用公平的考核制度和足够激励的薪酬制度，采用行之有效的投资框架，为的是不“辜负”这些有才华、勤奋、进取的人的努力和信任。公司规定，基金经理的奖金与产品业绩挂钩，采用能上能下的考评体系，以此来保证投研团队的积极性与活力，且每年将利润的一部分专门用于员工的各项奖金。此外，星石投资还会不定期吸纳业绩表现优异的投研成员为合伙人，给予股权激励。10年来，公司投研团队平均每年流失率极低。

THE EVOLUTION OF HEDGE FUND 对话

格上财富：对私募行业的未来发展有何展望？

星石投资：各类金融人才涌入私募领域，是私募行业从始至终没有改变的浪潮。与公募、券商相比，私募行业对于怀揣投资才华和梦想的人来说，是更好的“舞台”。它最大的特点是股东、管理层和基金经理角色“三合一”。基金经理的投资意志能自由体现在产品布局和投资策略上。10年来，星石投资只有一个产品（复制投资），坚持一个策略。超百亿元的资金、近50人的大型研究团队，都投入在一个策略上，这种情况在公募领域几乎是不可能的。不过，我们认为，只有这样破釜沉舟的投入，才能够做到细分策略的顶尖，才能在同质化的时代“脱颖而出”。

2007年，当星石投资成立时，正赶上第一批“公奔私”大潮，一批来自公募和券商的“勇敢者”投身当时还处在灰色地带的私募行业，给行业带去了专业的投资能力、合规经营的理念和一定的人气。

2013年，私募获得正式的法律身份，成为与公募、券商、期货公司平起平坐的资产管理机构。行业地位的认可减少了“奔私”的后顾之忧，奔私潮明显加速。每年都有大量关于奔私的报道，所有人都已经见怪不怪了。

随着私募行业通过“人才大战”中不断提升竞争力，未来行业可能会出现以下两个趋势：

第一是行业吸金效应增强，千亿私募正在路上。星石投资认为，私募行业的吸金效应大大增强，预计千亿级别的公司会在下一个10年出现。由中国证券投资基金业协会的官方统计数据，截至2016年年底，私募的实缴规模超过7.8万亿元，已经超过公募，即使从细分的角度来看，股票策略的私募证券投资基金的规模也已经超过股票型公募基金。这充分证明，私募基金的投资能力已经得到了资金的认可，正在超越其他类金融机构。

近年来，混业经营的大趋势使得各类机构的业务范围不断趋同。投资人面临着投资品繁多但同质化严重的局面，导致选择困难。因此，一些在客户端有优势的机构逐渐认识到“术业有专攻”，合作共赢而非相互碾压才是财富管理未来的方向。业绩长青、风格鲜明的私募，逐渐成为银行、保险等机构投资者的不二选择。截至2017年9月底，根据中国证券投资基金业协会的官方统计数据，已经有7 227个产品采用投资顾问管理的方式发行，这是市场自发的合作，在一定程度上证明了私募的投资能力已经得到资管行业的广泛认可。

在近期与银行的接触过程中，星石投资也感觉到了这一趋势。部分银行在委外投资的存量调整上，越来越倾向于与优秀的私募证券投资基金合作，以保证在利率上行、资金成本难以下降的背景下的产品收益；部分银行总行层面也开始给分行下放权力允许其自身建立私募证券投资基金的白名单，既减少总行在合作审批上的繁冗流程，还让这一合作更加个性化，更紧随市场趋势，可以说，这是银行与私募合作模式的“升级版本”。

第二是“二八分化”显现，“大而美”势在必行。星石投资认为，私募行业的“二八分化”会越来越明显，可能会诞生私募界的“漂亮50”。这既有资金的马太效应（好私募越来越受资金认可），也有政策的影响。随着行业自律工作的加强，在“扶优限劣”的政策下，私募行业的“优胜劣汰”也将加剧。根据基金业协会的数据，自2016年2月5日启动已登记私募机构清理工作以来，先后近1.3万家无展业意愿的私募机构登记信息被注销，行业环境得到净化，社会形象得到提升。

可以预计，业绩突出、投资风格稳定的私募基金公司，在竞争中经过沉淀会脱颖而出，成为行业持续发展最强有力的基石，而其他平庸或浮躁的资产管理人，则必然会被市场淘汰，被淘汰的私募把规模贡献给更优秀的生存者。

海外对冲基金一个最大的特点就是，基金规模分布满足“二八”定律。截至2017年5月，根据Preqin的统计，“10亿美元俱乐部”中有701只对冲基金，大约占基金公司总数的12.5%，然而它们却管理着88%的对冲基金资产。可以预见，未来随着国内整个私募行业集中度快速提升，也将出现“二八分化”。

THE

EVOLUTION OF

HEDGE FUND

06

寻找确定性最强的机会

朱雀投资的三要素协同

上海朱雀投资发展中心（有限合伙，简称“朱雀投资”）成立于 2007 年 7 月，在资产管理行业已经有 10 年历史。在中华传统文化的语境中，“朱雀”是生生不息的灵兽，是降福人间的祥瑞，当初公司取名“朱雀投资”，也是希望公司能够伴随中国资本市场的发展走向强盛，做一个持续创造价值的“灵兽”。如今的朱雀投资，已经涵盖了几乎大部分股权及权益类相关产品线，在十年起伏跌宕的市场中，经历了完整的牛熊市转换，风格稳健而不乏进取，囊获了私募行业众多奖项。

朱雀投资最初是以有限合伙企业的形式设立，也是上海首家有限合伙企业。之所以采用合伙制的方式，一方面是考虑到资产管理行业以人为本的特性，采用合伙制会更加合理，而且海外很多对冲基金也是采用的合伙模式；另一方面也是因为当时资产管理行业的法律框架不完善，而国家当时颁布《合伙企业法》，通过采用 GP、LP 出资的模式，可以让募资变得更合规。

大事记

2007 年 7 月，上海朱雀投资发展中心（有限合伙）成立。

2008 年，在 A 股全年大跌近 70% 的极端情况下，朱雀投资的产品表现稳定。

2009 年，上海朱雀股权投资管理股份有限公司成立。

2010 年，朱雀 9 期成立，成为少数首发规模超 10 亿元的私募产品。朱雀管理规模突破 40 亿元。

2012 年，全新的量化对冲产品阿尔法 1 号成立。

2015 年，朱雀发行第一只新三板产品，实践资本市场的产融结合；朱雀国际正式获发香港证监会 9 号牌照，其海外基金成功发行 VIE 结构产品回归 A 股。

2016 年，与中信农业和上市公司隆平高科等主体共同设立现代农业产业基金管理公司，推进产融结合的重大实践。

2017 年，董事长李华轮先生担任私募证券投资基金专业委员会联席主席、西北大学理事会董事长。

2007年，基于对整个资管行业的长期看好，李华轮离开了西部证券，创立了朱雀投资。谈到当初为什么要选择私募行业，朱雀投资的高级合伙人王欢举了一个例子：

“2007年，对比海外市场，中国资本市场结构不够多元化，不够多层次。资管行业就好像一个杯子，要填满这个杯子，可以先放乒乓球，放完乒乓球还可以放小石子，小石子放不下了还可以放沙子，沙子放满后还可以倒点儿水进去。当时市场中已经有很多人在做公募基金，但除公募之外，市场的需求是多元化的，投资机会也是多元化的，故而后面选择了通过私募基金来投身资产管理行业。事实也证明，我们当初的选择是明智的，数据显示，截至2017年6月底，私募认缴规模已经达到了13万亿元，实缴规模将近10万亿元，可以说过去几年资产管理是除了移动互联网之外最火、发展最迅速的一个行业。”

回首创业历程，朱雀投资选择了一个快速成长、蓬勃发展的行业，并且做了自己想做的事，但是对于私募行业来说，从来没有终点，朱雀投资也依然在Ongoing！

精研宏观驱动力下的价值深挖

坚持价值投资，通过精细研究、确定投资、敏感勤进的工作方法，为我们的投资人创造持久稳定的回报；以我们的规范运作、学习思考、恪尽职守，为我们的员工提供持续发展的合作平台；打造中国资本市场优秀的投资管理团队。

——朱雀投资

朱雀的投资理念可以用“保守、专注、创新、思辨”八个字来概括。保守，即坚持价值投资，坚持有所取舍，把握宏观大势，关注投资风险。专注，是强调“做行业专家，像内部人一样理解公司”，发掘各领域的优质投资标的，长期获利。创新，是希望以扎实的投研能力和不断革新的思维进行产品创新，与投资人共享经济创新红利。思辨，即独立思考研判，在高成长与高波动的市场环境中，不随波逐流，精细研判，应对市场风格的转变，及时规避风险。

朱雀投资的投研框架

历经十余年的精心打磨，朱雀形成了成熟的投研体系，通过宏观、行业、个股三个层面的驱动因素来协同寻找确定性强的投资机会。

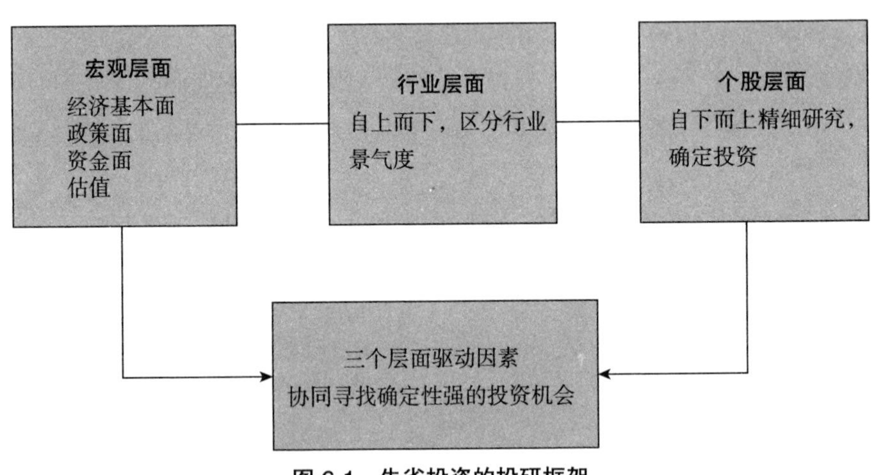

图 6-1　朱雀投资的投研框架

资料来源：朱雀投资。

在宏观层面的研究上，朱雀投资主要关注经济基本面、政策面、资金面和估值。基本面上，除了跟踪国内宏观、中观经济数据外，还会跟踪海外主要经济数据，重点关注实际与预期对比；政策面上，公司主要跟踪货币和财政政策，以及重大的改革政策；资金面上，公司一方面通过银行间利率水平判断整体资金面的宽松程度，另一方面跟踪权益市场的资金供需变化；估值层面则重点关注板块的估值变化、估值折溢价水平等。

在行业配置方面，朱雀主要采用“自上而下、区分行业”的方法。它通过分析宏观经济运行趋势、行业景气度趋势等基本面因素，确定投资组合中各个行业的配置比例。在个股选择上，朱雀采用“精细研究、确定投资”的方法。它通过分析上市公司核心竞争优势，结合对上市公司所处行业景气度趋势的判断、采用定性分析和定量分析相结合的方法来选择增长确定且估值合理的个股。

虽然公司建立了基于宏观、行业、个股三个层面的投研框架，但在朱雀投资自己看来，其核心优势在于在把握大方向的基础上，深度挖掘个股。

在择时方面，朱雀投资成立10年来，历经资本市场牛熊切换。正是得益于对宏观大势的精确研判，公司成功规避了3次市场极端下跌（2008年暴跌、2009年8月暴跌、2015年8月暴跌）；同时，提前抓住了3次上涨机会（2009年上半年，2014年年底，2015年4季度），这也是朱雀能经受市场考验的重要原因。

在个股选择上，朱雀多年来深耕个股，在业绩归因方面，个股对朱雀投资组合的贡献，远超过行业对组合的贡献。对于行业、热点题材轮动，公司认为把握大的增长逻辑，把行业看清楚，把公司发展的“因”找出来，这才是真正需要把握的思考框架和投资逻辑。

朱雀投资历史策略回顾

回顾朱雀投资的10年发展史，可以看出朱雀投资对于宏观大势有着较为准确的研判，在市场发生转换时它多次准确把握，及时调整策略。

2008 年提前控风险。朱雀投资从 2008 年年初开始认识到市场出现了较大风险，于是采取谨慎的态度，使其旗下产品 2008 年亏损幅度不到大盘下调幅度的 1/3。

2008 年 A 股市场运行环境远较 2007 年复杂的多，中国经济的增长速度将从高位回落，企业盈利增速也将较 2007 年显著回落；目前无论是横向比较还是纵向比较，A 股市场整体估值水平高企是不争的事实，市场已经反映了上市公司 2008 年的业绩增长，市场震荡在所难免。我们认为 2008 年 A 股市场将从狂躁回归理性，上证指数的主要波动区间在 4 000 点至 6 000 点。如果美国经济实际情况坏于市场预期并陷入深度衰退，上证指数的主要波动区间将下移至 3 000—5 000 点。

基于对市场环境和市场趋势的判断，我们认为面对 2008 年国际和国内经济的重大不确定性，在高估值的环境下，一味的“耐心守仓”已很难使我们获得超越市场平均水平的收益。2008 年我们将采用“自上而下、区分行业、精细研究、确定投资”的投资策略，从公司长期发展前景的角度寻找具有中长期投资价值的品种进行投资，并通过行业景气度判断和公司核心价值研究，用投资标的的超预期增长应对市场中可能出现的不确定格局。我们认为，不确定环境下的高估值市场大幅震荡在所难免，我们将逆向思维，“追跌杀涨”，在市场大幅震荡中把握价值投资机遇。

——朱雀投资 2008 年一季度投资策略报告

2009 年果断攻守切换。2009 年年初，基于对宏观基本面的分析，朱雀投资提出了“敢于买入”的口号，在市场的配合下，净值也出现了较大上涨。然而，到 7 月份时，朱雀投资意识到市场泡沫过大，开始谨慎操作，进而躲过了 8 月份的市场大跌。

对 2009 年市场格局我们基本的判断是：在极不确定的政策环境和市场环境下，很可能出现估值上升和盈利下降的局面。需要特别指出的是，基于流动性变化而出现的估值水平提升是阶段性的，长期的上涨必须来自上市公司盈利水平的恢复。

我们认为，2009 年投资者面临极不确定的政策环境和市场环境，如果上市公司盈利增速在年中好转并超过市场预期，则市场会表现为向上的格局。如果说“果断卖出”是2008年最正确的策略的话，那么“敢于买入”将成为我们2009年的策略首选，我们将在合理估值区间（1.5–2倍PB，对应上证综指1 500—2 000点）买入相关行业的优质品种。由于基本面变好尚需时日，市场大幅震荡在所难免，但这其中孕育着丰富的个股投资机会，如何把握这些机会并形成投资收益是对我们最大的考验，也是证明我们投资能力的所在。深入公司研究，拓宽行业视野，做坚定的价值投资者，我们将在这样的理念指导下开展2009年的投资和研究工作。

——朱雀投资2009年A股投资策略

2017年长期布局真成长。朱雀投资提出，未来的投资会趋向于二八分化，要重点把握结构性的机会，布局像“腾讯”一样的不同行业的优质公司。

2017年，经济基本面将总体平稳，当前对增长和盈利改善的预期较强。2017年改革和转型将继续推进，市场在“十九大”召开前后对改革预期升温，改革步伐的变化将是2017年风险偏好提升的关键变量。

自上而下看，经济弱平衡，货币政策趋紧，财政政策积极，改革继续推进，市场将呈震荡偏向上格局，投资的关键在于把握结构性机会；自下而上看，我们看好国内中上游行业中的龙头，其在行业整体红利消散时受益于多年积累的成本、技术等优势，持续快速增长。同时，我们关注再通胀的主题机会，以及成长股中的龙头。于我们来说，2017年正是去布局未来3～5年可能成为各个行业中“腾讯”的时机。

——朱雀投资2017年度策略“很多行业都将有家腾讯”

把握宏观大势，策略和产品线的前瞻性布局

与量化投资相比，主动管理的管理人未来还想再做投资，能力在哪里？一个是前瞻性，一个是深入度。

——朱雀投资合伙人王欢

在宏观大势研判的基础上，伴随中国社会改革创新，朱雀不断进行产品和服务的创新，在不同行业以及地域之间共享专业知识，力求增强自身在全行业、全市场的投资实力，进而深度参与经济转型中新型产业和优势企业的资本活动，这其中也能看出朱雀价值投资的理念。

截至 2017 年 7 月底，朱雀投资旗下除了最早的股票策略外，目前已经衍生出了包括量化、定增、新三板等多种策略，而这些产品线的布局过程也体现了朱雀投资在公司运营上的大局观。

量化对冲产品线是除了二级市场股票主动管理型产品外，朱雀投资开发的第一条新的产品线，公司从 2009 年下半年便开始搭建团队。**虽然当时国内并未开通股指期货，但朱雀投资觉得，量化对冲未来是国内私募行业发展的一个大的方向。随着股指期货的开通，公司开始正式将这条产品线落地。**2011 年 4 月，朱雀投资通过平安信托发了第一个市场中性的产品。

2012 年至 2014 年上半年，A 股市场维持震荡行情。在这段期间内，量化对冲自然而然地成了私募行业发展方向，朱雀投资旗下的阿尔法策略也开始全面开花。

新三板是朱雀投资设立的第三条产品线，相较于业内大多数私募，公司在新三板领域的布局也较早。早在 2011 年，朱雀投资的核心投研人员就曾去过中关村科技园区、上海张江高科技园区、武汉光谷等地调研，当时券商里仅有申银万国以及西部证券两家对这部分业务有所覆盖。由于当时看不到政策变化的时间表，朱雀投资在调研后并未立即着手这部分业务，直到 2014 年年底，公司才开始正式组建新三板团队，并于 2015 年年初发行了第一个新三板产品。

开拓了新三板产品线后，公司意识到随着 A 股整体投资的成熟化，市场很有可能逐步向产业投资、整合等方向发展。由于同时具备二级市场和新三板市场的投资能力，公司希望能够和一些好的企业建立长期的合作关系，如共同做产业基金。在这样的背景下，公司的第四条产品线应运而生。2016 年，朱雀投资、中信集团以及三家农业上市公司共同设立一家现代农业投资管理公司；2017 年，公司与一家上市的文化传媒公司也展开了合作。

此外，2015 年，公司也开始筹备定增产品，并于当年 10 月发行了第一个定增产品“朱雀定增 1 号证券投资基金”。

在海外布局方面，2014 年，朱雀投资便开始准备出海事宜，并于 2015 年取得了香港 9 号牌照。

跨进百亿门槛的十年风雨

大浪淘沙，作为一个成立 10 年的私募机构，朱雀在经历了多个牛熊转换后，如今已在群雄崛起的私募圈占有一席之地。当然，在其发展的 10 余年间，它也历经过考验，正是这些考验成就了今天的朱雀。

2008 年金融海啸，在等待中遇到光明

朱雀投资成立于 2007 年 7 月，其第一个产品是从 2007 年 9 月 17 日开始运作的。在公司成立初期，朱雀投资除了要着手设立公司的相关事务外，还必须开始自己找客户。在随后的两三个月时间里，朱雀投资募集到 2 亿元左右的规模，当时正值牛市行情、市场一片火热，能募集到这些钱并不算太难。然而，当时的朱雀并未完全意识到，一场席卷全球的金融危机正在步步袭来。

创业刚刚起步，朱雀投资就遇到了 2008 年的世界性金融危机，那段时间对整个行业来说都是非常艰难的一段历史。2008 年，朱雀投资旗下产品净值从最高点回撤了 21% 左右，产品净值最低达到了 0.86 元，虽然相比同行，回撤幅度相对较小，但对于公司以及第一批投资者来说依然是一个不小的打击。当时的朱雀投资，一方面要面临未知的市场环境，一方面还需承受客户赎回的压力。

尽管市场存在着很大的不确定性，但朱雀投资从没有出现过零仓位，仓位最低的时候仍有 10% 左右。虽然当时全世界都面临着很大的冲击，但并非世界末日，朱雀投资相信市场中依然存在一些有价值的公司，于是不断地研究和寻找，反复推敲和思考。当时朱雀投资的合伙人测算，在最坏的情况下公司能熬一两年，他们相信

市场会出现转机。就这样，在等待和希冀中他们逐渐走出了 2008 年的困境，而这一段经历也造就了朱雀投资稳健而不乏进取的特质。

THE EVOLUTION OF HEDGE FUND 对话

格上财富：私募做到百亿规模的关键点是什么？

朱雀投资：百亿规模 = 优秀的业绩 + 前瞻性的布局 + 市场配合。

2007 年，朱雀投资创业时公司的管理规模仅 2 亿元，到 2017 年年底公司管理规模已稳居百亿元以上。在其扩张规模的过程中，公司业绩、产品线的扩充以及市场的配合三者缺一不可。

业绩是根基。在 2008 年市场大跌过程中，朱雀投资回撤相较其他私募较小，2009 年上半年反弹迅速，7 月份又前瞻性地减仓，规避了一次大风险。之后各合作方便主动为其发产品，到 2010 年年初，公司管理规模突破 20 亿元。

产品线是辅助。2011 年开始，受市场影响，大部分主动管理的股票型基金盈利能力较弱，但是由于朱雀投资前瞻性地布局了量化对冲产品线，公司管理规模在这段期间未降反升，2011 年上半年公司管理规模上升至 46 亿元。

市场是催化剂。由于产品线较为全面，借助 2013 年至 2014 年上半年的结构化行情，公司管理规模扩张明显。到 2014 年年底，公司的管理规模已接近 100 亿元。2015 年，市场进入牛市行情，在行情的推动下，私募行业的整体规模增长得较快，在此期间，朱雀投资的规模站上了 200 亿元的台阶。

2011 年回撤过大，为产品安全修复防火墙

2011 年，朱雀投资在其发展过程中第二次没有实现正回报，并且出现了 20% 左右的回撤，这很罕见。2009 年市场的大反弹和 2010 年结构分化的行情朱雀投资都牢牢抓住了，可到 2011 年时全年大小盘股、各种风格、各种板块都没有较大的行情。在这种市场环境下，朱雀投资旗下产品的业绩也出现了回撤。

同时，基于前几年业绩的积累，公司的管理规模也在持续增长。2011 年，公司管理规模从年初的 20 亿元迅速扩张到年终的 40 多亿元。在当时的规模状况下，公

司的管理或者投资业绩一旦出现大的问题很容易被淘汰，因此当时团队的压力也非常大。

随着产品净值的持续下行，公司的核心管理团队开始重新思考如何进行风险管理、控制回撤等问题，并将风险管理做了进一步的细化。伴随着对风险管理的思考和对投资逻辑的调整，朱雀投资度过了这段较为艰难的时间，这段日子也是其投资理念逐渐走向成熟的关键时段。

THE EVOLUTION OF HEDGE FUND 对话

格上财富：如何控制在金融危机期间产品的回撤幅度？

朱雀投资：审慎的态度使得公司旗下产品的回撤小于同行。这表现在如下的三点上：

首先，是根植于基因的绝对收益理念。一般券商的资管产品强调绝对回报，资管产品的大部分投资人都是机构客户。由于出身券商资管团队，朱雀投资对这种绝对回报的投资逻辑和习惯把握得非常好。

其次，是具备良好的宏观大势判断力。从2007年开始，朱雀投资就注意到海外发生的金融危机，但当时整个市场对于危机还没有一个清楚的认知，市场走向并不明朗。同时，朱雀投资也意识到2007年中国股市涨势过猛，很多公司的估值泡沫过大，因此始终保持着谨慎的投资心态。

最后，是资金的特殊性。由于公司成立初期，募集的资金都是来源于身边的人，在投资过程中，朱雀投资自身就会有很强的心理压力。如今在面对市场和投资时，这种审慎的基因已经深深地融入了朱雀的投资理念、风格和操作中。

十年打磨，铸造坚韧防火墙

风险管理机制和风控能力是一个私募机构能否经受市场考验的重要环节。经历过完整牛熊转换后，朱雀投资的风险控制体系也在逐渐完善和成熟。

朱雀投资内部将制度建设和监督执行作为风险管理体系的核心，将公司治理和决策机制作为风险管理的先导，强调风险管理技术的引入和内部制度建设的双重保障。公司的风险管理理念是：防范为主、监控到位、独立执行。执行起来会包括事前风险控制、事中操作风险监控、事后评估反馈三个步骤。公司认为未来的市场变化还是在于基本面，因而一定要在投前做好基本面的研究，尽量不踩雷。

背靠西部精英，打造核心团队

早期，朱雀投资团队中有几人来自西部证券，由于之前大家都是同事关系，而且在西部证券共事已久，因此彼此的契合度也比较好。

截至 2017 年 7 月底，朱雀投资的主要合伙人达到 14 位，公司的核心员工基本是合伙人，实现收益共享、风险共担。随着公司的不断发展以及管理规模的扩大，除了最开始从西部证券出来的几位合伙人，公司也引进了不少公募基金出来的人才。

对于朱雀投资来说，公司合伙人引进的途径一般可以分为两种：一种是资管行业的资深人士，公司及已有合伙人通过前期的交流，对于候选人的投资逻辑、品性等各方面都有深入的了解，这样的人可以一进入朱雀就成为合伙人。还有一种是公司内部培养的优秀员工，通过长时间的培养，候选人能力已经较强，且品行方面也很优秀，这样的员工也可能发展为合伙人。

投研团队方面，截至 2017 年 7 月底，朱雀投资的投研团队共有 32 人。其中，股票团队共 20 人，分为 4 个组，每个组 4 ~ 6 人，分别负责周期行业、消费行业、TMT 行业、高端装备制造等行业或策略。

在研究团队的培养上，朱雀投资采用以老带新的模式，各行业研究组长会根据研究员模拟盘的表现和日常工作中体现出来的研究能力进行综合评判，通过考验的研究人员将有机会参与投资。一般而言，研究人员若想向投资经理转换，起码要做一年以上的模拟盘。

在投资决策方面，朱雀通过每周的投资例会和每季度的投决会两个层面来进行管理。

朱雀每周都会举行投资例会，所有参与资金管理的成员都要参与，投资例会主要是对股票池进行管理，基金经理要对股票进行投票来决定是否入池。每只入池的股票，公司都要进行持续追踪，并且每季度或者半年复盘一次，复盘结果会作为研究员考核的一部分。

除了每周的投资例会，朱雀在大的方向、仓位决策以及大的资产配置上都是在每季度的投决会上决定的。若市场发生较大变化，公司也可以临时申请召开投决会。

THE
EVOLUTION OF
HEDGE FUND

07

投资生态链

理成资产的产业掘金

上海理成资产管理有限公司（简称“理成资产”）从人口周期理论出发，构造基于需求增长和技术进步的投资版图，做产业链的延伸投资。理成资产的产品线设立与其塑造的全产业链贯通的理念一致，逐步从二级市场出发向一级市场延伸，从国内市场向国外市场延展。2008 年公司成立首只股票型基金，2013 年成立 PIPE 基金，2014 年发行新三板基金，之后又设立了一级市场的 PE 基金。目前，公司已经形成了基于产业链的、较为完整的产品线：股票二级市场基金、PIPE 基金、新三板基金、量化对冲基金、海外大中华基金，管理规模近百亿元。理成资产采用多基金经理制，并充分放权，是少数以培养行业专家为方向、产业链深度覆盖的资产管理机构。

除担负资产管理和践行受托责任外，理成资产还将目光投向社会责任。2016 年 6 月，公司成立独立运作的慈善管理基金，帮助农村教育，兼顾环境保护及其研究。理成资产创始团队核心成员许多成长于农村环境，对农村生活与教育改变命运有深刻的认知。经过合伙人团队共识，理成资产作为慈善基金管理人，成立了独立运作的慈善管理基金，并把基金每年的业绩报酬作为慈善捐款用于资助中国慈善事业。

2007 年 6 月，理成资产在第一批“公奔私”浪潮中孕育而生。在确定中文名之前，公司先取了英文名：Milestone，寓意打造一家具有里程碑意义的公司，这也是理成资产多年以来的愿景。

理成资产创始人程义全出身券商研究所，是中国资本市场最早进行行业研究的那一批人。**从行业比较研究，到产业周期轮动分析，通过多年对行业发展背后推动因素的探究，程义全最终将投资视角锁定到与人口周期相关的产业链方向，进而形成了理成资产独特的投资理念。**

20 世纪 90 年代，程义全开始作为博士后任职于广发研究所，从事行业比较研究。2001 年，他任职汉唐证券研究所所长，继续深挖基本面和行业比较研究。当时的 A 股市场正处于庄股时代，券商自营部基本以 10% 的成本融来资金用于做庄，当时的投资实际上和基本面关系不大。而彼时的汉唐证券研究所做的正是与市场之道相左的基本面分析和行业比较研究。无论市场声音如何，程义全始终坚持做深度研究。例如基于中报信息，他把上市公司按行业分类进行比较研究，从而形成对下半年重点关注的行业的看法，其研报在业内关注度较高。

2003 年，程义全来到上海，筹划着强化策略部的构成，进行更深入的产业比较研究。当时，程义全从渤海证券研究所挖来一个入行不久的研究员做策略部经理，这个当时名头不够响亮的小伙子，就是后来被称为周期天王的周金涛。

2004 年，汉唐证券被托管，程义全与长江证券总裁一席谈话过后，将整个研究团队带到了长江证券研究所。这是一个转折。

在长江证券研究所，程义全等人研究发现，不同行业发展有快慢之分，为探寻原因，其切入到产业周期轮动的比较研究。此外，2003 年、2004 年股市出现“五朵金花”[①]，那么为什么会产生这种现象？能持续多久？故而，除周期轮动研究外，长江证券研究所又开始开展国际比较研究。

程义全从已经走过该阶段的国家身上去找原因，研究国际样本：一类是大国和发达国家，最典型的是美国，从它身上可以发掘出其成为发达国家的轨迹，深入不同发展阶段；另一类是日、韩，这些从人均 GDP 比较低的国家进入工业化、后工业化的国家，它们的发展规律值得深入探究。当时长江证券研究所是第一个做中日、中美、中韩经济发展阶段研究的机构，也是最早做国际比较研究的机构。从研究成果来看，程义全认为，当时中国所处的阶段相当于美国 20 世纪 70 年代的水平，即婴儿潮之后的阶段。

人口周期，产业轮动背后的主导力量

2005 年之后，程义全的角色再度发生转变，他离开长江证券研究所，去了交银施罗德基金担任研究总监。在继续推动国际比较研究和周期轮动研究的过程中，他发现，对产业影响最大的是人口周期，进而开始关于人口周期的研究。这段经历对他之后十余年的理念产生了根本性的影响。

2007 年理成资产成立之后，程义全越发坚定地认为中国经济是由人口周期驱动的，而非一般所理解的政策驱动。中国经济过去几十年的高速增长，蕴含着内生增长的因素，这也是多年来国际上屡屡唱衰中国却反复被打脸的原因。

① 五朵金花，指的是煤炭、汽车、电力、银行与钢铁五大主力板块。2003 年、2004 年，该五大板块联袂上行，推动着大盘一度在熊市中出现小阳春的走势。

对人口周期的研究，成为理成资产选择行业的最重要因素。比如过去 10 年，中国人追求衣食住行，这和人口周期因素有很大关系。**20 世纪六七十年代，中国有一波婴儿潮，这批人在 2005—2025 年形成消费的高峰期，加上人均 GDP 的上升，消费热便更加顺理成章了。**

在消费结构中，按照发达国家发展规律，食品和服装起初占比较高，后来会逐渐下降。故而在 2010 年之前，理成资产判断服装行业尚处于相对景气的周期中，在其成立早期便投了很多品牌服装类公司，包括报喜鸟、美邦服饰等。

再看未来人口结构，我国二胎政策放开后，出生率并没有明显变化，加上人口老龄化，理成资产判断未来人口的绝对总量可能下降，有些行业发展前景不佳，比如说居住。另外，消费人群细分越来越碎片化，信息也开始碎片化，故很多大品牌近几年因无法适应个性化需求开始被淘汰，这是中国经济发展的趋势和格局。**那么，随着人口结构的变化、人均 GDP 的提高以及个性化需求的提升，理成资产关注的更多是医疗保健、教育、交通通信行业以及与满足人们个性化需求相关的其他领域。**

表 7-1　消费结构的变化规律　（%）

组别	食品	服装	居住	医疗保健	教育	交通通讯	其他
1 000 美元以下	48	8	11	3	6	7	17
1 001–4 000 美元	38	9	10	6	7	9	21
4 001–10 000 美元	27	9	14	7	7	9	28
10 001–20 000 美元	15	7	15	9	7	13	34
20 000 美元以上	11	5	18	12	8	12	34

注：收入按照 PPP 计算，来自世界银行 1997 年《世界发展报告》。
资料来源：理成资产。

产业链版图，像工匠一样琢磨投资机会

理成资产聚焦产业链，坚持追求具有安全边际的成长股投资理念，积极参与中国产业结构的转型升级。首先，公司通过 PIPE 切入，向后支持 A 股二级市场等交

易型股票的研究和投资，向前延伸到 PE 及 VC，形成相互支持的投资形态。其次，公司长期聚焦于医药、新能源、IC 设计及智能硬件等，逐次布局，加深理解。其三，通过投前、投中、投后有机结合，公司进一步整合多种资源来挖掘企业价值，扩大优质项目来源。理成资产在具体投资标的的选择上则有三个特点：第一，中观层面有明显的行业偏好；第二，严格基本面驱动，注重安全边际；第三，保持一定的灵活性。

行业选择，关注需求增长和技术进步

理成资产的长期战略是把产业链放到一个版图里耕耘，重点关注存在需求增长和技术进步的领域。理成资产沿着已投产业领域做产业链式延伸投资，与已投产业龙头深度合作，打造自身的专业深度，以工匠精神为投资者创造财富。

在理成资产的投资逻辑中，并不刻意区分一二级市场，而是注重知识体系，聚焦产业链的研究，形成投资生态圈，在生态里加大投资深度，打造自身的专业深度。例如理成资产的医疗团队分为权益部和股票管理部，由一级市场的项目经理和二级市场的医药研究员组成，是一个综合作战的团队。当然，合规的底线是要坚守的，如果可能涉及内幕信息，股票管理部会采取“禁买”措施。

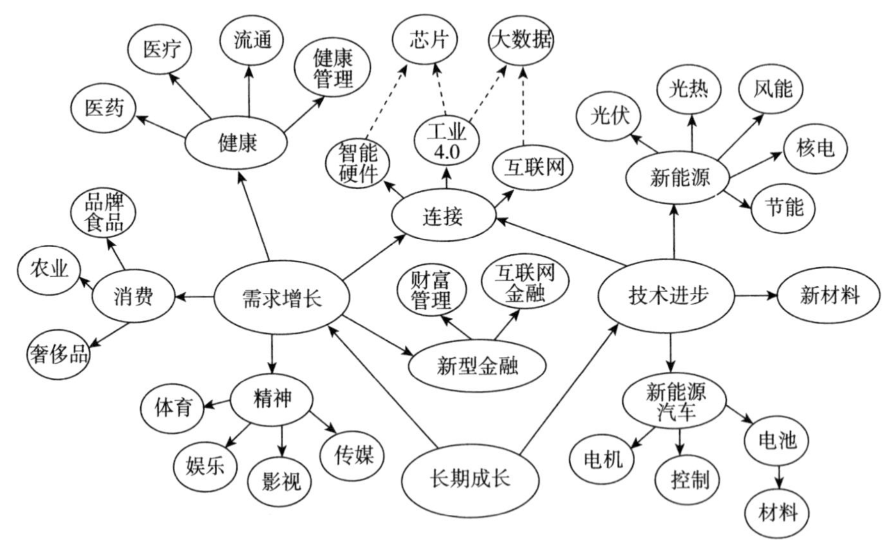

图 7-1　理成资产的投资生态链和投资版图

资料来源：理成资产。

（1）需求增长。随着生活水平提高，人们对吃穿的需求不如从前那么急迫，而对于健身、娱乐、传媒等需求较高。理成资产关注精神消费领域，例如传媒里的演艺；在消费领域，理成资产更加关注新型消费，例如品牌需求方面，奢侈品里面的免税消费；大健康板块，整个医疗产业链、包括新兴的健康管理、创新药，一直是理成资产重点布局的领域。

（2）技术进步。理成资产认为，两个领域在中国值得关注：新能源和IC。新能源包括光伏、光热、风能等，由于该领域成立初期企业的技术风险难以判断，资本支持对其影响较大。因此，理成资产的投资以中后期成熟企业为主，这种企业已经在行业内有一定的资金和规模壁垒，发展模式相对稳定，投资确定性较强。在IC及先进制造领域，技术进步和需求增长构成了企业成长的双引擎，理成资产在该领域以投资具有核心技术的企业为主。

中国的互联网发展较为迅猛，是少数几个发展到世界前列的行业，比如互联网金融、互联网+。互联网兴起之前，人与人之间是面对面沟通和连接，过去5年，随着智能手机渗透率的提高，人的行为方式发生了根本性变化，智能手机使得人们可以做在线的沟通、购物等。加上人工智能相关技术的发展，再结合物联网技术，又会带来新的技术革新。理成资产认为，这其中的产业发展会带来新的投资机会。

公司选择，重仓高成长性股票

> 中国资本市场现存的很大问题是卖方力量比较强，而买方力量相对较弱。我们可能在较长一段时间里都难以看到改观的迹象，但我们不能等待，必须基于现实的生态环境，努力突出重围。这是我们这一代私募基金管理人必须肩负的使命。
>
> ——理成资产创始人程义全

在选好行业后，却难以找到值得投资的有安全边际的公司，这是中国A股过去10年泡沫化运行之痛，也是理成资产需要解决的投资之惑。

相对于成熟的股票市场，A 股在过去形成了一个非常让人焦虑的投资环境，即“好公司贵，差公司更贵”。例如 2015 年的“互联网 +”热潮，公司估值从“贵”到“更贵”。理成资产对于“贵”的理解，是看“算不算得过账”，即将公司未来盈利贴现。然而，对那些炒作“互联网 +”概念的公司，无论用多激进的假设，贴现值都无法说服自己。因此，理成资产并没有盲目买入这些股票。**投机者，对绝对估值不敏感，股价只要能从贵变得更贵就可以了，而像理成资产这样的投资者，对投资估值和安全边际则要求苛刻。**

理成资产偏好高成长性的公司，他不满足于年增长 10% 或 15%，对于 IRR 的要求至少要在 20% 以上。同时，也比较注重安全边际。**实际上，理成资产是典型的成长股选手，只不过，它所理解的成长股，并不是主题投资，也不是概念投资，而是估值合理、有核心竞争优势、且在未来两三年有持续成长性的公司。**因此，2017 年理成资产的持仓并不在格力、茅台等价值股上，它们的 IRR 无法满足要求；同时,跌幅较多的中小创公司也不在持仓之列,它们的风险收益比还不够高。此外，理成资产也越来越不倾向于择时，更注重选股，过去几年的仓位长期接近满仓。

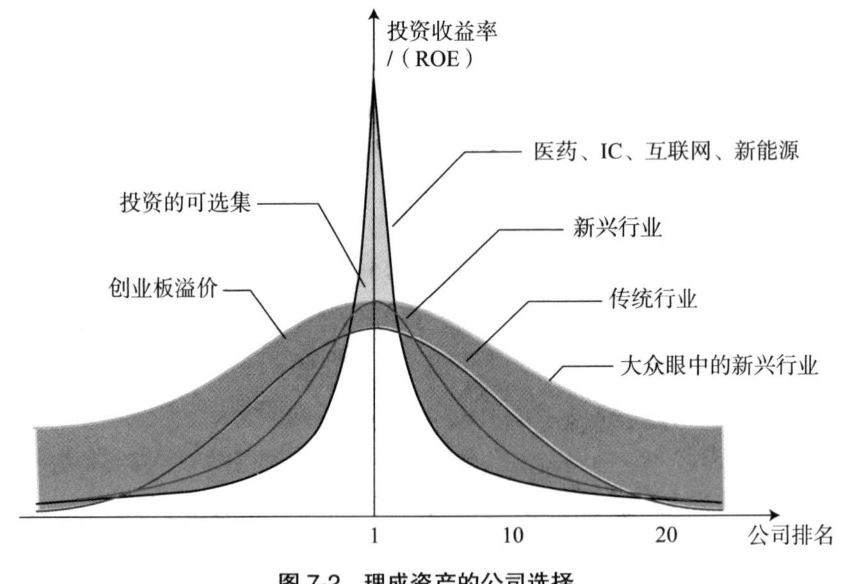

图 7-2　理成资产的公司选择

资料来源：理成资产。

THE EVOLUTION OF HEDGE FUND 对话

格上财富：许多人认为，2017年是价值投资的回归年，理成资产怎么看？

理成资产：是律动，而非回归。

广义上的价值投资，可以涵盖成长股投资，是基于评估成长股价值而做出的投资判断。然则，价值股投资和成长股投资只是狭义上的区分。其中，价值股投资更注重对企业现在价值的判断，是基于企业过往经营记录和资产状况做出的一个价值判断。成长股投资则不同，是基于对企业未来价值的判断。

2017年的情况，不能叫做价值投资的回归，而只是一种价值股投资的“律动”。之所以出现这种状况，是和牛熊市的转换相关的。在熊市或行情比较清淡时，市场倾向于保守，更注重企业现值，更愿意看企业过去3年的财务报表，从而做出价值判断，进而表现得越来越喜欢低估值的公司。也许过了两三年之后，市场又出现牛市特征，投资者又会更愿意去看企业的未来价值。这是随着市场行情变化出现的周期性变化，并非回归。

格上财富：人工智能的兴起，对主动投资策略有哪些影响？

理成资产：交易型策略被逐渐取代，对基于长期视野的投资影响有限。

理成资产认为，未来世界发展的两大趋势是：智能化和去物质化，其背景都和大数据有关。国内常把AI（Artificial Intelligence）翻译为人工智能，实际上并不科学。AI应该被称为机器智能，从严格定义上讲，当前发展迅猛的AI应当被称为弱机器智能。弱机器智能的目的是，实现在个别领域超越人类，如阿尔法狗（AlphaGo）在围棋领域战胜排名第一的世界围棋冠军柯洁。强机器智能追求的则是令机器和人有同样的智商水平。目前由于大数据的运用和运算能力的提高，弱机器智能有了很大突破，但强机器智能突破还很有限。

在这样的技术背景下，理成资产认为，在投资领域，量化投资策略更像弱机器智能，会开始在交易型策略上逐渐取代主动管理策略，尤其是偏短期交易的投资策略。然而，股票市场是一个复杂系统，基于中长期视野的投资方法，更像强机器智能，不是目前阶段弱机器智能能解决的。理成资产认为，人类复杂的思维方式更像强机器智能，很难捉摸，难以用数据规律去搜寻，因此，资本市场的长期视野投资，不太容易为短期数据所追踪。

塑造大风控体系，构建立体防护网

历经 10 年风云激荡，理成资产对风控的认知在不断加深，在多年运作经验基础上，建立了风险控制委员会领导下首席风控官负责制的风险控制体系，构建立体的风控防护体系。

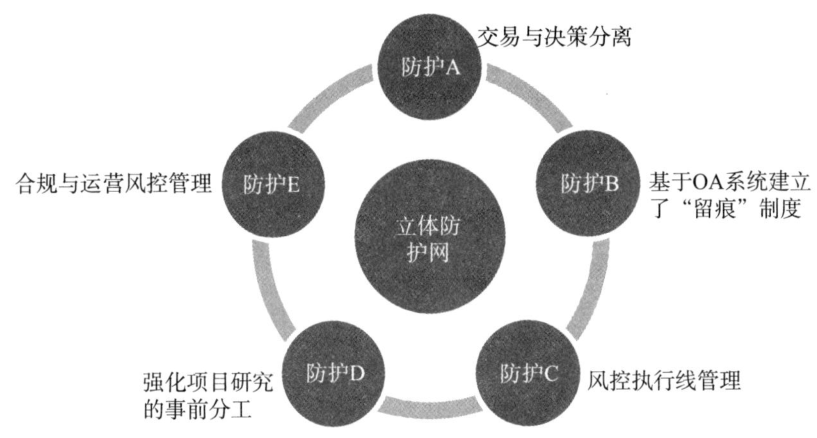

图 7-3　理成资产的风控防护网

资料来源：理成资产。

交易与决策分离。理成资产设置集中交易室，将交易和决策分离，做交易的人员不参与决策，参与决策的人员不进行交易。

基于 OA 系统建立了“留痕”制度。理成资产研究的权益项目，从第一份调研报告到跟踪报告，都有留痕机制；市场部进行渠道访问，也会有留痕文件；交易数据也在自身的资管系统进行留痕。这些留痕数据对理成资产是非常重要的基础数据，会定期进行分析，也是作为绩效评估的重要依据。

风控执行线管理。理成资产设置多条风控线、止损线和产品净值管理线。理成资产设置的风控线历史上也有过调整，其曾经为个股设定过 8% 的止损线，目的是在个股跌停之前有所反应。然而，有一段时间这条风控线被反复触及，反而干扰正常投资，后来经过论证有效性后，便被逐渐取消。

强化项目研究的事前风控。理成资产将更多精力放在研究体系的构建，在深化研究的过程中过滤掉很多风险，将诸多风险拒之于事前。理成资产曾投资过一个定增项目，这家企业所处行业景气度高，公司管理团队也相当出色，现金流充裕，但这个定增项目还是出现了各种意外状况，投资期间又经历了股灾、熔断等极端行情，投资受损。为避免类似惨痛经历的重演，理成资产意识到，对于一年期甚至是三年期的定增项目，在市场环境发生变化时，止损实际上并不能发挥作用，因而，事前风控被越来越重视。

合规和运营风险管理。确保理成资产所发行的产品都在国家相关法律、法规的框架内运作，保证投资者的利益受到法律的保护。通过健全的制度和流程，控制产品结构风险、投资决策风险、核心人才流失风险、利益冲突风险、数据信息丢失泄露风险与 IT 系统中断风险等。

不拘一格，构设自身管理哲学

充分放权，坚持多基金经理制

理成资产采取多基金经理制度，因业绩差异，受到过很多投资者的质疑，尤其在早期，压力更大，但理成资产一直坚持。原因在于，理成资产深知集体决策的弊端。多年来，理成资产坚持基金经理要对组合负完全责任，充分发挥其个人主观能动性，而并非由投资总监或投决会去干预或指导基金经理，这是理成资产投资团队管理中的核心理念。

另外，理成资产也不会刻意调换基金经理，若基金经理业绩不够理想，会尽量拉长考核周期，让每个基金经理逐渐形成自己的风格，让市场对基金经理做出选择。例如，基金业绩表现好，申购会越来越多，所管理的资产也会增多，反之会被市场淘汰。

理成资产所要做的很简单：第一，强化研究团队，加强对基金经理的支持，在知识库和信息库里备足弹药，让基金经理得到强有力的支援；第二，统一风控，只要不触及统一风控要求，基金经理有充分的自主权，所以，理成资产的投决会主要是基于风控的决策。

偏好研究基因，培养行业专家

如何培养自己的投研团队，形成自身内部的研究实力，对很多私募机构而言，都是一个难题。理成资产的投研团队多是内部培养，研究背景出身，在基因和禀赋上更偏向研究属性，这种环境使得公司在培养新人上较为有利。

理成资产在投研人员的招聘上，整体偏年轻化，做到“两结合”，既会聘用有行业经验的人，也会考虑一些素质突出的应届生。在研究员的培养过程中，理成资产会让他们集中在一两个行业，而不是泛泛研究很多行业，它更倾向于将新人培养成为行业专家。在培养机制上，理成资产看重的不是实盘或者模拟盘业绩，而是注重让研究员把自身研究的公司“吃透”，再进行“内部路演”，整个团队一起帮助其提高。

长期和短期相结合，激励机制分层化

理成资产认为股权激励形成的是长期激励效果，但由于人性的弱点，激励效果会逐年下降；而奖金激励却是可以实现短期激励的方式，但若逐年没有增长，激励效果也会不佳。因此，在理成资产看来，股权激励和奖金激励各有利弊，最好的激励方法是将两种方式相结合。

对于合伙人，理成资产将收入分为三层：第一层是相对固定的年薪；第二层是与所管理的基金业绩或者年度经营工作相关的奖金；第三层是股权的激励。对于研究员，则基于 OA 系统，通过量化内部研究和推荐记录，构建了科学的评价体系和激励机制。

THE
EVOLUTION OF
HEDGE FUND

理成经验谈：宁做马拉松式选手，不做“一代拳王”

公募行业历经 20 年，才完成了从“春秋”到“战国”的演变，私募行业真正的元年在 2007 年，这使它注定还要经历一段漫长的行业集中度逐步提升、大浪淘沙的嬗变过程。理成资产对于如何保持自身的行业地位，规划十分清晰，核心是扎更深的研究根，结更好的业绩果。用更多的耐心去布局长远，吸引更多的优秀人才加入理成，塑造优良的长期业绩，这就是理成资产的策略。

在理成资产成立和发展的 10 年里，见过不少“一代拳王”，它们希望通过一时的百米冲刺，做到弯道超车，一骑绝尘而去。不过，这样的选手太多，理成资产已看不到他们的后续成就，而坚持到最后的马拉松优秀选手，却始终不多。对于新成立的私募机构，理成资产建议不要急功近利，长期业绩才是最好的护城河，其他的东西，从长远来看，只能算作河边的草木，点缀而已。坚持、韧力，切忌浮躁，是年轻人需要特别注意培育的品质。

THE
EVOLUTION OF
HEDGE FUND

理成好书荐

理成资产建议投资经理多看一些非投资的书，如德鲁克的管理学书籍、王阳明的心学，帮助审视企业创收的本质。另外，还有三本值得推荐书籍：

《滚雪球的启示》

作者：赵文明

推荐理由：从中一窥巴菲特投资轨迹和他投资的商业模式。

《从 0 到 1》

作者：彼得·蒂尔；布莱克·马斯特斯

推荐理由：不同于传统模式从 1 到 N 的过程，新兴行业却是一个从无到有，从 0 到 1 的过程，本书帮助塑造新兴行业的投资新思维，对理成资产的投资理念影响很大。

《品格之路》

作者：戴维·布鲁克斯

推荐理由：对人性的拷问，谋求做到长期选择下对品格的遵守。

THE
EVOLUTION OF
HEDGE FUND

08

第二层次思维

世诚投资的价值投资

上海世诚投资管理有限公司（简称“世诚投资”）成立于2007年，是国内最早的具有QFII投资背景的私募机构，也是首批登记备案的私募基金管理人。成立10年以来，世诚投资始终保持淡定的投资节奏，凭借极度专注的投资方法论与精细的风险控制，为投资者提供了优良、稳定的投资回报，已经成为私募行业内一家极具品质的资产管理机构。

在私募领域，世诚投资也赢得了行业的广泛认可，获得《福布斯》杂志“2013中国最佳私募基金经理”和“2014中国TOP10阳光私募基金经理”的殊荣。创始人陈家琳本人在最近3年时间里数连续获得了由《中国证券报》颁发的“股票策略五年期金牛私募投资经理奖”，成为业内极少数获得此荣誉的私募基金经理。

世诚投资自成立以来一直坚持价值投资的理念，而这个理念的形成与创始人陈家琳早期在外资券商及合资基金公司的投研经历有着密切的关系。

1995—2002 年期间，陈家琳曾先后任职于嘉里证券和里昂证券。当时国内的资本市场刚刚起步，对市场博弈方面的研究占据着主导地位。相比而言，外资券商在投研体系的构建上已经比较完善。其在行业及公司研究时，非常强调基本面，特别是公司治理结构及财务状况的分析。陈家琳在外资券商接近 7 年的从业经历，为其投资体系的形成奠定了坚实基础。

2003 年，陈家琳加入海富通基金，从股票分析师做起，快速被提拔为股票研究负责人及股票投资负责人等职，并成为公司投资决策委员会成员。加入海富通基金仅一年，由于表现出色，陈家琳便被提拔为基金经理，正式管理新成立的 QFII 富通银行“扬子”基金。该基金后来成为全球最大的主动管理型 QFII 基金之一。该基金在陈家琳管理的 33 个月内，取得了超过 550% 的绝对回报，成为当时业绩表现最好的 A 股基金之一。

如果说在外资券商时期形成的是研究体系，那么，在海富通基金的投资实践中，陈家琳逐步完善的更多是投资哲学。2007 年 9 月，陈家琳离开待了 4 年多的海富通基金，于当年四季度创办了自己的资管品牌——世诚投资。

第二层次思维下的价值投资

世诚投资认为，价值投资并不是简单地买入一只价值股或成长股，根本上讲，价值投资是一种方法论。**特别在 A 股市场，价值投资的实践与其他成熟市场或者新兴市场不同，A 股市场的博弈成分更浓一些**。因而，在世诚投资看来，在国内做价值投资需要建立两个维度的投资护城河：

一是透过表象，把握上市公司管理层的真实诉求。作为一个专业投资者，要对投资标的有自己的认识，不能人云亦云，也不能只看表面的故事、概念、题材、包装，关键是看公司行为背后的真实意图，要搞清楚公司的实际控制人、大股东、管理层在短期、中期、长期对于公司的股价、市值有着怎样的诉求，要透过表象直达真相，了解表象背后的实质。

二是确定预期差。要知道市场其他参与主体是怎样看待同一个事件、同一个标的的，他们有着怎样的观点、会采取什么样的策略。**专业投资者要把自己的观点跟市场其他投资者的观点结合在一起，看其中有没有预期差，再来决定自己的投资策略**。这就像橡树资本霍华德·马克思讲的第二层思维。

什么是第二层次思维？

◎ 第一层次思维说："这是一家好公司。让我们买进股票吧。"
第二层次思维说："这是一家好公司，但是人人都认为它是一家好公司，因此它不是一家好公司。股票的估价和定价都过高，让我们卖出股票吧。"

◎ 第一层次思维说："会出现增长低迷、通货膨胀加重的前景。让我们抛掉股票吧。"
第二层次思维说："前景糟糕透顶，但是所有人都在恐慌中抛售股票。买进！"

◎ 第一层次思维说："我认为这家公司的利润会下跌，卖出。"
第二层次思维说："我认为这家公司利润下跌得比人们预期的少，会有意想不到的惊喜拉升股票，买进。"

第一层次思维单纯而肤浅，几乎人人都能做到（如若你希望保持优势，那么这不是一个好兆头）。第一层次思维者所需的只是一种对于未来的看法，譬如"公司的前景是光明的，表示股票会上涨"。

第二层次思维深邃、复杂而迂回。第二层次思维者需要考虑许多东西：

未来可能出现的结果会在什么范围之内?

我认为会出现什么样的结果?

我正确的概率有多大?

人们的共识是什么?

……

——霍华德·马克斯《投资最重要的事》

专注于自己的能力圈

不同于行业内大多数的私募机构，目前世诚投资在市场上有着自己特殊的偏好和聚焦的领域。

专注于股票多头。自成立以来，世诚投资发行的私募基金均采用股票多头策略，没有开辟其他类资产的产品线，也没有在产品中加入对冲工具或者是杠杆等衍生品。在世诚投资看来，私募机构在进行新产品、新策略的延伸时至少需要有两个条件：一是该产品或者策略在大部分时间段内都有赚钱机会；二是管理人自身对该策略具有完全的驾驭能力，且投资能力能够超越市场上大部分同行。如果没有办法做到这两点，盲目延伸产品线或者策略是没有意义的，并不能给客户及合作伙伴带来真正可持续的附加值。目前，世诚投资一直专注于股票多头策略，希望尽可能地将自身优势发挥到极致，在管理好风险的前提下真正帮投资者赚到该赚的那部分钱。

背靠上海，聚焦长三角。世诚投资坚持投自己熟悉的区域，作为上海人的陈家琳，主要关注江苏、浙江、上海、安徽、山东、北京等地，尤其关注长三角地区的上市公司。一方面，这些地区基本上是中国经济发达的集中区域，代表中国先进生产力的发展方向，且在数量上覆盖了国内大部分优秀的上市公司。专注这部分区域，发现好公司的概率和效率都会高很多。另一方面，陈家琳扎根上海，对长三角地区的公司非常熟悉，更容易看清公司行为背后的意图，地域优势也便于公司持续地调研跟踪和相互印证。

世诚投资一直坚持深度调研，研究员平均每人每年拜访上市公司超 200 次，公司希望通过对上市公司的实地调研，获取第一手资料，降低投资风险，并将潜在的预期收益扩大化。

布局持续成长行业。对于现阶段的世诚投资来说，实现全市场覆盖并不是公司的投资重心，因而公司在行业的选择上也存在着明显的偏好。**一方面，世诚投资看重行业成长的持续性，偏好能穿越未来数年宏观起伏、抵御长期波动的好行业；另一方面，公司会认清自己在哪些行业上有相对优势，只做自己最懂的行业，才能有把握超越市场。**目前，世诚投资长期关注于大消费、智能制造、医疗服务、金融服务、传媒教育、科技等行业。

THE EVOLUTION OF HEDGE FUND 对话

格上财富：未来A股市场有哪些机会？

世诚投资：我们长期看好国企改革投资机会。

虽然在过去的几年，不少投资人都感受到，上市公司层面的国企改革雷声大雨点小，但世诚投资却一直认为，A 股市场如果有大的投资机会的话，必将来自于改革，特别是国企层面的改革。自 2016 年起，世诚投资便开始关注国资国企改革方面的投资机会，并于 2017 年年初将国企改革作为当年策略上的重点布局。虽然种种迹象显示国企改革的进程和效果可能弱于预期，但世诚投资认为，长期来看这个大方向是对的，在宏观改革的大背景下，国企改革将是A股市场可持续的主题之一。

世诚投资在自己的策略报告中，曾写道："2017年被定义为国企改革见效年。尽管我们还没能完全说服自己国企改革在今年就能全面开花结果，但有一点是可以肯定的，即国企改革将在新年由点及面全面铺开，从央企到地方国企,从垄断行业到充分竞争行业。国企改革主题近期在A股市场可谓风起云涌，其受投资人的关注度与三个月前相比可谓天上地下。我们将国企改革列为投资主要线索可不是一时心血来潮或者是赶时髦。熟悉世诚投资的投资者应该知道，我们在最近两期的世诚投资策略季报里都将国企改革主题列为最重要的投资故事。从目前机构投资者的配置方向及博弈角度看，我们认为国企改革主题在新的一年还有很大的投资和交易机会。"

多维度全面均衡，超额收益背后的风控

宝剑锋从磨砺出，梅花香自苦寒来。自创建以来的10年里，世诚投资在成功和失败中不断总结经验教训，吃一堑，长一智，在实战学习中逐渐完善了自身的风控体系。

将每一次痛苦变成最耀眼的财富

对于世诚投资来说，持续学习能力是促使公司不断前进的催化剂。10年沉浮，世诚投资经历了两轮市场的牛熊转换，虽然其间感受了诸多痛苦，但通过不断地学习、实践与总结，时至今日，这些经历都成为了公司成功路上的宝贵财富。

对于一个成立于2007年的私募机构来说，2008年的金融危机是世诚投资绕不过的坎。

2007年10月世诚投资成立的时候，股市恰好达到6 000多的高点。2008年4月份，经过了半年的筹备，公司发行第一支产品时，上

证指数在 3 200 点附近。经过前一轮的下跌，市场风险已经释放了不少，于是世诚投资开始逐步建仓。没想到市场还有第二个“腰斩”在等着它。新产品开始运作之后，上证综指继续一路下跌，一直到 1 624 点才打住。这对刚刚进入私募行业的世诚投资来说是个极大的挑战。因为之前陈家琳管理的 QFII 基金是一个在产品契约上要求投资组合接近满仓操作的纯多头策略基金，在仓位调整方面并不灵活，择时当时也不是公司的强项。不过世诚投资并没有因此而一蹶不振，反而开始不断学习，在每次的挫折中不断总结，完善公司的投资策略。

对于世诚投资来说，每一次市场的大幅波动加诸公司身上的痛苦都不是浪费，恰恰相反，这样的经历最终使得世诚对投资机会的把握更加精准，对风险的认识和管理更加深入、完善。在陈家琳看来，深处其中，亲身经历，虽然痛苦，但更是一份宝贵的财富，他们会将这些经历变成经验教训，指导未来的风险控制和投资实践。

良好的心态是保持稳健业绩的前提

在外人看来，陈家琳是一位为人踏实且心态极好的基金经理，每次路演总能感受出他从心底里散发出的积极与乐观。当被问到如何在每天的工作中保持良好心态时，**陈家琳调侃道：“我们这个行业天生没有办法一直快乐，特别是多头策略，对于大多数投资人，大概一个星期 5 个交易日里面至少有 3 天是在遗憾或纠结中度过的。要做到‘不以物喜、不以己悲’没那么容易。市场总在波动，要快乐的工作不容易，但良好的心态是一名合格基金经理必须具备的品质。这是一个理想的状态，我们还在追求过程中。”**

在陈家琳看来，私募行业是一个极具挑战性的行业，A 股市场是全世界最难的投资市场。在这种环境下，私募管理人需要把自己的心态调节好。

一方面，面对这个市场，不要总是纠结于过去，尽量往前看，因为未来大部分时间市场都是充满机会的，要更加积极乐观一些。另一方面，基金经理的发挥总会出现起伏，一年四季很难时时都踏准市场的节拍，当出现踏错节拍时要学会调节自身，但这绝不等于松懈，还是要保持高昂的斗志。此外，公司需要对风险有一个充分的认知，在充分认知的基础上，坚持自己的看法，但这种坚持不是盲目的坚持，必须要经过充分的研究分析，确定了是大概率发生的事件才可以。

严格的风控在于均衡，也在于细节

目前，为了有效控制投资风险、降低组合的波动，世诚投资一般会做比较均衡的组合配置，而且不是简单的均衡，是包括行业、大小盘、风格等多维度的全面均衡。

之所以如此谨小慎微，是因为看了太多的起起落落，世诚投资深刻地感受到，私募行业对犯错的容忍度特别低。**“作为私募管理人，你可以正确无数次，但只要错一次，对整个公司来讲就是不可承受之重，需要很长时间才能扳回困局，甚至有的机构会因此无法翻身，直接出局。”**陈家琳补充道。因此，公司希望通过更为均衡的配置来降低整个组合的风险，虽然在某些时候会损失部分收益，但同时也会给投资者带来更为稳健的回报。

公司在均衡配置上的效果也较为明显。2015 年股灾时，虽然受市场影响，世诚投资旗下产品也出现了回撤，但其回撤幅度要小于市场及部分同行，而且在随后的反弹中公司也迅速收复了大部分失地。

除此之外，世诚投资还利用过往从业经验，充分借鉴外资机构的风控机制，早早制定出各种细致的制度。这些制度规定在防范投资风险方面，也起到了重要作用。

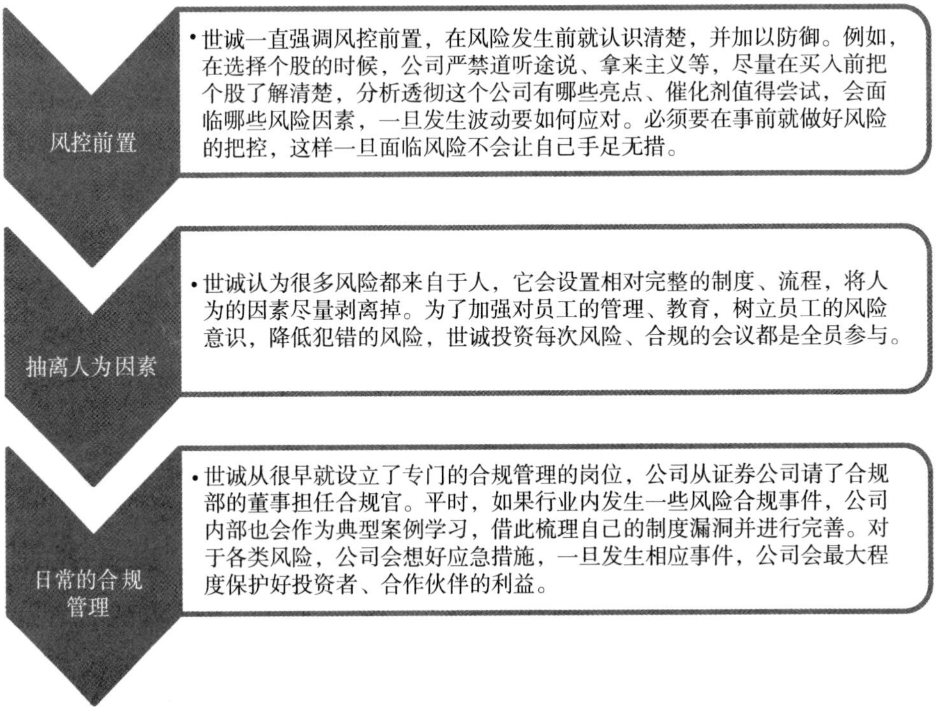

风控前置

• 世诚一直强调风控前置，在风险发生前就认识清楚，并加以防御。例如，在选择个股的时候，公司严禁道听途说、拿来主义等，尽量在买入前把个股了解清楚，分析透彻这个公司有哪些亮点、催化剂值得尝试，会面临哪些风险因素，一旦发生波动要如何应对。必须要在事前就做好风险的把控，这样一旦面临风险不会让自己手足无措。

抽离人为因素

• 世诚认为很多风险都来自于人，它会设置相对完整的制度、流程，将人为的因素尽量剥离掉。为了加强对员工的管理、教育，树立员工的风险意识，降低犯错的风险，世诚投资每次风险、合规的会议都是全员参与。

日常的合规管理

• 世诚从很早就设立了专门的合规管理的岗位，公司从证券公司请了合规部的董事担任合规官。平时，如果行业内发生一些风险合规事件，公司内部也会作为典型案例学习，借此梳理自己的制度漏洞并进行完善。对于各类风险，公司会想好应急措施，一旦发生相应事件，公司会最大程度保护好投资者、合作伙伴的利益。

图 8-1　世诚投资的风控管理体系

资料来源：世诚投资，格上研究中心整理。

绝对收益不是目的，超额收益才是目标

我认为这就是成功投资的定义：比市场及其他投资者做得更好。

——美国橡树资本董事长霍华德·马克斯

私募行业最大的挑战就在于既要把风险管理好，同时也不能过多牺牲收益。巴菲特曾建议可以通过和标普 500 做比较来衡量投资业绩，如果只是跟标普 500 一样好，只要自己买标普 500 就好了，既便宜又简单，也是长期投资，没有必要花钱请专业的机构投资。

世诚投资对自己的要求是投资业绩一定要比市场好，而且要比大部分同行好。**尽管目前大多数私募行业的从业者注重绝对收益，但世诚投资更强调超额收益，坚**

信只有超额收益，才能在这个市场上持续存活下去。它愿意通过主动承担风险、努力管理好风险换来与之相对应的投资收益。

企业管理也是一门学问

2007年的秋天，世诚投资呱呱坠地。10年后的今天，世诚投资迎来了10周年华诞。不过，对于陈家琳和世诚投资而言，离丰收还有很长的路要走。时至今日，陈家琳觉得一路走来，感受最重的是责任与托付。合作伙伴或者客户选择世诚投资正是基于对他的信任，所以他不能停下来，只能一步一步往前走，于是就这样走了10年，未来也将继续走下去。

团队建设，高标准、严要求、好待遇

> 创业的挑战不是在于你有多少钱，而是在于你能不能组建一个可以胜任这个行业的团队。
>
> ——世诚投资创始人陈家琳

随着私募行业的逐渐规范和发展，私募行业必将出现分化，行业集中度也将不断提升。世诚投资认为，要想成为一个能经得起时间、市场和投资者检验的私募机构，必须要打造综合的竞争力，包括在投资业绩、投研团队、风控合规、渠道、运营等方面的综合实力。树立品牌形象是一个长期的过程，所有的配套都要跟上，渠道也需要不断打磨，这些因素都至关重要。

选人高标准。目前，世诚投资的团队成员由多名经验丰富的专业人士组成，其中投研团队包括5位CFA持证人和多位CFA候选人。投研团队的每个成员都拥有丰富的行业经验和较强的学术背景，他们是既有全球视角又有本地经验的专家。这些人构成了一支具有高度团队战斗力的部队，一支能持续打胜仗的部队。

虽然世诚投资的团队人数在业内不算多，但个个都很精干。公司在挑选投研人员时也会尽量选择一些在对应领域拥有丰富实业经验或行业背景的专业人士，这样可以使其对行业的了解和认识更加深入。例如在公司一直关注的医疗健康领域，团

队当中就有一位在医疗行业沉淀多年的医学博士。当然，除了专业背景之外，世诚投资在选人、用人方面尤其注重职业道德。世诚投资认为，要在充满竞争同时充满诱惑的资产管理行业持续地为客户创造价值，无论怎样强调从业人员的职业道德都不为过。

管理严要求。在公司人员的组建上，陈家琳希望不管团队规模大小，公司的每一个成员都要有创业精神。如果只有创始人一个人有创业精神，其他人都是打工的心态，公司是很难成长的。相反，如果团队成员都有创业、创新精神，都有主人翁意识，那公司将始终充满朝气和活力。

虽然世诚投资成立已经 10 年，但陈家琳依旧要求团队成员要把它当成一个初创企业，希望团队成员始终保持一份创业热情，因为私募行业竞争激烈，不进则退，只有拥有创业精神才能继续走下去。

提供好待遇。在世诚投资的团队建设上，陈家琳一直非常注重员工的感受和体验。他希望能让员工感受到世诚投资是一个可以信赖的平台，在这个平台上，每个员工都有机会发挥他们的能力，为公司做出应有的贡献。而随着公司对于员工的认可度加深，他们还可以去承担更多的职能，进而让员工在这个平台上获得持续的成长，并真正认同这个平台，能够快乐地工作。这是一个良性循环。

在员工的激励机制上，世诚投资除了为员工提供有吸引力的薪资外，公司内部也建立了合伙人晋升机制，只要员工在公司工作到一定年限，并通过公司内部的薪酬委员会考核，就可以通过加入员工持股计划成为公司合伙人。此外，公司目前也在筹备引入期权激励，并希望把它作为一个长效的激励机制，让员工的辛勤付出有良好的回报。

风格适配，找到最匹配的投资人

世诚投资创始人陈家琳说："基金管理人就像园丁，投资者就像花园的主人，主人希望找到一位园丁，让自己的花园一年尽可能的繁花似锦，这个时候就需要主人多进行挑选，找到最符合自己要求的园丁。月有阴晴圆缺，天气也在变化，不能因为今天打雷，明天下雨，后天刮风，就马上把园丁解雇，再换一个，这个不现实。其实做投资、做理财也是同样的道理，你在投资之前需要花更多的时间去选择一个最适合你的园丁。在日常的沟通中，我们尽量跟潜在的客户多讲一些我们自己的情况，我们的投资风格和理念，优点在哪里，哪里有不足的短板，通过这种方式来找到和世诚投资更为匹配的投资者。”

在投资行业，大多数投资者总是希望自己购买的产品能够一直上涨，最好不要有任何下跌。然而，在实际情况中，收益和风险往往是相对应的，这个时候就需要投资者根据自身的风险偏好，去选择最合适自己的管理人和产品。而作为私募管理人，世诚投资希望无论在何种市场行情下，都能和潜在客户充分沟通，让他们对市场、对自身都有深入的了解和认识，通过这种方式找到与公司最为匹配的投资人。

同时，在世诚投资看来，资管行业的市场足够大，每个细分领域都可能是几千亿元、上万亿元的规模。世诚投资只需在与其风格理念相匹配的细分市场中找到认可世诚投资的中长期投资者即可。

市场拓展，能力是规模的前提

截至 2017 年 9 月底，世诚投资的境内外资产管理规模合计超过 30 亿元，作为一家成立 10 年的老牌私募机构，世诚投资在管理规模上的表现并不算突出。对于背后的原因，陈家琳有自己的想法。

世诚投资是一家采用股票多头策略的私募机构，正常来说，市场特别火热的时候最容易实现规模的扩张，但往往市场越疯狂，背后隐藏的风险也就越大。在这种风险聚集、难以帮投资人赚钱的时刻，世诚投资不会不顾投资人的利益而盲目地进行规模扩张。通过规模赚取管理费绝不是公司的初衷，靠自己的能力真正帮投资者赚取收益才是世诚投资存在的价值。

当然，陈家琳调侃“自己对市场营销业务的不重视”也是管理规模没有大幅上升的原因。世诚投资成立 10 年来，公司在市场人员的配置上常常处于较为紧绷的状态，往往都是一个市场人员要与多个渠道机构对接。为了更好地服务客户及合作伙伴，也为了取得更长远的发展，“未来公司会加强对市场业务的资源配置”，陈家琳补充道。

在陈家琳看来，扩张规模的前提是自身一定要有能力去支撑，要保证公司团队、组织研究框架和策略都能跟得上。虽然目前世诚投资的综合实力足以支撑更大的规模，但公司不会刻意去扩张规模，更不会给自己定明确的量化指标。陈家琳相信只要确定好大的方向和框架，做好足够的准备，规模扩大就会是一个大概率事件，即发展策略先行，而管理规模的有序增长是一个自然而然的、水到渠成的结果。

THE EVOLUTION OF HEDGE FUND

世诚经验谈

从 2014 年私募被纳入监管以来，整个行业发展迅速，其中也涌入了很多新兴的年轻私募。作为一个私募老江湖，陈家琳觉得私募行业市场足够大，未来不会赢者通吃，这个市场依然存在足够多的机会。不过，作为一家成立已有 10 个年头的私募机构，世诚投资依然具有很强的危机意识。比如，它知道未来数年，市场上将会涌现出更多优秀、成熟的同行，竞争环境日趋激励。唯有保持自己的核心竞争力，才能立于不败之地。

在谈到对新私募的建议时，陈家琳提到，资产管理行业是靠信誉生存下去的行业，对于新的私募机构，陈家琳建议一定要把基础打牢靠，不一定要一开始就想着迅速发展扩大规模，只有把基础夯实好才能持续稳步地往前走。

此外，私募行业是一个竞争异常激烈的行业，而要想在这个竞争激烈的行业生存下去，除了投研本身，还必须要拥有好的治理结构、好的风控机制、好的中后台运营平台等。因为这些可以在制度上保证过往的业绩得到延续。相信未来市场会对此有更加深刻的认识。

THE
EVOLUTION OF
HEDGE FUND

09

聚焦成长股

鼎锋资产的哲学式投资逻辑

鼎锋资产管理有限公司（简称“鼎锋资产”）成立于 2007 年 11 月，涵盖一二级市场的成长性投资，资产管理规模近百亿，实现了业绩高成长、波动幅度稳健以及百亿元管理规模的动态平衡。公司由张高、李霖君、王小刚、刘成、陈正旭和汪少炎 6 位合伙人领衔，平台上广纳优秀人才，投研团队具备产业与金融复合背景，施行底线管理和个性化机制管理百人团队，运用桌面协商机制解决激励问题，10 年螺旋式发展铸就成长投资标兵。

“鼎立成器谓之稳健，锋行两刃谓之进取”，在稳健中不忘进取，为投资者赢得长期稳定的投资收益，成为私募界的长跑者，这是鼎锋资产多年的目标与追求。鼎者，重器也，昔者，大禹铸九鼎以安天下，在众多私募群雄逐鹿的“春秋战国”时代，鼎锋资产以“成长为王”的理念，赢得了“成长看鼎锋”的市场认可，独占一“鼎”，在这片私募江湖里挣得了举足轻重的一席之地。

人们不应该追着金钱跑，而要迎面朝它走去。

——翁纳西斯

美国一位著名的商业大亨说过一句话，他的家训要求子子孙孙们就算开一间杂货店，也要去创业。李霖君笑言，当年创业更多的是一种无知，目的无非是养家糊口，但其言语中蕴含的更多是对行业的热爱和创业的激情。怀抱着这样的信仰，2006 年，张高、李霖君投资实业失败，最早的两位合伙人又开启了新征程。

鼎锋资产早期合伙人多出身于券商，由于投资彼此结识，他们经常相约喝茶论道，一起分析股票。2007 年 11 月，两位创始合伙人在董事长张高家的书房开始了创业之旅。鼎锋资产成立后，“幸运”地赶上了中国股市 6 000 点顶峰——“鼎锋成立在顶峰”。尽管进行了准确的预判，采取了一系列风控措施，然而，公司成立一年以后，产品业绩还是受到了一定影响。在这种背景下，环境和资金上得不到支持，公司的发展前景蒙上了一层阴影，公司创始人的信心开始出现动摇。此外，当时公司的创始团队只有两人，无法构建完整的风控后台，研究体系也不够完善，没有条件进入到“工农中建交”这些大客户的白名单，或者管理上市公司的基金。鼎锋资产在风雨飘摇中坚定前行。

说起当时的艰难时刻，李霖君回忆到，2007年年底公司搬到张江，租用了三个月的临时办公室。2009年年初公司再度换办公室的场景，两个创始合伙人至今仍记得特别清晰。当时，他们坐在会议室的窗台上抽烟，望着灯火辉煌的陆家嘴，无限感叹："我们终于从黄浦江底爬上岸来了。"2007年、2008年的时候，因为鼎锋资产还不是机构客户，没有邀请函，所以蹭会是当时的主题，他们不得不夹着笔记本流窜在各大券商的会议上；2009年创业板开市后，上市公司在上海路演的频率极高，因为当时鼎锋资产还没有竞价资格，参与个股路演不易，为了混进会场，"伎俩"是关键。当时，去武汉见第一个客户，张高和李霖君两个创始合伙人，本着节约又体面的原则，挤在了一个准四星的酒店标间。

2011年，整个A股市场一片惨淡，许多私募黯然离场，鼎锋资产的产品业绩也不理想。成长股到底靠不靠谱？自己最早信奉的投资理念、研究体系到底有没有问题？公司团队中间产生了最大的动摇。彻夜难眠之下，公司团队回归起点再去思考这个问题，例如去研究美国股市的发展历程，去重学成长股投资策略之父费雪的投资理论，去复习彼得林奇的投资理论等。2012年5月，鼎锋资产副总经理、基金经理王小刚前往奥马哈朝圣，参加巴菲特股东大会，并提前重读巴菲特著作，刷新了对其"价值投资"的认识。最终团队得出结论，成长股投资久经市场考验，坚守下来终将会获得回报，只要坚持自己的投研内核不变，终会有拨云见日的那天。终于在2012年末守得云开见月明，公司产品取得了不错的业绩。

经历两轮牛熊的压力测试，见识了许多戏剧性的场景，领教了胜利与失败迅速地交替变换，鼎锋资产开始成熟了。鼎锋资产逐渐被大家贴上了成长股的标签，有了很多创造性的思考，比如，高小新、根据地、PE策略、单一市场股票套利策略、刹车带、增强CPPI、双线风控、归因等。这些都是整个团队多年来的心血结晶。现在公司可以给任何一家研究机构分析师打电话，并有把握得到耐心的解答。新财富的分析师们也常来公司路演，行业和公司的电话会议更是应接不暇，上市公司乐意接受甚至单独安排专访，券商机构销售部的销售人员也时常发来问候。

鼎锋资产不知不觉已经成为“主流”机构之一，站在了分析、信息的前沿。随着公司产品日复一日、年复一年稳健盈利，公司曾经豪迈的营销语终于不再被别人视为“黄金男孩”①的狂语。

公司在日常管理中总是面临着各种各样的问题，需要公司管理团队耗费人力、物力、财力以及精力。然而，随着在创业过程中为客户创造了更多的财富、获得了更多的荣誉，鼎锋团队现在感受到了更多的责任，它对公司员工负责，也对投资者负责。尽管在创业过程面临着诸多问题，但如果再选一次，鼎锋创始团队笑言，还是会选择走上创业的道路。

做真正的成长股投资

这种投资方法，即寻找超级明星股，给我们提供了走向真正成功的唯一机会。

——1990 年巴菲特在股东大会上总结

鼎锋团队人员大多有着投行或者企业从业背景，重视因果逻辑的分析。因此，他们更崇尚哲学的投资理念，最擅长并更能说服自己的是，遵循自下而上的投资方法，由公司个体着手，逐步深入到细分子行业的中观层面进行研究。这个过程中，鼎锋的核心投资观念始终贯穿其中——成长股能持续占领市场。

数学式投资理念 VS 哲学式投资理念

在鼎锋资产李霖君看来，投资的逻辑可以分为两大类：哲学式投资逻辑和数学式投资逻辑。

数学式投资逻辑，更多的是建立在统计和技术分析基础之上。例如：假如上海气温超过 40 摄氏度，大盘上涨的概率就超过 70%，理论

① 黄金男孩指 20 世纪 80 年代华尔街对金融学校毕业生的代称，形容他们经验不足。

上来讲，这是一个成功率很高的投资指标，但却无法找到因果逻辑。哲学投资又可细分为更多投资理念，有人看价值，有人看成长，有人看宏观，有人做策略，不一而足。

鼎锋资产的投资决策更多的是基于哲学式投资逻辑，即一家公司生产的产品性价比高，因此销售火爆，或者一家公司的产品解决了市场痛点，因而受市场青睐，公司成长和盈利的背后，有着诸如此类的因果逻辑，才能成为一个可选择的投资标的。

大部分人说的“价值投资”都是错的

如何定义成长股呢？李霖君举了个例子，忽略估值的影响，一家公司今年盈利5 000万元，基于各方面因素，该公司未来每年盈利能逐渐增加至2亿元、3亿元乃至5亿元。在投资时限内，该公司始终保持在这样的增长趋势中，那么在5 000万元的时候购入公司的股票，随着这家公司的净利润逐年提升，其内在价值就会随之提升。

在李霖君看来，成长投资才是真正的价值投资，市场上传统的价值投资者实际上是博弈者。因为传统的价值投资者的典型做法是基于市场错误定价的投资逻辑，实质上正是在与市场博弈。公司合伙人王小刚2012年亲历巴菲特股东大会之后曾撰文指出，大众虽然崇尚巴菲特的价值投资理念，但许多人对价值投资存在片面解读。自1973年开始，巴菲特在芒格的影响下慢慢抛弃了原来只关注便宜货的方法，开始尝试长期投资于优秀公司，聚集于超级明星股，这才成就了后期巴菲特的成功和伟大。“持续的盈利增长前景”是巴菲特认为的超级明星股的重要特征。正是强调成长性，投资于“超级明星股”才是巴菲能超越格雷厄姆的“烟蒂型”策略的根本。**许多专业人士在区分“成长投资”与”价值投资“时犯了错误，成长与价值并非截然不同，它们完整地联系在一起，成长必定被当作最具价值的一个组成部分。**

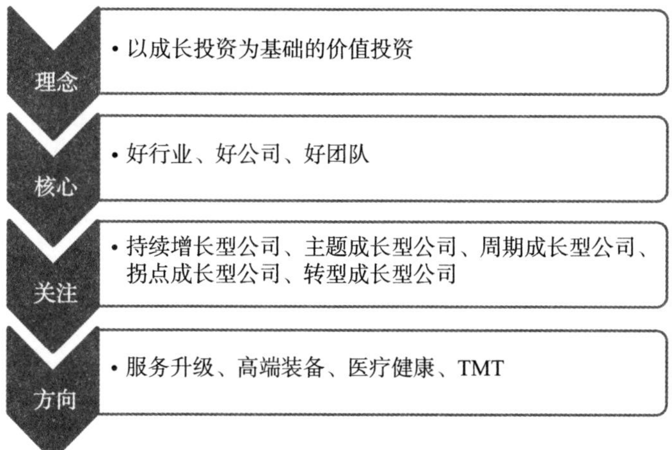

图 9-1 鼎锋资产的投资理念

资料来源：格上研究中心。

回顾中国经济的发展，鼎锋资产的李霖君认为，其最大的变化在于中国已进入到了过剩经济阶段，自然进入到需求升级阶段。在经历了持续扩张的发展阶段之后，市场最明显的特征就是投资难度加大。**在这种时代背景下，对鼎锋资产而言，投资的方向仍较为明确，主要从 4 个维度考察上市企业是否符合投资要求，包括优秀的商业素质、快速和高质量的增长、足够的空间、合理的估值。**

在具体投资标的的选择上，鼎锋资产将方法归结为寻找“三好学生”：好行业、好公司、好团队。

第一是好行业。**投资是在当下看未来，行业的景气度是投资时考虑的首要因素。**企业家能力能否得到充分体现，首先取决于行业自身，部分企业家取得了成就，往往会出现严重的“控制力幻觉”，将成绩的取得过多地归因于自我。在朝阳行业中，企业家能力即使有所不足，但受到整个行业景气度的推动，也能取得相对不错的成绩；而处于夕阳行业的企业家，想要取得不错的成绩则需要付出更多努力。好行业的天然特点决定了企业在一个生态好、增量高的环境中投资，面临的风险相对较小，成功概率高。例如，在过去 10 余年中，许多地产公司都取得了不错的成绩，其首要原因正是地产行业在这段时期内维持了较高的景气度。

第二是好公司。好公司的评判标准因人而异，比如有人认为董事长好就是好公司，但在鼎锋资产看来，这只是表象，具体评判一家公司的好坏，需要多方面的考虑，既有基本面因素也要有市场博弈的因素。**好公司最重要的一点是竞争能力的持续增长，表现出来的结果是净利润和收入在持续增长，且增长速度大于行业的平均水平。**公司是十字路口上的一个节点，其横向是价值链，纵向是供应链，企业竞争力是其中最核心的要素。在价值链和供应链上准确定位，制定切实可行的发展战略，才能在不断强化自身核心竞争力的过程中实现超越整体行业水平的成长。

第三是好团队。一个行业发展之初，总会有成千上万家初创公司，但是最终能够成长为行业龙头的却少之又少，这与公司团队的管理能力息息相关。美国著名的企业家安德鲁·卡内基曾说过："带走我的员工，把工厂留下，不久后工厂就会长满杂草；拿走我的工厂，把我的员工留下，不久之后我们还会有更好的工厂。"员工一直是企业最核心的资本，企业采用各种管理手段和激励措施来提升整个团队的满意度和敬业度，使得全体员工能够尽职尽责，为公司奉献，这样企业才能在更激烈的竞争环境中长盛不衰。

风控：与基金经理打一场"心理战"

如果我止损10次，10次都错了，每次刚剁完市场就大幅反弹了，第11次我还是会剁！因为不剁可能会要命。

——王小刚路演时对客户如是说

在李霖君的办公室里，一直挂着"心存畏惧"四个大字，体现了多年来他对市场的敬畏。公司合伙人王小刚也曾在2001年因东方电子投资失败而彻夜未眠，他坦言，当时压力大到已经失去了自信。在经历过"不眠之夜"后，他深刻意识到，投资千万不要把自己逼到"悬崖"边上跳舞，从此以后，他十分重视对回撤的控制。此外，受进入银行白名单的影响，鼎锋资产在风控上投入了较大精力。由此可见，这种对市场的尊重已经深深根植于鼎锋资产的风控管理上。

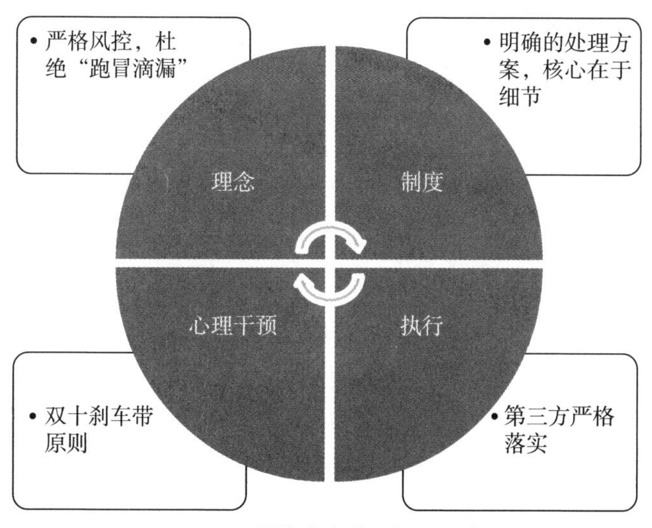

图 9-2 鼎锋资产的风控四要素

资料来源：鼎锋资产，格上研究中心整理。

鼎锋资产认为，风控有四大要素。第一个要素是风控理念，取决于公司对风控的认知程度。第二个要素是风控制度，在面对不同情况时要有明确的处理方案，核心在于细节，摆脱人的感性，就充分超脱了市场的不确定性。

第三个要素是风控执行，最好避免基金经理既当运动员又当裁判员的尴尬，可以委托交易或者由指定第三方严格落实制度。“剁手”有着各种各样的方法，如降仓、调仓、调结构等，这些方法都能够实现目的。不过，止损的坚决程度尤为关键。私募或者专业的基金经理与普通投资者的最大区别就在于此，尽管这样做可能会损失部分收益，但却维持了投资组合的平衡。这一点，在 2008 年和 2015 年的鼎锋资产身上得到了很好体现，靠着严格的风控，鼎锋较好地控制了回撤。

最后一个因素，较为特殊，是对基金经理的心理干预。鼎锋资产设有“双十刹车带”措施，即产品净值回撤 10% 或者个股下跌 10%，要求强制性降低组合或个股仓位，基金经理可以择机再进行减仓或补仓。基金经理从心理上来讲一般不愿意被动止损，“刹车带”制度主要是给予基金经理警醒和提示，使产品净值不至于出现失控的情形。对于基金经理看好的股票，无论出于何种原因，如果触及最大回撤，风控部门都会严格按照规定处理持仓。相应地，如果基金经理和研究员继续看好，次日就可以把股票仓位重新建立起来。在这个过程中，蕴含着对基金经理非常重要的心理干预过程，在被迫清仓与重新加仓之间，考验的是基金经理对股票的深度研究能力和意志的坚定程度。

百人团队下的激励三原则

鼎锋的团队没有明星基金经理的光环，更重视公司的整体利益，更讲求团队作业、合而聚的企业文化，比较重视企业的组织化运作。公司认为，一个基金经理再强，仍然需要背后研究团队、合规和风控的支持。因此鼎锋资产倾向于选择在自己擅长的领域具有卓越才能，有自身投研体系或者独特的分析判断能力，同时又具有合作精神的合伙人。

THE EVOLUTION OF HEDGE FUND 对话

格上财富：优秀的基金经理为什么不单干，平台型私募能吸引真正优秀的人才吗？

鼎锋资产：能！

鼎锋在投研人员配备上较为充足，关键源于公司在创立之初的定位——打造权益市场综合型资产管理公司。早在2010年，鼎锋便有了打造资管平台的想法，把鼎锋当成一个平台，在认可同一个理念和风控机制的前提下，让所有人各施所长，做到百花齐放。当然，这种模式有时也受到一些质疑，优秀的基金经理为什么不自己单干？而鼎锋的做法是，充分发挥平台的优势，将平台变成吸引优秀人才的重要理由。

一是私募基金合规趋严。如果个人创业的话，需要去构建风控、营销、交易等体系，既要检查合规，又要进行牌照申请、季度更新等，会消耗较多精力。而在一个专业的平台型私募中，合伙人能得到团队的支持，彼此专业化分工，利于取得更大成就。

二是私募基金合伙人会充分考虑诸多利弊，特别是经济收益。平台型私募提供了出色的研究环境和优厚的待遇，使得合伙人利用平台获得的收益比创业获得的收益更大，这自然就能吸引人才。

三是本质上人是群居动物，希望融入一个集体或团队。有些人宁可少拿1 000元钱，去饭店里面做一个服务员，也不愿意去做保姆，正是因为饭店提供的集体环境，集体给人以归属感、组织感，在彼此互动、探讨过程中得到最大的精神满足。

鼎锋资产在用人、留人方面也有自己的一套：第一是感情上留人，构建非常欢乐的团队氛围，每年有国内游、国外游和公司部门游，下午有水果、下午茶，公司组建了足球队、音乐队、篮球队等。公司全体都比较年轻，投研团队平均年龄36周岁，90%具备硕士以上学历，处于同一个知识层面上，非常容易在情感上产生共鸣。第二是待遇上留人，鼎锋有着完善的激励制度，提供了行业上游水平的待遇。第三是事业上留人，员工的许多决策，在平台上不断得以验证，对平台也更加依赖。

格上财富：人多事多，放权与约束如何均衡？

鼎锋资产：底线管理和个性化管理很重要。

鼎锋资产目前在深圳和上海均有百人团队，两个团队相对独立，各有分工，团队之间的互动较多，尤其是投研方面的互动，沟通较为充分，也会出现互相跟投的情况。不过，双方的负责人均是投委会成员，当单个项目投资金额在5 000万元以上时，需经过投委会同意，低于该额度的投资基本由团队自主把控。

在渠道管理上，目前公司是统一和集中处理，由营销部统筹。但两个团队对应的客户和资金有所不同，公司未来打算让其各自组建营销队伍，由统筹型的渠道管理转向个性化管理。

格上财富：激励机制如何设置？

鼎锋资产：采用桌面协商机制，奖惩分明。

鼎锋资产对激励制度十分重视，至今公司仍在打磨。2009年以来，鼎锋资产就组织业内的阳光私募同公募基金交流激励机制的问题，不久前公司还聘请了专业咨询公司对构建公司的激励制度体系提供建议。

目前，在奖惩制度上，采用“桌面协商”机制，即对于各类问题，必须制定书面规定并参照执行，在执行中存在的问题，则通过新一轮的“桌面协商”来解决，做到了公平、公正、公开。无论是净值的控制，还是最大回撤的控制，包括公司创始团队在内，都具有统一的标准。如果回撤达到惩罚标准，风控部门会直接下发扣除基金经理奖金的通知。

制定激励制度所秉持的原则有三个。第一要简单，最好能用计算机算出来奖金或罚款的数额，对所有的岗位、所有的业务都是如此。第二要清晰，比如激励制度明确分为研究员单元、基金经理单元、营销单元和后台风控单元。第三要多样化，根据侧重点不同，要有股权的激励，有事业部制的激励，还有奖金的分配、年度奖的分配，甚至还有季度奖、个股奖等。

格上财富：如何看待模拟盘？

鼎锋资产：不太赞同。

在基金经理选拔或考核上，鼎锋不太赞成模拟盘的做法，无论是模拟盘还是大基金、小基金等，鼎锋资产都有尝试，最终得出的结论是要实盘考核，因为模拟交易与实盘交易存在较大差异，实盘更贴近实际投资环境，更为有效。

产品线的节奏艺术

鼎锋资产的重心集中在权益市场，目的是成为一个卓越的资产管理者，因此其产品线布局也是围绕着该重心展开。鼎锋布局产品线的思路往往是基于市场的成长性，着眼长远，前瞻布局。目前，鼎锋资产的产品线已完成了多个方向的突破，涵盖股票多头、新三板、套利策略、量化、海外、定增等聚焦权益市场的六大产品线。

把握量化新势，迈向人机结合

早在 2012 年，鼎锋资产开始布局量化策略相关产品。鼎锋资产认为，庞大的资管市场面临着不同的需求，这就会产生不同的投资策略。量化是诸多策略之一，无论是对冲还是量化多头，都有各自的生存空间，在资本市场上不存在谁取代谁的问题。从国际市场上来讲，华尔街存在大量不同的机器交易策略，目前占比有

60% ~ 70%，而像巴菲特、彼得·林奇、安东尼·波顿等人，这种价值投资上的主动管理策略实际上反而是少数派。与美国不同，中国目前仍存在大量的主动管理策略，量化投资占比反而较小，不过成长迅猛。从市场容量和增量来讲，量化投资有很好的成长空间。

另外，李霖君还认为，智能投顾、AI 等技术的快速发展，实际上也为主动管理提供了更好的工具。计算机多了机器的理性却少了人的灵性，有利有弊。从长期来讲，无论是量化投资还是主动管理，都是为投资获利服务，李霖君较为看好人机结合。比如什么是成长股，是不是过去两年每年利润翻倍的就是成长股？李霖君认为不一定，因为它可能是周期股的高点。是不是利润增长很快，比如从几百万元迅速变成几千万元，这种增长几十倍的叫成长股？也不是，它可能是由重组引起的。对于计算机而言，这些问题它无法做出准确判断，必须由人工来完成。通过人工对成长股的筛选，就有可能同大盘进行对冲，形成非常好的量化模型。此外，技术面的量化分析仍可以成为主动管理的参考依据之一，主动管理型基金经理没必要非得逆指标参与交易。

精品化路线参与定增

此前鼎锋资产对个股的跟踪研究比较深，但当个股出现定向增发投资机会时，公司都无法参与。定增其实是一种很好的投资手段，并可以取得一定折价，于是鼎锋资产就开发了定增产品线。

在定增对象的选择上，鼎锋资产较为“挑剔”，走的是“精品化路线”。在鼎锋看来，定增是以九折的价格或者原价持有一只股票一年以上，考虑到流动性风险，必须要对该公司有充分的了解。选择定增标的时，鼎锋资产会选择其二级市场上覆盖的标的，在对个股进行深度研究的基础上参与定增，并组建专门团队参与定增事宜，辅助上市公司做一些并购工作。在定增价格上鼎锋也会事先评估，得出能接受的报价，一旦定增价格高于预期，鼎锋资产就会放弃参与。精品化策略使得鼎锋资产的每笔定增都获得了正收益。

前瞻新三板，布局浪潮之前

鼎锋资产在早期的研究中发现，新三板更适合做成长股投资，因为新三板估值合理、机构投资者居多、成长的价值会在长期内得到充分的反映，虽然流动性差，但介入时点可选择在市场低迷时，且持有更长周期就可弥补流动性缺陷。于是，鼎锋资产自 2013 年 6 月份开始深入研究新三板，2014 年 6 月份成功募集第一个新三板基金。其整体节奏先于市场，取得了一定的前期优势。

未来产品线，产融结合和海外投资

未来，鼎锋会择机参与一些基本面较好的公司股票的大宗交易，也会有一些产融结合的产品线上市。另外，鼎锋资产始终在跟踪港股、美股，尤其是进行了长时间的国际对比研究，未来海外产品线上线将会较为顺利。

THE
EVOLUTION OF
HEDGE FUND

鼎锋经验谈

经过 10 余年的发展，私募行业发生了翻天地覆的变化，要说未来私募行业将会往什么方向发展，作为见证者和亲历者之一，鼎锋资产是最有发言权的一方。在鼎锋资产看来，未来私募行业还会继续加速发展，这是肯定的。在发展过程中可能会出现一些分化，平台型私募、单一策略的私募和创新型私募可能有更好的发展前景。另外，在行业格局上，鼎锋资产认为，私募行业容量很大，很难用其他传统的行业去定义，能够在未来竞争中发展更好的，肯定是基于策略和产品创新能够满足某类客户需求的私募机构。总体来看，一方面，关键资源、核心渠道仍以大型私募为主，而另一方面，小型私募肯定会呈现出百家齐放、百花争鸣的局面。

作为私募行业的老兵，私募行业创业者和新秀一向愿意与鼎锋资产交流，鼎锋资产也乐意与他们分享。根据公司发展历程，李霖君向新私募提出了以下几点建议：

1. 明确公司定位

私募行业风云变幻，发展迅速，强者可以恒强，但并非弱者一定恒弱。大而全的平台型私募有生存空间，小而美的单一策略私募也有立足之地。无论公司坚持何种发展思路，都会有发展机会和发展空间。对于公司在不同发展阶段的不同诉求，或是业绩、或是渠道、或是其他，要因时制宜，找出当前阶段最重要的要素持续跟进。对于新私募，在明确投研和风控的核心地位之后，要树立公司的明确定位和发展理念，坚定相信风险和收益存在着匹配关系，坚持公司的特色发展路线。

2. 向公募基金学习

创业者居多、成熟企业家偏少，这是私募行业目前的生态。私募行业的兴起不过 10 年，在公司建设、治理和团队人才梯队配置、激励机制等方面，与公募基金还存在差距，私募基金要做大做强，在制度上、人才培养上要向公募基金学习，取其所长，补己所短。

3. 死守合规底线

监管机构对私募基金信息披露、募集、风控的要求等都在趋于严格和规范，当前部分私募基金也由于各种原因受到了证监会处罚。在这些基础工作上犯了错误，既凸显了公司的内部治理问题，损害了客户的信任，又干扰了公司正常的投资活动，显得被动又冤枉。因此，私募基金在发展过程中要死守合规底线，将这种理念融入公司骨髓，成为公司发展中的一种习惯。

THE
EVOLUTION OF
HEDGE FUND

10

趋势背后的逻辑

展博投资的择时艺术

深圳展博投资管理有限公司（简称“展博投资”）成立于风声鹤唳的 2008 年。彼时，价值投资的理论正饱受煎熬和争议，而展博投资悄然以趋势投资者的身份现身私募。在成立初期，公司发展并不容易，但随着投资业绩的积累，历经 9 年多的风雨历程，“趋势判断准确”逐渐成为展博投资鲜明的标签，得到了越来越多的投资者认可，成长为国内一家优秀的阳光私募基金管理公司。

要找到自己的兴趣所在，并从事它，这是迈向成功创业的第一步，人只有在做自己爱做的事情，自己能做的事情时，才会爆发出“洪荒”之力……有想法时要快速执行。这个社会的生存法则就是，快鱼吃慢鱼。作为创业者，没有什么可失去的，如果你相信未来会朝着这个趋势发展，就越早行动越好。投资是和时间交往，当然是越年轻的时候开始，关系越能稳固。因此，对于创业，虽然作为先行者，你会走很多弯路，但会知道什么路是不通的、什么路是有效的。因此，要选一个你认定的方向，认准了，就投身其中。激情对于创业者来说是非常重要的，或许它不是全部，但它一定是非常重要的一环。

——展博投资董事长陈锋

对于展博投资来说，创业之路绝非一帆风顺。创业初期，整个私募行业也是起步不久，大众对私募基金缺乏了解；同时对于陈锋来说，刚从事投研工作 4 年就出来创业，并没有太耀眼的历史业绩作为背书，知名度也不如当时的公募基金经理，在资金募集上就更为困难了。在发行首个产品时，公司跟信托公司沟通了很长时间，加上朋友的认购，才在 2009 年 6 月最终成立，公司运营开始步入正轨。

能把兴趣和工作结合的人是少数，展博投资董事长陈锋便是这些幸运者之中的一位。对于陈锋来说，十年如一日地在私募行业深耕细作，也源于他对投资近乎执着的偏爱。在采访过程中，他多次提到自己非常喜欢做投资，当初创业也同这种爱好有着密不可分的关系。

除了对投资的巨大兴趣外，当时创立展博投资也是一种趋势择时。在历经 2006 年、2007 年的急速上涨后，2007 年 11 月，市场开始迎来巨幅下跌。到 2008 年时，在陈锋看来，前期市场的大幅下跌又重新给投资人提供了一次机会，所以他决定与同学一起成立私募基金。

趋势最大的特征就是变化

其实，每个趋势的背后都有自身的逻辑，股票的走势要跟它背后的逻辑相匹配才能成为一种趋势。

——展博投资

在陈锋看来，目前 A 股市场投资者的投资风格可以分为两类：一类是基于看好公司未来的成长性或者认为目前公司被低估，买入公司股票并长期持有；另一类是把握市场或者行业大的发展趋势，同时在这种趋势下去选择好的公司，赚取市场或行业整体上涨的钱。展博投资自己便属于第二种。

当问及如何捕捉趋势时，陈锋认为，趋势投资的核心在于看懂未来经济或者行业的发展方向。回顾之前的两轮大牛市，展博投资认为，2006 年和 2007 年地产行业的牛市，主要源于地产行业基本面的变化和资金的推动。2014—2015 年的牛市中的互联网大行情，也是与产业发展、资金推动有关。不过，趋势最大的特征便是变化，墨守成规永远不是趋势投资者的人格属性。展博投资的投资理念，也是在不断地反思中进化演变。

在 2016 年之前，展博投资信奉的趋势投资相对简单。其认为，当市场或行业处于上升通道时，市场或行业里的个股上涨是大概率事件。然而，当市场处于下跌通道时，即使是最好的公司也难免会下跌。**于是，展博投资通过把握牛市或行业的上涨趋势，尽量回避下跌趋势，来为投资者赚取收益。**

而随着 A 股市场的变化，展博投资发现，行业趋势形成时，个股表现的特征出现了巨大的变化。2016 年以前，在市场或行业的大趋势面前，同一板块的个股会表现出很强的一致性，上涨或者下跌的幅度差距并不是很大。因此，如果以往展博投资看好某个板块，便会对这个板块的大部分个股都进行配置。然而，从 2016 年开始，展博投资发现，同一板块内个股分化开始变得异常明显。在这种情况下，公司在把握趋势的同时，更加注重对个股的精选。

对于展博投资来说，市场的这种变化也是一种新的趋势，而这种趋势的变化也与宏观经济有着较大关联。**过去国内经济的高速增长属于粗放式的，所有的公司都有机会，但是现在经过经济转型后，市场开始呈现出新的趋势，有优势的企业会强者更强，分化自然便产生了。目前公司也在顺应这种趋势去做调整。**

THE EVOLUTION OF HEDGE FUND 对话

格上财富：如何做好趋势投资？

展博投资：很多人都在讲趋势投资，但其实每个人对趋势投资的理解都不太一样。看见个股涨了就跟着买，跌了就跟着卖，这种投资方式在展博看来并非真正的趋势投资。其实，每个趋势的背后都有自身的逻辑，股票的走势要跟它背后的逻辑相匹配才能成为一种趋势。而且，基于其背后的逻辑，你需要判断这个趋势是一年的、三年的，还是五年、十年的，这些都会对投资有着深刻的影响。想要做好趋势投资，首先需要对趋势投资有一个清醒的认识，同时要具备趋势投资的思维，对趋势背后的逻辑进行全面的理解。

格上财富：如何看待趋势投资策略的容量？

展博投资：趋势投资策略本身其实并没有容量的限制。举个例子，假若认定未来两三年，某一指数会呈现上涨趋势，公司就会围绕这个思路去做配置；在这种情况下，其实管理规模的多少并不会给投资带来多大影响。之所以大家会认为趋势投资有规模瓶颈，主要是因为在他们看来，趋势投资就是频繁交易，这周股票在涨，我就买进来，下周股票在跌，我就卖出去。如果这样操作的话，资金管理规模肯定是有瓶颈的，但是展博投资的逻辑与这种操作思路是完全不一样的。

守住不变的底线

对于趋势投资来说，风控是很重要一环，一旦对趋势判断错误，可能会带来较大亏损。

坚守趋势的主线，拒绝赌博

最先的风控在于理念，即坚持趋势判断的核心逻辑，避免赌性。对于这一点，展博投资有着深切的体会。回望过去，展博投资旗下产品很少出现严重亏损的情况，而 2015 年是个例外。

2015 年股市第一轮下跌，展博投资实际是完美避过的。当大盘指数从 4 000 点突破至 5 000 点时，直觉让他们意识到这场股市的狂欢已经临近结束，那是经过多年知识储备加投资经验累积，形成的锐利的投资判断。于是，公司开始果断减仓。当 2015 年 6 月 A 股开启了暴跌之旅时，公司已经只剩下不到 10% 的仓位，完美地规避了股市的狂风骤雨。

正常情况下，已经离场的展博投资不会重回这场战役中。然而，当时市场短期内出现大幅回调，再加上部分相关机构纷纷投入到救市的浪潮中，公司便预期市场可能存在反弹的机会，于是转身回到了股灾旋涡中。不过，股市后来的发展走势完全出乎意料，流动性枯竭造成千股跌停的局面，最终也导致展博投资出现了一定程度的回撤。

陈锋后来反思道，市场循环往复经历着从成长到高峰、再到衰退的过程，牛熊市的转换是客观规律，因此虽然有资金开始救市，但效果依然具有极大的不确定性。

前事不忘，后事之师，展博投资也更加坚定了以趋势为导向的投资信念。

多层次风险管理

“判断错了就纠正”也是展博投资遵循的投资要领之一，为了防止判断错误给产品净值带来比较大的影响，公司设置了严格的风控措施。

首先，在投资层面，为了降低风险，公司会采用稳健仓位和进攻仓位相结合的方式来构建组合，即在组合中会配置部分确定性高的股票，增强组合的稳定性；同时也会配置部分进攻性强、有弹性的个股，增强其进攻性。这样可以保证整个组合在市场上涨时是具有弹性的，市场下跌时波动也是相对可控的。

其次，在仓位层面，公司会依据市场调整的幅度来降低整个组合的仓位。**例如，若公司判断市场的调整幅度在 5%—10% 左右，它在仓位上可能不会做出比较大的调整；但若公司判断市场调整的幅度会超过 10%，它则会把仓位降到规定的水平，如 50% 以下；若公司判断牛市已经结束，市场未来 2—3 年内会迎来熊市，它就会把仓位降到更低的水平。**

最后，为了预防公司整体判断出现失误，公司制定了相应的细则交由风控部直接执行。**例如，公司投委会判断市场的跌幅在 5% 以内，但实际市场的跌幅却超过了 10%，最终导致产品净值出现下滑。在这种情况下，风控部就会强行对投资仓位进行调整，直接要求基金经理进行减仓。**

实际上，风控部也是在经历 2015 年市场的巨幅波动后，展博投资经过反思而增设的部门。以前，展博投资在产品的风控上，主要根据投决会或基金经理的主观判断，缺乏独立的风控部门进行客观的管理。2015 年的年中，在经历了大幅回调之后，展博投资意识到，完全依靠主观判断进行风控具有极大的不确定性，一旦判断失误便会给组合带来较大的影响。于是，公司便开始建立独立的风控部和客观的风控制度，多层次对风险进行管理。

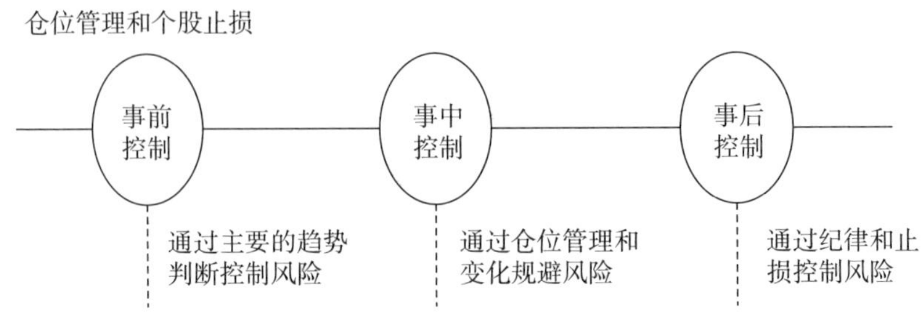

图 10-1 展博投资的风险控制体系

资料来源：展博投资。

跨过投资与管理的鸿沟

在公司成立初期，与大多数新设立的私募企业一样，展博投资也没有建立起来一套行之有效的管理体系。当时，所有的决策都是由公司董事长陈锋来做。不过，随着公司不断发展，陈锋逐渐意识到，好的治理结构会对公司未来的发展带来更为积极的影响。于是近几年，公司开始物色人选，希望在公司治理上能够做一些补充，比如找一些在某些领域非常专业的人去管理不同的部门等。

展博投资清楚地认识到，每个人的能力和思维都是有限的，都有力所不能及之处，很难凭借一己之力来管理好公司。尤其是当公司处于快速成长阶段时，合伙人的加入是不可或缺的。目前，展博已经迎来了两位新合伙人的加盟，一位是由公司内部培养出来的，另一位是陈锋早年的同事，现负责公司的整体投研及港股投资。

在合伙人选择上，展博投资有自己的偏好。一方面，公司倾向于选择基金经理，可以协助公司进行资产管理；另一方面公司也会看中具有运营管理才能的人，能在公司整体运营水平方面有所提升。

在基金经理的选拔上，展博投资十分鼓励让优秀的投研人员担任基金经理。在展博投资看来，一个私募公司仅有一位基金经理是远远不够的，多位基金经理相互配合、相互分担才能让公司走得更远。2012 年，展博投资开始进行多基金经理的探索，除了陈锋外，公司也有其他基金经理对外公开管理产品。当时考虑到不同基金经理在投资上会有不同的见解，公司在基金经理具体的投资范围及仓位限制上，并没有过多的要求，最终造成了其旗下产品业绩出现了差异。经过两三年的筛选、考察、淘汰，目前公司基金经理已有 3 人，而且经过多年的磨合，大家的配合也非常默契。

经过深度的思考后，展博投资正在对投资机制做出调整。目前，公司开始摒弃各个基金经理独立负责的机制，转向以分仓管理的模式为主，即，每人管理其中的一部分资金，同时在投资过程中注重沟通，让旗下产品业绩更为统一。

在研究员的招聘上，公司也有非常严格的要求，除了要求研究员具备较深的金融功底外，公司尤其青睐在实业界有多年从业经验，并且拥有深度钻研能力的人员。此外，公司也愿意培养一些应届毕业生。最初他们可能以实习生的方式进入公司，通过内部“以老带新”的培养模式，让资深的人员“一对一”负责带领新人。同时，公司会提供丰富多元的外部培训机会，以帮助其快速成长。最终通过做汇报演讲、管理层打分等方式来决定其是否能继续留在公司。

此外，为了进一步调动员工的积极性并留住优秀人才，除了提供可观的薪资外，展博投资还建立了额外的激励机制。一方面，公司会根据每个投研人员的业绩水平提供丰厚的奖金；另一方面，公司目前也在考虑为那些对公司做出巨大贡献的团队成员提供股权激励。

在与外部机构的合作上，展博投资认为，合作伙伴是需要精桃细选的。在成立初期，公司对于合作伙伴只是简单地筛选，认为只要合作理念一致、有足够的募资能力或者资金、愿意卖公司的产品就可以进行合作。不过，随着公司的逐步发展以及经营理念的日渐成熟，展博投资开始在合作伙伴的选择上更加谨慎，更愿意与一些理念一致、效率较高且符合公司发展战略的机构合作。比如，目前公司在券商的选择上更注重其研究价值；在托管机构的选择上，则偏好效率较高、靠谱的机构等。

展博经验谈

2013—2015 年是展博投资的高速发展时期。

2013 年，市场整体来看并不火热，但公司旗下产品的业绩却稳步上升，平均收益率超过 18%。同期上证综指下跌幅度达到了 6.75%。在市场的追捧下，管理规模上升很快，到 2013 年年底，公司管理规模已经达到了 30 亿元左右，在当时已经在行业中名列前茅。

2014—2015 年期间，市场正值牛市，个股涨幅巨大，同时公司的净值也上升较快，在这种环境下，公司管理规模快速超过了百亿元。

不过，规模高速增长的同时也带来了隐患，当时有部分客户是在市场的高点进入，当牛市一过，就开始面临亏损。基于对投资者利益的保护，展博投资在后续的投资中也比较被动。

经历这些事件后，展博投资深刻意识到规模管理的重要性，在未来的发展过程中，会主动地规避类似事情的发生。在利于投资的好时机，可以选择顺势接纳资金，但对于特别疯狂、高涨的时期，展博投资则会在规模上进行控制与调整。把客户维护好、服务好是重中之重。

回顾展博投资走过的每一步，陈锋不禁感慨，那些经历都是公司的宝贵财富。随着私募行业的大发展，越来越多的新私募机构涌现出来。对于新进的私募机构，陈锋诚挚地建议，扎扎实实做好投资才是关键。公司成立初期不要过于追求规模的扩张，或者想着去扩充产品，最初最好是聚焦在几个核心产品上面，全身心把业绩做好，随着业绩的稳健增长，规模自然会随之扩张。与此同时，公司在渠道服务和维护上也要不断完善，这样才会发展得更为顺利。

THE EVOLUTION OF HEDGE FUND

展博好书荐

《对冲基金风云录》

作者：巴顿·比格斯

推荐理由：这是一本关于人或者说关于投资人士的书。以印象派的笔法描绘了一群专业投资者的生涯，展现了这个充满激烈竞争的投资世界带给人们的悲喜，为我们带来大量宝贵的投资经验。

《专业投机原理》

作者：维克托·斯波朗迪

推荐理由：本书系统地反映了世界上最伟大的交易员维克托的投机哲学。因此，除了通常的市场知识外，书中还包含心理学、经济学、政治学方面的知识，大大开阔了读者学习投机知识的视野。

《伟大的博弈》

作者：约翰·戈登

推荐理由：《伟大的博弈》是一本关于华尔街历史的书，也是一本关于美国金融史和经济史的书。这本书可以让我们懂得资本市场的游戏规则，懂得基本的经济和金融运行方式。

THE
EVOLUTION OF
HEDGE FUND

11

尊重每一种投资方法

中欧瑞博的投资四季理论

“兔子虽是弱小的生物，但是凭借其对于风险的敏感和超强的风险管理能力，仍能够在自然界繁衍生存。诚如投资一样，只有具备提前感知和预判未知风险的能力，才能长期存在于市场。”2007年9月，深圳市中欧瑞博投资管理股份有限公司（英文名 Rabbit Fund，简称“中欧瑞博投资”）成立，公司希望能够跟兔子一样，通过对风险的提前感知和预判风险，长期屹立于资本市场。历经10年多的发展，当初的私募新手已然成为了行业老将。

在2007年之前的金融领域中，个人的创业机会极少，大部分金融机构的设立都需要取得相应的金融牌照，而金融牌照审批非常困难。不过，私募基金的兴起给很多投资人提供了在金融领域创业的机会。置身在创业的大环境中，加之对投资的由衷热爱，2007年9月，吴伟志顺应潮流开启了创业之旅。

对于吴伟志来说，中欧商学院的同学成为其创业时最初的支持者。一方面，刚创业时，公司的股东中有一部分是吴伟志在中欧商学院的同学，这也是中欧瑞博名称中“中欧”的由来。另一方面，在中欧商学院读书期间，吴伟志及其他同学恰好也在帮班上的同学管理资金，当时收益表现不错，大部分同学均对他们的管理能力有信心，后来这些同学也就成为公司的最早投资人。正是因为同学们的支持，公司成立后很快就拥有了一定的规模，为后续的持续运营创造了条件。

1993年，吴伟志刚毕业便开始步入证券行业。当时国内整个市场的投资氛围比较注重市场的研究，而忽视基本面的研究。在这种环境下，吴伟志也开始从技术分析的角度去寻找一些投资方法。

1993—1996年期间，整个A股市场处于熊市阶段，在此期间，吴伟志通过不断的实践，积累了对风险的认知，同时也体会到在投资的过程中不可以去抗拒大趋势；1996—2001年，市场开始迎来牛市，但是由于当时并未经历过牛市，吴伟志依然带着熊市的记忆去进行投资，在操作上以短线策略为主，赚了就跑。随着市场的持续走牛，吴伟志开始发现投资逻辑出现了问题，虽然通过这种投资方式在每只个股上都能够赚到钱，但卖了以后个股价格又都创出了新高。事后经过分析，吴伟志认为，其实牛市之中赚钱很简单，选择最优势的股票持有即可。

在历经10年的技术投资之旅后，吴伟志感叹道："在面对市场、研究市场形势的角度方面，技术分析确实是最好的工具，不能说非常有效，但是离开了它，找不出比技术分析更能去研究市场的工具了。"

2003年对于吴伟志的投资生涯来说是另一个转折点。当时受到巴菲特投资思维的启发，他开始思考，通过基本面研究选到像可口可乐这样优秀的公司，似乎能够获得更好的收益。他还回顾了自己在上一轮牛市中的投资行为，如果当时能够将自己买入的股票长期持有，那么投资收益要比当时自己获取的收益大得多。

于是从 2003 年开始，吴伟志进行一些策略转变的尝试。当时，他将自己管理的资金分为两份，一份按照价值投资的理念进行投资，买入自己认为最优秀的股票，坚持持有；另外一份则还是按照技术分析的方式去做投资。一年以后，通过第一种方式获得的收益率要远高于第二种。于是，2004 年，吴伟志开始放弃原有的投资方式，专注于做优秀个股的长期投资。在之后的几年，吴伟志通过这种投资理念的实践也取得了不错的收益。

2007 年，历经 14 年的投资生涯后，吴伟志创办了中欧瑞博投资。在公司成立初期，吴伟志一直在思考，什么样的理念值得公司在未来长期坚守，同时能获得很好的收益？最终，公司总结出了两点：

◎ 与伟大的公司一起成长，寻找、买入、持有这些有大格局的企业。

◎ 尊重趋势，策略适配。不同的周期，投资策略必须随之改变。比如牛市中表现较好的进攻、买入、持有策略，在熊市就很难更好地发挥作用。每一种策略都有它最舒服的环境，也有最痛苦的时候，要根据市场环境改变相应的投资策略。

THE EVOLUTION OF HEDGE FUND 对话

格上财富：如何看待市场中的成长股投资者或者价值股投资者？

中欧瑞博投资：不同类型的投资者都是市场中不可或缺的参与者。

目前市场中买入成长股的有两类人，一类是成长股投资者，另一类是成长主题投资者；同时，买入价值股的也有两类人，一类是价值投资者，另一类是价值主题投资者。以价值投资为例，真正的价值投资是越便宜越买，大家越不喜欢越买，当市场热了，离开它的合理估值往上走时，他们会越涨越卖。而价值主题投资实际上是趋势投资。其实这两类投资人都是市场中的重要组成部分，不可或缺。但是，他们赚的是市场在不同阶段的钱，真正价值投资者赚的是从低估值到合理的钱，水平高的还能赚一点泡沫的钱；而价值主题投资人赚的则是从合理到泡沫的钱或者从小泡沫到大泡沫的钱。

投资也有四季

现阶段中欧瑞博投资拥有已经很完善的投资体系，目前公司的投资策略是成长股投资为主，价值股投资为重要补充，同时也不拒绝主题、趋势投资等其他投资方式。

在公司看来，成长股像树，价值股像粮食，主题、趋势投资像菜，都是自然界中存在的庄稼。有种树、种水果发大财的，也有种粮大户，但是不能用种树的方法去种粮、种菜，也不能用种粮的方法去种树。要尊重每一种投资方法，就需要尊重它本身的自然规律，回到道法自然。

同时，公司会将市场转换分为春夏秋冬四个阶段，在不同的市场阶段，公司会采用不同的投资策略，防止出现致命性错误。在对市场所处季节的判断上，公司主要考察综合估值、市场情绪、政策导向、货币面等多个维度。

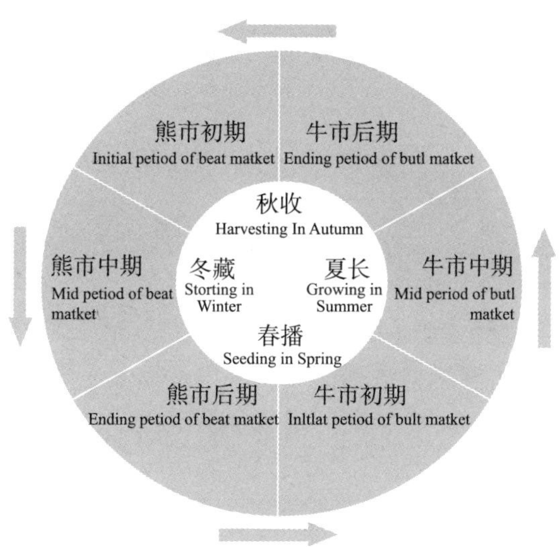

图 11-1　投资的四个阶段

资料来源：中欧瑞博投资。

THE EVOLUTION OF HEDGE FUND 对话

格上财富：如何看待量化投资？

中欧瑞博投资：量化或者主动投资，只是一种兵器。

量化投资未来会长期存在于市场，就跟种树、种菜、种粮的人一样，决定成功的关键不是选择种树还是种菜，而是谁能把树种得最好、把菜种得最好。同样的道理，决定投资是否成功的关键并不是用量化还是主动投资，而是在量化这个领域中你的投资水平处于什么级别。成功的关键不是选择什么兵器，而是要在使用这种兵器的团体中成为一个顶级选手。兵器不是最重要的，人才是。

格上财富：如何评价投资中的择时选择？

中欧瑞博投资：择时可以成为一种能力，要勇于纠错而非不犯错。

只有经历过较长的投资周期、历经多轮牛熊转换的人才能具备择时的基础。

不论是择时还是择股，都要放弃一个概念——追求不犯错，因为这是永远不可能的事。我们都必定会犯错，过去犯错、现在犯错、未来犯错，但是会犯错就不选择了吗？不是，犯错要有纠错能力。犯错是必然，纠错才是美德。

在择时上也一样，要随时做好纠错的准备。一般而言，经历过较长投资周期的人，在择时上相对来说不大容易犯原则性的错误，而对于非原则的错误，纠错的难度很小，调整的空间也比较从容。

完善风控这道护城河

目前，公司在风险控制上主要分为两个部分，包括主动风控和被动风控。

主动风控主要是由投决会来进行把控，具体包括投资仓位的调整以及投资组合的分散。对于中欧瑞博投资来说，公司希望跟兔子一样能够做到对风险的提前预知、管控，因此每次市场出现一定程度的下跌，公司都会做出相应的减仓工作。

牛市中的风控三部曲

公司根据多年的投资经验总结出，股市在牛市过程中的下跌一般会有三种性质。针对三种不同的下跌情况，公司也相应地制定了三种应对策略。

第一种下跌为“牛熊拐点”，如果在投资过程中一旦遇到，那么公司会在第一时间进行策略大转换，由进攻转为防守，不等反弹，直接斩掉一半仓位。

第二种下跌为“中期调整”，标准为下跌时间持续两周到三个月，下跌幅度区间为 10% ~ 20%。若遇到中期调整，在调整的前三天，公司会完成相应的减仓动作，但减仓幅度一般小于牛熊拐点下的减仓，且最终保证投资仓位不会低于五成。

第三种是“小波动”，下跌时间一般不超过两周，甚至只是一到两天就结束，下跌幅度区间一般在 5% 以内。在这种情况下，由于市场跌幅不大，公司一般不会做出较大反应。

虽然公司针对不同的市场情况制定了严苛的下跌应对策略，但是在操作过程中难免会有判断失误的时候。比如公司判断市场为中期调整，结果是另外两种情况，中欧瑞博投资会立即纠错并做出相应调整：如果发现市场只是小波动，此时公司会勇敢地纠错，在能够容忍的价差范围内，公司会把原先的股票买回来；如果发现市场出现了牛熊拐点，那就继续执行股票卖出操作。基金经理在做每一个决策时很难做到百分之百正确，因此要做好随时纠错的准备。

除了主动风控外，公司也设立风控部来进行被动风控，包括会针对净值回撤幅度、个股亏损幅度等设置相应的风控指标。比如，公司会根据组合中持有的不同类型个股设置不同的止损线。目前针对个股类型的不同，公司会将组合中的股票分为 A、B、C 三类，其中 A 类为商业模式很好，可以归为伟大企业的公司，在这类公司的风控上，公司会同时设置绝对亏损标准和相对亏损标准，如果是因为系统性下跌导致个股触发风控机制，那么公司不会贸然止损，反而会寻找机会进一步地买入。B 类公司是偏价值型的企业。C 类是有交易性机会的企业。相较而言，对 C 类公司的止损机制会更严苛一些。

金融海啸袭来，增设个股止损机制

对于中欧瑞博投资来说，公司自 2007 年成立不久便经历了一次大挑战——2008 年的金融海啸。当时公司对市场行情有所预判，投资仓位并不是很高，但由于在个股层面并未设置止损标准，当市场出现下跌后，公司旗下产品也出现了超过 20% 的亏损。

历经过该事件后，公司开始更为重视风控体系的建设，并在原有主动风控的前提下又增加了个股的风控制度，形成了既有总仓位的调控，又会针对个股进行止损的风控机制。自此，公司旗下产品净值波动整体控制较好，同时公司也得到了更多合作伙伴的认可。

不做短期舒服、长期错误的事

> 做私募，一定要有正确的价值观，不要去做触碰法律底线的事。很多触碰法律底线的事，短期会见效很快，但是经不起时间的推敲，还是要做一些跟时间交朋友的事情，长期正确的事情。
>
> ——中欧瑞博投资董事长及首席投资官吴伟志

“不做短期舒服、长期错误的事。”是吴伟志经常挂在嘴边的话，而这也正体现了中欧瑞博投资对风险的提前预判。相比熊市的被动风控，中欧瑞博投资更注重在牛市中的风险把控。

2015 年，从二季度初始，中欧瑞博团队就开始逐步将组合中的创业板个股卖出，且新发的产品只配置流通性好的，类似美的、平安这类大盘流通股。到端午节时，公司旗下产品所有的仓位均在五成左右，同时公司启动了对冲预案，一旦市场拐点确认，公司立刻增加 20% 的股指期货对冲策略。6 月份，市场一转而下变为熊市，当时由于前期做好了充分准备，公司的损失相对小了很多。

管理、文化与节奏

作为一家历经 10 年发展的私募机构，中欧瑞博投资在公司治理上也形成了自己的一套方法论。

合伙人——内部培养为主

现阶段，中欧瑞博投资的合伙人以内部成长起来的核心员工为主，但公司也不拒绝外部引进，只不过外部引进需要引进者具备更为优质的条件，如被引进者需要认同中欧瑞博投资的价值观、目标，投资风格要能相互包容等。

转变招聘思维，拥抱小白

在中欧瑞博投资成立早期的招聘中，有经验的研究员和刚毕业的应届毕业生均为公司选择的对象。不过，经历长时间的探索之后，目前公司在投研人员的招聘上会更倾向于招聘应届毕业生。应届毕业生的成长速度一般更快，而且成长空间相对更大。有经验的研究员由于原来从事过与投资相关工作，所以其自身或多或少已经形成了一套投资风格，在进入公司后，这些风格有时候可能需要较长的时间来与团队其他成员进行磨合。

在投研人员的招聘标准上，公司一般比较注重两方面：第一是要热爱投资，因为投资是一项长期事业，只有足够的热爱才能更好地投入进去；第二是要有足够的悟性和较强的学习能力，能抓住关键的要素，比如看一个行业或公司，通过几个要点，便能够理清楚、学明白。

从模拟盘到实盘的奋斗

目前公司内部将研究员按研究方向的不同，分为了四个研究组，包括科技组、消费组、医药组和周期组。公司每天都有晨会，在晨会上各个研究员会将自己最近研究的个股进行分析，通过一起学习达到共同进步的目的。

一般而言，研究员入职的第一天，公司就会为他建立模拟盘交易，这样研究员可以及时把自己的投资想法变为现实，而且依靠这种方法，一方面可以通过模拟盘的交易，认清自己的投资能力，另一方面，公司也可以通过模拟盘去观察每位研究员在投资上的进步。

中欧瑞博投资深知，做投资很容易错误认知自己的行业，研究员可能会因为自己在晨会中刚刚提到的公司开盘大涨，而马上自我膨胀，而此刻模拟盘就可以更好地让他们对自己的投资能力有正确的判断。如果自己真正看好这家公司，那就在模拟盘中购买进去，持续跟踪。经过一段时间的研究与模拟盘交易，若整体业绩稳健优异，研究员也会得到操作实盘的机会，目前公司内部已有 6 位资深研究员以分仓的方式管理实盘资金。

合理的激励，只为更优秀的人

为了刺激整个投研团队的投资热情，同时也是为了留住优秀的人才，公司内部也建立起了一套诱人的激励机制，包括直接激励、现金分红、股权分红。

直接激励

研究员推荐股票，公司购买后有盈利，直接计提奖金（推荐股票获得收益 × 0.5%，季度结算）。

现金分红

公司税前利润的25%，根据贡献度大小做分配。

股权分红

公司税前利润的10%，购买股权给公司核心人员。

图 11-2　中欧瑞博投资的激励制度

资料来源：中欧瑞博投资、格上研究中心整理。

不疾不徐，以德载物

中欧瑞博投资目前运行刚满 10 年，过去的 10 年，对公司来说还是打基础的

10 年。对于以后发展的展望，吴伟志认为太快不好，太慢也不好。如果成长太慢，团队就会没有士气。相反，如果成长太快，所管理的规模、拥有的关注度可能会超出能够承载的“德”，而这个“德”不仅包含道德、品德，还包含公司的业务能力、个人投资业务能力、团队管理业务能力等。正所谓厚德载物，只有规模、关注度等与公司的“德”相匹配，公司才能获得一个比较长远的发展。

在管理规模方面，中欧瑞博投资不会刻意去追求。吴伟志认为，公司是否能够走到最后，并不是管理规模决定的，而是公司一定要有不同于其他机构核心的东西。只要把团队投资能力做好、把业绩做好、把团队练好，规模都将不是问题。公司现在需要担心的是团队的能力能不能适应市场的变化、是不是在变化的环境中还能把业绩做好，让投资人满意。

THE EVOLUTION OF HEDGE FUND

中欧瑞博好书荐

《投资最重要的事》

作者：霍华德·马克斯

推荐理由：《投资最重要的事》是巴菲特极力推荐投资者必看的一本书，而他本人也认真阅读过两遍，对其评价为“这是一本难得一见的有用的书”。这本书倾注了霍华德·马克斯一生的经验和研究，以亲身经历详细阐述了其投资理念的发展历程，以备忘录的形式记录自己的思想。它不仅仅只是针对股票投资，而是站在全球视野的角度，对各种资产配置做出了深刻的阐述，是一本投资界里的“百科全书”。此书通篇只有 200 多页，分为 20 章，每章都阐述一个投资理念，最后总结出投资中最重要的 18 件事，尤其书中对风险的认识和对周期的理解，令人深思。书中句句都是精华，需要慢慢品味，这是一本需要反复阅读的好书。

《爵士的金砖》

作者：约翰·邓普顿

推荐理由：本书的作者约翰·邓普顿爵士是邓普顿基金集团的创始人，被誉为全球最具智慧、最受尊崇的投资者之一。他被美国《福布斯》杂志称为“环球投资之父”及“历史上最成功的基金经理之一”。作为金融界的一个有传奇色彩的人物，他是全球投资的先锋。邓普顿共同基金曾经为全球投资者带来了数十亿美元的收益。2006 年，他被美国《纽约时报》评选为“20 世纪全球十大顶尖基金经理人”。

本书中既有邓普顿爵士对于投资的人生感言，又有其投资风格的智慧总结；不论是投资哲学，抑或投资心得，对于投资者来说，这些都是一笔无价的财富。

书名:《道德经》

作者：老子

推荐理由:《道德经》是一部讲述规律的书，如果能读懂、读透本书，加之有足够的生活阅历与悟性，对各种事物发展演变的规律也就能够逐渐参透。要做好证券投资，同样离不开对证券市场的各种规律学习、理解、掌握与运用。如果我们大家能够明其“道”，厚其“德”，自然能做到灾祸远离、天下无难事，当然也包括投资这件事。历史上功成名就同时又能善始善终的名臣，如范蠡、张良、曾国藩等，无一不是“道”家高手。就本书的内涵、它在人类文化史中地位以及这本书对于投资与人生的重大意义而言，无论从哪一角度本书都理应被强力推荐。

THE EVOLUTION OF HEDGE FUND

第二部分

对冲风云
百家争鸣的先锋

THE
EVOLUTION OF
HEDGE FUND

如果说早期的私募机构更多停留在机制的革新上，那么随着更多投资精英的加盟、交易工具的完善，私募投资策略也呈现百花齐放的态势。股票多头策略占比逐渐下降，取而代之的是多空操作的普及，债券、期货、套利、宏观对冲等策略不断涌现出试水的先行者，在激荡的行业格局变幻中站稳脚跟。此时的私募基金方可称为真正的“对冲基金”。

THE
EVOLUTION OF
HEDGE FUND

12

捕捉基本面主升浪

和聚投资的价值攻守框架

“和者聚也”。北京和聚投资管理有限公司（简称“北京和聚投资”）自 2009 年成立以来，专注于中国证券市场的研究和投资，致力于发掘最有增长潜力的股票，聚集了一批专业并且热爱投资的人士，打造了一个倾力于人和的投资管理平台。

在努力及市场行情配合下，北京和聚投资的管理规模实现了重大突破，截至 2014 年，公司管理规模突破了 50 亿元。当 2015 年牛市来临时，北京和聚投资脱颖而出，规模再次扩大，业绩行业领先，这些都跟之前的努力和积累分不开。

创始人李泽刚是金融财务科班出身，在公募基金工作 8 年，从研究员到基金经理，再到辞职创办北京和聚投资，对公司、产业研究的热爱是他一路走来的原动力。在公募做基金经理时，李泽刚虽然管理过上百亿规模的基金产品，但他希望能更为独立、更为主动地去施展拳脚。

2008 年全球金融风暴来临，李泽刚看到了其中蕴含的机遇，于是在 2009 年年初递交了辞呈，创办了北京和聚投资。创业之初的合伙人曹欣欣也来自公募基金，跟随李泽刚开启私募事业。当时公司家徒四壁，办公条件非常简陋，大家收入也低，一起创业的小伙伴们志同道合，共同抱着做一番事业的心愿而走向私募基金的舞台。

公司刚成立一年多，市场就进入了一轮熊市，私募机构的业绩纷纷受挫。对银行渠道来说，由于 2010 年大规模投向私募，客户净值纷纷受到损失，有银行因此把整个部门裁掉。在此之后，私募行业进入了寒冬，北京和聚投资也感同身受。在后续几年中，公司管理的资金规模都维持在 10 亿元左右。

在经历 2010—2011 年的艰难期后，北京和聚投资在 2012 年迎来了发展过程中的一大事件——于军博士加盟。李泽刚和于军二人同是交运行业研究出身，对专业的热爱让他们保持了十多年的友谊。在此后的研究生涯中，李泽刚经常与于军这位行业专家探讨交运行业的相关问题。李泽刚与于军早年间的互相欣赏，为后续二人间的深度合作奠定了基础。

于军的加盟，给北京和聚投资带来了两大资源：不同的研究视角和相当丰富的研究资源。于军在中信证券对交通运输行业做了多年的深入研究，称得上是交运研究第一人；同时其在宏观领域也有较深造诣，进一步完善了北京和聚投资的宏观研究框架；此外，得益于于军在券商行业多年的积累，他的加盟也给北京和聚投资带来了大量的外部研究及分析师资源。

李泽刚擅长选股，对公司研究非常深入，能看到公司独特的闪光点；而于军做产业研究出身，视野开阔，擅长自上而下选股和大类资产投资时钟的研判，对宏观方向把握准确，同时对政策研究得很深入。二人各有特长，合作互补。虽然二人各自独立管理产品，互不干预，但是在方向的判断上，二人互相讨论，交流看法，完善了各自的视角。

在北京和聚投资内部员工看来，于军不仅慈眉善目，十分和善，而且在投资中沉稳、冷静，总能给团队带来力量，酷似《灌篮高手》中湘北篮球队的安西教练，于是员工私下喜欢称呼他为“安西教练”。“于总是一位不拘小节但却十分专注的人。他之前经常背的电脑包，因为用了很长时间早已磨损，还是某次在一个会议上，组织方赠送了一个电脑包，于总才换下来。”北京和聚投资内部同事回忆说，但于军在研究和投资上相当专注和严谨。

熊市的几年也正是业绩积累的挑战期，北京和聚投资专心修炼内功，跟渠道保持积极沟通，在研究上深入钻研。直到 2013 年四季度，北京和聚投资判断 A 股市场即将迎来牛市，积极和各渠道沟通，迎接市场的底部机会。据市场人员回忆，2014 年是李泽刚创办北京和聚投资以来参加路演最为频繁的一年。

通过“运动战”，把握价值投资的机会

从深度思考到系统思维

投资是一门科学，也是一门艺术。**它既需要严谨的逻辑，精准的模型，处理大量数据并去伪存真，同时也需要那么一点点的灵感。更确切一点，与其说是灵感，不如说是长期浸润资本市场，深度思考化后形成的系统思维。**北京和聚投资推崇在整体框架思维下，进行组合构建和寻找投资机会，而这个整体框架背后是和聚投资作为管理人对市场的理解程度。

深度思考也即是对行业和公司的深度研究。业内公认，北京和聚投资对公司的研究非常透彻，这种投资逻辑是建立在整体框架思维下。猜测宏观和市场的短期走势不是公司的强项，而每天在市场中和无数聪明的头脑进行短线博弈更是胜率很低的事情。对于投研团队来说，日常工作不是在办公室里看 K 线图，而是离开办公室走出去做产业、企业研究以及股价波动背后的逻辑研究，研究员划不出日 K 线，但希望可以划出重点品种不断向上的月 K 线。正是基于对行业、公司的深度研究，在投资决策上，北京和聚投资以“稳、准、狠”著称，平时审慎防守，精选个股，一旦机会出现便果断出击。**尤其对重点关注、持续跟踪的股票而言，当股价有驱动因素时，得益于前期的深入研究，投资经理会积极把握来自基本面的主升浪，享受“$\alpha+\beta$”的收益。**

与深度思考相对应的投资哲学是北京和聚投资坚持有所为、有所不为，因为不可能在所有领域都达到深度思考的程度，这决定了北京和聚投资会限定投资的能力边界，宁可错过也不要犯随意投资的错误，尤其是不能犯大错。

北京和聚投资创始人李泽刚也是投资品种研究专家，作为财务管理科班出身的基金经理，他在“估值”上非常精通。**他热爱研究投资品种背后的逻辑，认为市场的非有效性会长期存在，深度思考可以创造核心价值，并利用市场产生的情绪波动增加锦上添花的配置价值，因此这些金融工具价格的波动经常会带来系统性的套利或低估机会。**例如，李泽刚研究生时的毕业论文写的是可转换债券，后来在公募基

金工作期间，他主导搭建了可转换债券的投资定价模型。他认为可转换债券其实不是简单债券加权证，每个条款都对交易工具的估价产生具体影响，而且各个条款之间也有相应的逻辑关系。这些条款背后反映的是发行人、投资人以及原有股东三者之间的博弈。不只是可转换债，包括可交换债、分级基金等，其道理也是相通的。

利用价值投资发掘十倍股

北京和聚投资的投资理念本质上是多头思维，公司对投资充满激情，有着革命的乐观主义精神，有着严谨钻研的态度，有着执着坚持的理念，李泽刚先生深信这是一个孕育伟大中国企业的时代，也是做投资最好的时代。依赖丰富的财务和金融经验，李泽刚评估公司价值也有一套自己的方法。经历从公募到私募的 16 年投资实践打磨后，他逐渐形成了以价值投资为基础，在兼顾价值与成长的基础上更偏向于成长股的风格，努力寻找伴随行业成长能够不断壮大的细分行业龙头公司，做时间与周期的朋友，做伟大企业的朋友。

北京和聚投资认为，价值规律仍是中国证券市场运行的基本规律，上市公司的内在价值决定其股价的长期趋势，而同时外部环境又显著影响价格的运行节奏和过程。故价值规律在中国 A 股市场上有着独特的表现方式。**北京和聚投资理解的价值投资，即以研究基本面为重心，深入调研公司基本面、产业背景，同时分析不同资产类别的趋势和节奏，把握投资时钟的轮动规律。**首先，公司会根据经济转型期“周期股的阶段性与成长股的持续性”特征，自上而下地确定重点投资方向，方向比努力更重要。然后，在方向确定的基础上，深度挖掘重点品种。最后再结合个股估值，资本市场的运行规律，寻找市场最有利的交易窗口，果断出击，同时牢记核心收益来自于被投资企业自身的成长价值。公司尤其善于寻找市场中的成长股和基本面发生较大变化的转机股，这些股票往往市值中等，行业竞争力强，有些是子行业的龙头。在个股基本面发生重大变化时切入，此时的股票爆发力很强。

通过回顾 A 股市场几次大行情中从黑马成长为白马的几只具有代表性的大牛股，研究其经济模式、技术以及制度的转换，北京和聚投资将这些大牛股背后的推动因素归纳为“五新”，包括新生活、新经济、新模式、新技术、新制度。它认为，长期而言，创新是驱动大牛股的“唯一”动力，而不是“之一”；短期来看，政策收缩主要针对传统旧模式产业，而其对新经济模式将毫不犹豫地扶持，新兴产业领域正在成为经济增长和政策鼓励双向共振的最大受益者。

北京和聚投资一直努力寻找 Tenbagger，即 10 倍涨幅的股票。**它认为，随着经济进入新常态，A 股波动率将显著下降，市场的系统性机会将减少，获取超额收益的关键更多源于个股选择，根据未来产业发展的趋势，考虑政策导向，才可能有较大概率找到黑马股。**

相比较于其他经济体而言，中国经济的持续快速增长为企业提供了极其广阔的市场空间，这是产生 Tenbagger 的肥沃土壤，创新经济板块则更有希望批量产生 Tenbagger，成为股价可能翻番的优秀投资标的。**在这些创新经济板块下，有望成为 Tenbagger 的公司应当具备以下共同特质：“轻资产”“竞争性的蓝海领域”和“高毛利、高杠杆的现金流”**。其中，“轻资产”是经营模式的变革，其赋予企业增长的弹性和灵活性；“竞争性蓝海领域”则要求企业不断创新，前瞻性地发现新的增长空间；“高毛利、高杠杆的现金流”则是从盈利能力、扩张速度以及经营稳健性等方面对成长股提出的要求。

此外，在找到有潜力的公司之后，北京和聚投资还会结合其他方面进行综合判断。例如，从趋势角度来说，无论宏观层面还是行业、板块层面，企业是否在做顺势而为的事情；从团队角度来，是否有战略判断力和强大的执行力；从价格角度来说，是否足够合理。

长期布局国投电力

2012 年年初，北京和聚投资重仓买进国投电力，持有两年，到 2014 年下半年收益丰厚。期间，国投电力股价上涨了 120%，超越同期上证综指 130%（上证综指下跌了 10%）。

当时北京和聚投资对国投电力进行重点投资的原因主要有：

1. 公司拥有雅砻江水电的开发权，项目持续在建中，雅砻江资源禀赋优异，潜在价值极为突出。北京和聚投资尤其看好公司水电的资产价值，重点对雅砻江水电的潜在价值进行了客观评估，考虑了水电装机投产进度、资本开支、财务成本、雅砻江水电的上网电价定价机制等驱动要素。北京和聚投资预计截至2015年公司权益装机容量为2011年权益装机容量的1.76倍。由于水电公司的业绩高峰滞后于规模扩张高峰，水电的盈利和价值将在中长期内持续体现。

2. 北京和聚投资基于对各种价格驱动要素的分析，对国投电力进行了评估。经测算国投电力只有3倍多的远期市盈率，并处在现金流很好的非周期性行业中，这样低估的情况非常少见。结论很清楚，当时公司的潜在价值被市场严重低估，并且业绩的拐点即将出现。

2012年下半年，煤炭价格快速下跌，公司火电业务的盈利能力显著改善，公司股价脱离底部区域。2012年12月，雅砻江水电收获了政策红利，在电价、电量、资本开支等基本要素明确后，公司的盈利预期和内在价值被市场认可，股价开始持续上涨。2014年6月，国投电力再获政策红利——为继续鼓励大型水电开发，国家给予大型水电增值税退税优惠。公司下属的雅砻江水电、大朝山水电受益于此政策，盈利能力再获提升。2014年以后，国投电力经营状态良好，业绩释放，市场对公司的认知也越来越深入。此时，北京和聚投资认为公司的业绩趋势以及价值得到市场的认可和体现，便逐步退出，兑现收益。

投资策略注重攻守兼备

在北京和聚投资眼中，选股完成的只是第一步，而投资则好比“战役”，需要攻守兼备，攻是制胜法宝，守是前提：

◎ 攻，即坚守价值，主动管理创造超额收益。以价值投资为基础，依托深入的基本面研究，主动寻找价值被低估的强势企业，动态调整，打造组合的阿尔法收益。

◎ 守，即多策略对冲，控制净值波动风险。组合上重视类别资产的均衡配置，品种上谨慎测算价格的安全边际。考虑到A股市场的剧烈波动特征，公司还引入各类交易工具，尽量降低净值的波动率。

李泽刚形象地将投资比喻为下围棋，每一只股票都是棋盘上的棋子，有的在进攻，有的在防御，有的在当前锋，有的在做后卫，但其间是相互呼应的关系。要从整体、大的框架去思考每只股票的定位，在组合中进行排兵布阵。组合中的均衡很重要，不能让所有的棋子都来做前锋，也不能所有棋子都在防御当守门员。因此，组合不是简简单单选一批重仓股就可以，要服从整个投资的战略方向。

攻守之间，“动态”排兵布阵

2016 年，PPP 主题迸发。国家政策逐步推进，加之资产证券化和地方政府政策层面的催化剂，使得该主题下的个股具备进攻性，能提供超额回报，可以成为重仓配置的标的。PPP 项目投资相关的领域具体包括基建、园林、环保、轨道交通等。

当经济出现阶段性向下波动时，由于 PPP 项目投资具备逆周期属性，再次成为北京和聚投资重点配置的方向。此时与 PPP 相关的投资标的不仅扮演前锋，也具有组合防御的作用。

在北京和聚投资看来，股票有周期性，有板块的轮动，有行业景气度的切换，有大小盘风格的转换。因此，管理人要评估周期的变化，“打运动战”。**不同于公募基金的配置思维，李泽刚做私募一直在寻找比现有投资组合更优化的方案，而且时刻在用逆向的眼光去评估现有的组合。**给现有的组合不断寻找优化途径，这一直是北京和聚投资非常重视的一环。

从具体操作来看，李泽刚表示打“运动战”需要对行业进行比较，关注行业轮换、景气度变化等，要考虑股票市场本身运行的节奏和规律，努力寻找下一个风口，尽量做大概率的决策。**同时，不追逐市场热点，市场关注度过高的时候，李泽刚反而采取回避态度，让热市场中的冷思考成为本能。**

聚人聚力：群英荟萃，共谋“大事”

“和者聚也”，北京和聚投资的名字里就体现着其对人才的态度。北京和聚投资是一个倾力于人和的公司，一直努力搭建一个平台，让最专业、最优秀的志同道合之士进来，做自己最擅长的事。人才是私募团队的核心竞争力。当前北京和聚投资总人数 50 多人，核心骨干均来自主流金融机构，在专业领域有多年从业经验。公司内部分工清晰，分布式决策机制已经成型，各部门形成了较为独立的决策单元。在目标管理的构架下，投研、交易、风控、市场都有独立的决策机制，保障整个公司运行顺畅。

羽翼渐丰——新财富分析师助力，头脑风暴拼实力

几年下来，北京和聚投资逐步建立了投研一体的高效决策机制，由基金经理全面负责。李泽刚和于军二人为主要基金经理，其中 4 位首席分析师均曾获得新财富最佳分析师荣誉，这种豪华配置在私募行业是少见的，也证明了北京和聚投资打造精英团队的强烈意愿及持续投入，力争为投资人管理创造一流投资业绩的态度。投研一体的制度下，北京和聚投资授予了更多的权限给分析师，要求分析师在各自战线上独立判断和决策，能够前瞻性地预判行业和公司未来几年的发展趋势，以能够实现确定性的绝对收益为研究导向。李泽刚很有自信地说道："我们对于自己的投研团队充满信心。"

北京和聚投资内部的讨论经常非常激烈。投研团队对公司和产业的钻研非常深入，崇尚研究带来价值。在内部讨论会上，分析师介绍自己看好的标的，努力说服其他人，而其他人从各个角度提出质疑。对于投资标的中蕴藏的机遇往往很容易达成一致，但是其中的风险点往往不易发觉，这样一来一回的思维碰撞，许多以前没有注意的盲点也就容易暴露出来，大大降低了投资的风险。

与此同时，北京和聚投资还建立了股票池机制。若投资经理和分析师对某只股票一致看好，便纳入核心股票池；如果投研团队对推荐的个股意见存在一定分歧，公司会将标的纳入一般股票池，并持续跟踪研究。通过这种方式公司会给推荐与反对双方均施以一定压力，在决策时更加慎重。

此外，在获取外部研究服务方面，北京和聚投资集中资源，筛选了一批研究能

力强、机制好的外部分析师团队，并与其深度合作，从日常晨会路演到调研的沟通都非常频繁。

布局港股——海外投资的主战场

在新业务线的布局上，北京和聚投资表现出积极创新的一面，不失时机完善自己的产品线，在 2017 年也发行了港股产品。

布局港股，一是因为看好港股中长期的投资机会；另一方面也是北京和聚投资进行海外投资布局的第一步。“我们按照 A+ 的发展策略，积极布局新的战线。量化是这样，港股也是这样，”北京和聚投资高管曹欣欣如是说，“致力于打造顶尖的投资团队和投资业绩，成为投资者可以长期信赖的资产管理机构是北京和聚投资的愿景，不仅包括 A 股市场，也包括基本面在大陆的港股，以及其他策略产品线，比如量化。”

全流程风险管理——建立行之有效的风控体系

公募的背景使得北京和聚投资的合规意识成为一种本能，公司在投前、投中、投后各环节都对风险控制很重视，事前风控更是其核心。北京和聚投资每年都会做内部的巡视和监察，筛查内部管理漏洞。在内部控制上，在投资、运营的各个方面均设置了相应的红线、黄线，划定严格、清晰的边界。同时，北京和聚投资不做自营投资，产品不做结构化，注重风险预算，在环境出现不利变化后依然有能力和空间来应对。

活着，才能分享剩下的财富

越跌越买并不意味着风控的缺失。相反，不管是投资决策还是公司管理，投资向来留有余地。“时常提醒自己，决策一定要先做好‘风险预算’——金融的本质是风险管理，不在于你一时挣多少钱，到最后是比谁还活着，道理很简单，硝烟过后，剩下的财富将由活着的人分享。”

在这一思维体系下，李泽刚认为决策必须要进行风险预算，如果你没有相应的准备，就不要轻易地去下决定。其次是遵守投资纪律，“投资是有纪律的，我们单个板块、个股持仓比例、股指期货头寸都有明确规定。而规定背后，我们都需要做详细深入的全局测算”。

在帮助客户实现价值增值的目标下，管理人有责任保护客户利益不受侵害。建立全面的内部风控体系，在保障投资过程中产品净值波动较小的同时，又能最大程度发挥自己选股的优势。目前，北京和聚投资的风控体系主要体现在三个方面：

◎ 事前风控：内部制定了比产品合同更加严格的量化指标，强调边界规则，包括但不限于个股、行业持仓集中度等。

◎ 事中风控：建立了风险提醒机制，当产品净值向下波动超过规定的阈值，公司的风控人员就会向投研人员发出警示，以提醒团队进行再决策，必要时发起召开临时风控会，集中决策。

◎ 事后风控：合规风控部每天都会在交易结束时对各产品组合的交易执行、持仓比例进行复核检查，对于存在问题的产品向交易人员发出警示并督促整改。

对于北京和聚投资来说，形成现如今的风控体系也是经过了一个过程，历史上公司也有过教训。2011 年以前，北京和聚投资的风险控制主要体现在公司的运营和合规方面，产品方面涉及不多，在产品方面一般要求严格按照产品合同执行，只要没有碰触到预警、止损、清盘等最低底线即可。2011 年，市场股债双杀，而且是单边下跌，北京和聚投资保持着较高仓位，截至当年 8 月，业绩良好，甚至还创了新高。下半年股市持续大跌，产品由于高仓位而发生了较大幅度补跌，净值回撤超过了 20%。随后公司进一步完善了风控体系，尽管之后几年资本市场的波动仍然较大，但在 2012 年以后，公司基金产品的净值波动总体控制良好。此外，在组合配置层面公司也做了调整，2011 年之后更加重视分散配置来降低投资组合的风险。这样即使某只股票失误，整个组合也不至于受到太大影响。

后记

历经 9 年多的发展，北京和聚投资已经成为国内私募行业较有影响力的团队。在产品线上，随着投资策略以及团队的不断成熟，公司也开始向新的领域拓展。2016 年以前，北京和聚投资旗下以 A 股策略产品为主；2017 年，开始布局港股，独立发行港股产品；2017 年，量化领域也开始布局，准备逐步在量化领域也建立自己的业绩品牌。

同时，随着公司发展逐步走向稳定，北京和聚投资开始更加重视服务质量。在北京和聚投资看来，公司发展到当前阶段，客户服务的重要性要高于拓展。在与投资人的沟通上，由以前的每季度沟通一次变成了每月、每周传递投资动态，在一些极端情况出现时，也会及时出具相应报告。同时，北京和聚投资还每半年定期通过现场或者视频沟通等更加直接的方式，向投资人汇报最新投资策略。

对北京和聚投资而言，过去经历的喜悦和挫折都是他们创业路上不可多得的财富，而他们一直以来的坚守以及在挫折面前的韧性最终成就了今日的成绩。在北京和聚投资团队眼中，作为私募管理人永远没有终点。未来，北京和聚投资也将继续怀揣着对市场的敬畏之心砥砺前行。

THE
EVOLUTION OF
HEDGE FUND

13

“固定收益+”策略

乐瑞资产的低风险投资之路

“乐瑞”源自于“low-risk”的音译，这个名称可谓直抒胸臆。“低风险”三字被嵌入乐瑞资产的名字当中，也融入了乐瑞人的血液。北京乐瑞资产管理有限公司（简称“乐瑞资产”）自 2011 年成立后，自始至终定位为服务机构投资者，追求稳定的长期回报。为实现这个目标，乐瑞资产聚焦大类资产配置，建立闭环式风控体系，构建团队争冠思维，不断迭代。短短 6 年时间，乐瑞资产管理规模已超 200 亿元，成为私募行业在服务机构投资领域的排头兵。

与“一根大阳线改变人生”不同，乐瑞资产成立的 2011 年，恰逢债券熊市。不过，其创始人唐毅亭并不介怀，资产管理是一辈子的事业，苦尽甘来终有时。

2007 年，银行理财业务蓬勃发展，规模迅速扩张，爆发大量的投资需求，尤其是对低风险投资的需求。当时，在农业银行做了 12 年债券投资交易的唐毅亭敏感地发现了其中的机会。他认为，这一趋势会带动对债券投资专业化管理的需求。于是，唐毅亭转投安信证券门下，任总裁助理，先后负责资产管理部和债券业务部。

他通过研究发现，资产管理行业即将迎来上下游并起的行业细分发展风口，上游是财富管理机构，下游是各类投资管理公司。时值 2011 年，上游的财富管理机构已经展现爆发式发展势头，下游专注于投资的私募机构迎来历史发展机遇就顺理成章了。

于是，唐毅亭走上私募创业路，他和老搭档张煜共同创办了一家以债券投资为主的私募公司——乐瑞资产，专注低风险投资，开创了中国债券私募基金细分领域的行业先河。唐毅亭认为，做私募要做一个商业业态，需要建立长期视角的专业价值根基。在资管行业存在大量稳健配置的需求时，打造一家以低风险投资为目标、以机构客户为服务对象、以债券投资为特色的公司，就成了顺应市场发展趋势的事，同时它也推动了中国资产管理行业细分领域的专业化进程。

乐瑞资产成立初期，面临的最大困难是行业认知度问题。当时，股票私募经过几年的宣传，有了一定的市场认知度，而债券私募却是全新的事物，这种状态持续了将近一年的时间。当时，为了避免不停地被同业问及并排疑解惑，唐毅亭既不参加同业聚会，也不进行同业营销，闭门谢客，专注投研。同时，创业初期也需要解决一系列繁琐问题，包括财务规划、办公场所选择、人员招聘、业务拓展等各个方面，生存压力一直重若泰山。好在资产管理行业发展较快，债券私募也逐渐被行业接受，这才开启了乐瑞资产的后续稳健发展之路。

乐瑞资产以 10 亿元规模起家，发展到 2017 年，规模已经超过 200 亿元。在这个过程中，其管理规模同业绩曲线一样，也是稳步增长的。究其原因，主要源于其将客户聚焦于机构投资者。

机构客户与个人高净值客户的风格偏好差异很大，注重利在长远。基于长期合作共赢的价值观，对待任何事，乐瑞资产的态度都是先苦后甜，将麻烦的事放在前面做，业务的事顺其自然。例如，乐瑞资产跟很多机构投资者在开展业务前，就已经和这些机构建立长期业务沟通机制，提供各项增值服务，包括债券投资、宏观配置、信用评级筛查工具等专业咨询支持。因为唐毅亭相信，当机构投资者认可你的人品、能力时，业务需求时机成熟时自然会找你合作。

与客户进行充分沟通，也是乐瑞资产非常坚持的一点。在投资时尊重客户选择，并及时沟通双方的想法，尽力达成一致，而不是为了保规模、保业绩做出不实承诺，这是乐瑞资产始终坚持的。2016 年，乐瑞资产与市场委外资金高速增长的繁荣景象背道相驰，资产管理规模不增反减。让人难以想象的是，这个过程是乐瑞资产主动推进的。当时，整个债券市场的平均收益率低到 3%～3.5% 的水平，跟一般机构客户要求的收益目标（4.5%～5%）形成明显的收益倒挂。乐瑞资产认为，如果要达到 5% 的目标，客户就得承担更多额外的风险，包括信用风险、久期风险等，这样投资风险收益比过低，明显不划算。因而，公司一方面不再接受新的委托资金，另一方面对于已经存续的管理资金，主动将市场情况和乐瑞观点与客户沟通，静待产品自然到期清算，未到期的产品也大幅降低投资组合的久期，提高现金仓位，从而从容应对年底如期而至的债灾行情。

对于规模的大小，乐瑞资产并未有太多的要求，它相信只要把本职工作做好，每经过一轮周期，自然会获得更好的发展空间。故而，乐瑞资产从来没有通过主动营销去增加规模。6 年来，公司的管理规模逐渐稳健增长，都是水到渠成的。

大类资产配置的艺术

乐瑞资产起步于债券策略，但很快唐毅亭就意识到单一策略的不足。为了真正实现低风险的投资目标，公司并行拓展了宏观对冲策略，并在对比国内外成熟策略和经过反复的实践后，摸索出了中国特色的“固定收益 +”策略，再次从投资端开创了低风险宏观对冲投资策略的先河。

西蒙斯、巴菲特与索罗斯

自 1998 年第一家公募基金成立以来，我国资产管理行业发展不过二十载，而海外发达国家却有几十年的发展历史，也形成了很多成熟的投资哲学，成为国内资管机构借鉴和学习的对象。在乐瑞资产看来，在国外取得优秀的长期业绩且在国内知名度非常高的投资哲学有三类，分别以西蒙斯、巴菲特和索罗斯为代表。这些理念不分好坏，均有自身适应的市场。

西蒙斯的量化策略对外界来说是一个黑匣子，没有任何对外公开的信息，不容易学习和复制。**巴菲特和索罗斯的投资策略则有个共同的认知，跟传统金融工程和教科书讲授的不同，他们认为市场是会犯错的。不过，面对市场犯错时他们的处理方式非常不同。**巴菲特的处理方式是“自下而上”地判断证券的内在价值，当价格严重低于内在价值时，就选择买入，反之卖出，并配合分散化的投资组合来获得高回报，避免自身在内在价值判断和认知上出现错误。索罗斯则强调“自上而下”地分析宏观经济状态以及未来市场走势，他强调市场会犯错，但自己也未必是对的，所以需要通过头寸去不断调试，测试自身看法与市场发展是否一致。如果他的判断与市场走势配合度高，就会加大仓位，反之削减仓位，甚至会直接认错。

“高波动”催生宏观资产配置

乐瑞资产的投资理念源于大师，又有所不同。其通过“自上而下”的思考，挑选最优性价比的资产加以集中持有，并通过资产之间的轮动和切换来获得稳健的低风险回报。**具体而言，就是通过“自上而下”的研究，判断不同的经济金融状况和政策环境，进而形成对不同资产类别的认知；从中挑选下行风险较小、上行收益较大，即风险收益比好的资产类别，通过集中投资来获取回报。**如果在投资过程中，这种方式形成的想法跟资产类别的发展、市场价格不对称，乐瑞资产则会随时调整思路。

之所以形成这样的投资理念，主要源于两方面因素：公司目标和国内市场的“高波动”特征。一方面，乐瑞资产成立之初就把公司的收益目标定位于追求稳定的长期投资回报，而不是高额的短期投资回报，这种投资手法适合于乐瑞资产的主要客户，即机构投资者的需求。另一方面，从过去来看，中国经济的一大特点是波动大，进而导致跟经济相关的股票、债券、大宗商品等资产的价格波动也较大，系统性风险频繁在不同资产类别上发生，例如 2015 年的股市、2016 年年底的债市。**实际上，各类资产均有牛熊周期，即便是投资债券市场，中长期来看能够获得 6% ~ 7% 的回报，但中间的波动可能也会非常大，很难保持业绩的稳定，这是不符合机构投资者要求的。**为解决这些问题，乐瑞资产在经过深度思考后，选择采用大类资产配置的方式，即在资产之间优中选优，不断切换，来得到稳定的投资回报。

回顾乐瑞资产的过往操作，大类资产轮动的痕迹非常明显。例如，2013 年它把债券变现，而 2014 年年初又开始买入债券，接着在 2014 年下半年开始重仓股票资产。

“固定收益 +”策略

资产配置的有效性毋庸置疑，目前所有的研究文献都得出资产配置决定资产组合回报率的结论，许多知名机构也都在运用这一理念。然而，知易行难，面对市场环境的变化，如何寻求最佳解决方案，是乐瑞资产一直在思考的问题。早在 2011 年，乐瑞资产便率先将“固定收益 +”应用于投资，如今，这一概念已经常常被资产管理人挂在嘴边，成为一个较常使用的资产配置方法。

所谓“固定收益 +”，就是当新产品成立后，先做固定收益投资，获得一定回报后再逐步投资相对高风险、高贝塔的资产，使整个资金曲线尽可能保持平稳增长。彼时，很少有机构同时覆盖股票、债券等多类资产，乐瑞资产推陈出新，在私募领域快人一步，取得了相对的竞争优势。

然而，乐瑞人并未就此止步。未来随着经济波动率的降低，竞争将加剧，乐瑞资产认为，公司目前这套投资体系并非始终有效，还需要根据市场变化而调整。从这个角度出发，乐瑞资产做了两件事。第一件事是**向二级资产下沉。除大类资产的轮动外，二级资产同样有此消彼长的关系，故而，在保持大类资产配置的前提下，公司继续下钻到二级资产层面，在二级资产中寻找极端、性价比好的投资机会。**例如，大类资产中的股票，从二级资产角度可以分为大盘股、小盘股，也可以分为低市盈率、中市盈率、高市盈率，还可以按照行业来分，各个细分类别均可以进行二级资产层面的资产轮动。**第二件事是吸纳数据驱动的量化方式。在大类资产配置的技术方面，乐瑞资产不再停留在完全的人工决策层面，而是开始吸收全新的数据驱动的量化方式。**公司建立了备受业内推崇的债券信用评级模型，同时把人工智能和数据驱动融入研究环节，从广度和深度上立体化，进一步发展大类资产配置的方法和理念。

格上财富：与其他机构相比，乐瑞资产的债券信用评级模型有哪些优势?

乐瑞资产：评级及时全面，行业研究更深刻。

首先，乐瑞资产的评级模型可以及时、全面地挖掘和处理大量原始数据。当季报公布后，乐瑞资产的模型就会自动产生全部发行主体的量化评级结果。

这些信息在初期因为没有被市场挖掘和关注，是非常有用的。例如，钢铁行业发债公司有20多家，逐个判断好坏难度很大，而通过乐瑞资产的模型，使用数据化处理方式就可以大大减轻工作量。目前，债市的发行主体有几千个，乐瑞资产拥有的200多亿元资产又涉及到数百个债券品种，涵盖的发行主体可能有上千个，通过人工方式关注它们的变化难度非常大，而通过模型的方式就可以轻松实现。

其次，乐瑞资产对行业研究和调研非常深入。基于长期的深度数据发掘和紧密跟踪，乐瑞资产的研究团队通常可以对个券形成自己的逻辑，再通过信用模型提炼出逻辑中的关键数据依据，最终带着问题到现场与发债公司进行确认，进而验证判断，做出投资决策。通常，乐瑞资产的研究员在现场提出的问题与其他人差别较大，经常是同业不太关注的信息点，但往往能切中发债公司的要害。

格上财富：除债券市场外，如何实现在其他领域的投资优势？

乐瑞资产：将个体资产抽象上升为类别资产的投研分析体系。

乐瑞资产坦言，完全自下而上看一家公司或者股票并不是自己具有竞争力的领域，但是，将资产上升到宏观或行业层面，抽象出来变成一类资产去分析，就是乐瑞资产的强项了。拿股票为例，宏观上，它的涨跌无非受两个因素的影响：一个是流动性，另一个是业绩增长情况，而业绩增长又跟国家的宏观波动紧密相关。因此，如果把股票看作一类宏观资产，观察整体夏普比和波动性的变化情况，就可以知道这类资产在资产配置里面所起的作用，以及如何进行再平衡。

人工智能离投资远吗

乐瑞资产认为，资产管理行业是一个竞技平台，各家机构是“八仙过海，各显神通”，都在不断探索能为客户带来最佳回报的投资策略。其中，人工智能（AI）是一个相对较新的概念，对于追逐时代前沿的私募机构来说，乐瑞资产已经在思考将人工智能应用于投资的可能性。

数据驱动，重塑研究

乐瑞资产的 IT 和量化部门大约占了总员工数量的 20%，他们的任务就是建立自己的数据驱动研究体系。他们认为，人类的所有行动、组织架构、工作流程本质上就是一种算法，而我们每天的工作和进步都是在优化这个算法。对生活如此，对投资也是如此。

在进行研究时，乐瑞资产考虑的难点往往不是怎么研究，而是研究什么。AI 可以多维度进行数据挖掘，瞬间发现市场的问题和矛盾在哪，从而更好地提出问题。过去，投资规律一般依靠人工观察大量现象以后提出假设，然后再去验证，这个过程很慢，难度也较大。而 AI 可以通过穷举法，将每种可能都计算一遍，从思路上提供一个新的概念。乐瑞资产认为，将 AI 优势整合到研究过程中，将是对研究工作的巨大推动。

人工与 AI 相互配合，各司其职

在谈到 AI 能否取代投资经理时，唐毅亭认为，在投研活动中，AI 跟投资经理的关系目前仅进入到配合阶段，取代的难度还非常大。

AI 因不断优化算法，在特定规则下的特定领域，做得肯定会比人好。例如把车从 A 点开到 B 点，这个过程中规则是确定的，包括红绿灯规则、遇到车要躲避的规则等。不过，投资要解决的却是非特定领域或规则下的问题，规则会变，前提假设会变，那么单纯依靠 AI 来解决问题，难度就非常大。

例如，在 2013 年以前，用回购利率和通货膨胀率两个因素基本就能够预测国债收益率水平。然而，在 2013 年，模型不管用了。因为 2013 年外汇占款的增长大幅度降低，资金供给上出现问题，央行公开市场操作转而开始成为主要影响因素，这是两种不同的货币供给方式，需要制度上的变革，不能马上无缝链接，在转换过程中就出现了大的问题：资金供给不畅，产生钱荒，债券价格大幅下跌。

要在投资中真正取胜，靠的是更深入、有价值、有见地的认知研究。可以说，大家理念都是相似的，运用的数据也差不多，但投资需要判断数据的好坏，理解数据背后的宏观状况、经济状况，并把问题背后的、内在的、本质的问题抽象出来，才能得出正确的判断，这个时候人的能力明显要超过AI。

闭环式风控——最大程度降低风险

唐毅亭出身于银行体系，负责债券投资，骨子里存在低风险偏好基因，这使得乐瑞资产对风险也有着本能的厌恶。“低风险”是乐瑞资产名字的寓意，也是乐瑞资产的核心目标，它烙印在了每位员工的心上。

乐瑞资产的整个风控体系建立在公募标准和国际化标准上。追求国际化，是指重视国际投资者主要关注的三大方面：一是风险调整后收益，包括夏普比；二是透明性，产品的净值、绩效、规模等全面向投资者展示；三是一致性，保证旗下产品操作风格相对一致。虽然上述标准现在还不被业内广泛接受，但是乐瑞资产认为，随着私募行业的发展，这些方面必然会走向国际接轨的方向。

基于这些，乐瑞资产构建了一套闭环式风控体系，起点是高质量的决策，过程是全体系风控，终点是绩效归因分析，并指导后续决策。

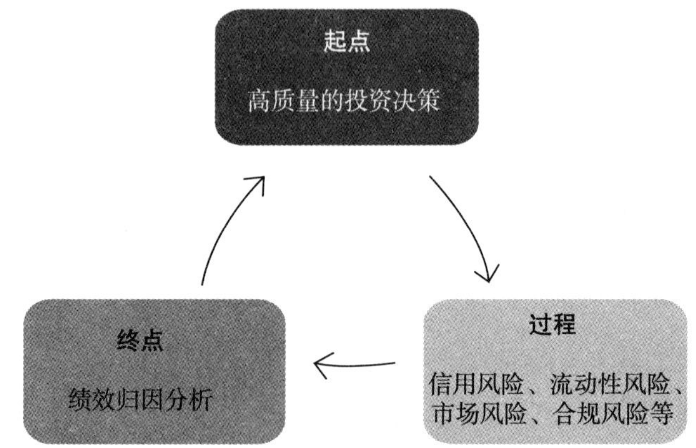

图 13-1　乐瑞资产的闭环式风控图

资料来源：乐瑞资产。

起点，高质量的投资决策

凡事预则立，不预则废，乐瑞资产把高质量的投资决策作为风控的前提。公司依照不同领域将投研团队分为 7 个小组，包括宏观、利率、信用、股票、商品、海外及另类等，他们根据自身研究得出最值得推荐的资产，在月度投策会上进行推荐和汇报。最终，由投决会根据汇总情况，结合自上而下的宏观经济判断，做出投资决策。

过程，合规是底线，全线布防

乐瑞资产的过程风控可谓全线布防，可以应对流动性风险、信用风险、市场风险、合规风险等。

首先，流动风险是第一位考虑的问题。乐瑞资产成立仅 6 年有余，就历经 2011 年交易所城投债危机、2013 年两次钱荒及 2016 债灾等数轮严峻考验。流动性管理事关生死。乐瑞资产的做法很简单：第一，把事情想在前面，通过研究，提前预测流动性紧张的可能情形，做好应对。第二，在投资组合上，把债券和产品的到期期限提前安排，尽量降低关键期限到期规模，避免季节性流动性紧张带来的问题；第三，建立可提供流动性储备的渠道，打造乐瑞资产的流动性管理金字招牌，以备急需。

其次，信用风险是债券投资面临的另一主要风险。乐瑞资产采用排雷原则，按照季度数据对发债主体进行逐个筛选，最后划出重点。如果是公司持仓的债券或是将要买入的债券，就再进一步做行业调研和定性分析，得出风险度，进而决定是否投资或是否清仓。

另外，还有合规风险和市场风险的控制。乐瑞资产的合规风控较为明确，基本原则是向公募靠齐，包括各项投资、销售红线，合规一票否决制等。另外，市场风险一旦发生，乐瑞资产会首先寻找基本面和投资决策中的问题，推算投资假设、逻辑是否有问题，如有问题及时止损，没问题则继续持有，但亏损仓位对产品净值的影响如果到达预定水平，则坚决启动止损机制。

终点 & 新起点，绩效归因分析

每月末，乐瑞资产的系统会自动给出绩效分析的结果，量化分析产品盈亏原因，从而验证之前的资产配置判断是否正确、策略效果是否明显，保障公司团队能够及时总结经验教训，从而对原有认知、模型进行完善和调整，修正后形成下一阶段的投资决策。

“王者荣耀”式高峰体验，激发争先思维

除了在投研上追求顶尖，在公司管理方面，乐瑞资产同样力争完善。在高管层面，乐瑞资产从起步之初便融合了两位志同道合的合伙人。唐毅亭和张煜是 10 余年的同事，在“应该先做人还是先做事”“懂得放弃”“让利”等理念上高度一致。同时，两人各有所长，一人负责运营，一人负责投研。平衡而稳定的搭配对公司稳步投资和运营起到了至关重要的作用。

同时，乐瑞资产强调工作中的高峰体验，核心团队稳定性极强，氛围非常团结。在唐毅亭看来，工作除了能够挣更多钱，更重要的还有能不能开心，能不能有高峰体验。很多人觉得打《王者荣耀》很爽，因为在团队合作中尽力拼搏，完胜对手，这个体验是无与伦比的。而乐瑞资产把它搬到了工作上来，使工作环境能带给团队人员积极向上的长期体验。

“红线”下的放权机制

对于有能力的员工，乐瑞资产很乐意去放权，并配备相应的人力物力，使其有充分发挥的余地。乐瑞资产认为，只有充分放权，人的积极性才能得到充分发挥。例如，乐瑞资产旗下的 IT 量化团队，一开始只有一两个人，现在有接近 10 人的配置，这是因为团队贡献多，管理能力强，资源自然向其倾斜，充分发挥他们的主观能动性。

乐瑞资产旗下共 11 位部门总监，风格各异，公司给予各部门总监的权力很大，他们可以自主决定事情怎么做，包括部门内是否充分放权，公司也不做干涉。而对

于授权过程中可能犯的错误，乐瑞资产把它分为“红线”和“非红线”。红线跟公募机构看齐，例如，公司要求员工及家属不得炒股、炒债、炒商品等，如果有配置资金，只能购买产品，一旦违规被发现就会开除处理。而对于非红线，例如看错了方向，投资有损失，则有很大的容错度，这样，员工的积极性才能得到充分的发挥。

乐瑞的“第一名”情结

唐毅亭在农业银行任职的最后 5 年里，所在的交易团队连年在银行间综合排名第一，交易、结算、公开市场等单项排名也是第一。创办乐瑞资产后，勇夺第一的风格也延续了下来。唐毅亭从来不要平庸的团队，而是希望员工有在行业内勇夺冠军的想法。乐瑞资产向员工传达的思想就是，只要你有梦想、有想法，相信自己，并不断努力，总是能做到第一名，无论是哪个层面的第一名。

例如，公司在决定建立量化信用评级系统时，并不因为当时市场上没有先例，就按照市场上原有的模式去做信评，而是思考未来的发展方向，考虑如何比市场领先，甚至推动整个行业的发展。公司在 AI 研究方面也是如此，虽然目前还没大的成效，但公司已经投入大量时间、精力、资源来支持 IT 量化团队解决这个问题。设立香港公司，也是公司预期到，中国的资本市场未来必然和海外接轨，而走出的重要一步。

想在市场前面，做在市场前面，全员强化冠军意识，始终是乐瑞资产的坚持。

从苦训、演练到真刀真枪上战场

在上战场前，一定要有充分的训练和演练。乐瑞资产针对内部员工有完善的培养机制，从内部培训到导师制度，从模拟盘制度到虚拟实盘制度，一应俱全。

首先，乐瑞资产设有内部思享会制度，对全体员工尤其新员工进行大量培训。思享会每周一两次，由内部资深总监或外部资深从业者主讲。对于员工来讲，既学习了知识，也促进了专业的提高。

其次，乐瑞资产有导师制度，为每位员工提供职业发展路径规划。因每个人擅长的领域、喜好、兴趣、特长都不一样，新人加入乐瑞资产以后，公司会实时跟每位员工沟通,共同定下其自身的专业发展路径。乐瑞资产相信,必须盯住一个点钻研，才能做到行业前列，未来公司给予该员工的培训、激励也都是围绕这一点展开。

再次，乐瑞资产有模拟盘制度，公司为此还专门开发模拟盘系统，并提倡全员参与，每半年会对业绩居前的同事给予奖励。

最后，重要的是实盘制度。研究员按照资产类别分为股票、债券、商品等几个小组，每个小组都会有实盘操作权限。员工在额度权限内可以全权主导，自主操作，最终真正提高其投研能力。

THE
EVOLUTION OF
HEDGE FUND

乐瑞经验谈

作为老牌私募机构，随着行业竞争日益激烈，乐瑞资产首先考虑的是坚持自己原有的特点；其次是随着市场的变化与时俱进，解决既有竞争格局下面临的新问题。

而对于新私募，乐瑞资产提出两点建议：

一是坚持初心，抵制诱惑。乐瑞资产认为，对于商业而言，私募这个门类比较特殊。大多数资产管理机构有很多限制条件，规定了能干和不能干的行为，而到了私募，限制反而不多，各个领域都能参与。那么，好的商业策略就是决定不干什么。有时候不干什么比干什么还要难控制，因为在此过程中，会遇到很多机会和诱惑。而一个公司要长期生存下去，需要聚焦，这对行业、客户都是有价值的。乐瑞资产清楚地认知到了这一点，所以在公司发展过程中，坦然谢绝短平快的赚钱机会，专注于保持低风险投资的初衷，并在专注的方向上不断深耕迭代，做到市场上相对领先的位置。

二是聚焦细分市场，形成特色。私募行业是一个分工越来越明确的市场，对于新机构，乐瑞资产建议立足于新的特色，例如新策略、新的方法论。私募除了隶属投资行业外，其根底还是商业的一种，只有遵循商业规律去聚焦细分市场，才能长期立足。

另外，在拓展阅读方面，乐瑞资产推荐的是关于三位代表人物的书籍：一本是巴菲特，核心是理解价值；一本是索罗斯，核心是了解趋势；一本是利弗莫尔，核心是理解市场情绪、博弈以及投机。

对于中国经济的几点思考

变化：波动收敛，增速平滑

中国是发展中的经济体，增速较快，宏观调控难度远高于发达经济体。因此，在过去，我国宏观经济都是大起大落，具体表现为流动性的收放、经济增速的起落、通货膨胀率的上下等，这些波动共同驱动了股票、债券、商品这三类资产此涨彼落的波动。不过，自 2016 年以来，中国经济进入相对成熟的发展阶段，经济增速趋于平缓，跟经济增速相关的通货膨胀也保持平缓状态。加上国家对金融安全非常重视，金融调控的能力和技术水平都有了长足进步，宏观调控能力大幅加强，使得宏观经济的波动和相应金融领域、资产层面的波动都得以熨平。

从周期的角度，经济复苏的态势比较明确，持续的时间也会很长。在过去 5 年时间中，中国经历了较长的出清过程，经济基础被夯实，主要体现在：第一，价格下跌导致企业利润下滑，制造业投资增速很慢，导致从宏观的角度来看，供给严重收缩；第二，全社会产品的库存，包括原材料都保持在历史低位。这两个特点导致供给层面是紧供给的态势，但经济本身有自然的增长，每年 GDP 的增速大概在 8% ~ 10%，这样需求就大于供给，扭转了过去不断通缩的局面，变成了温和通胀的局面。温和通胀附带经济复苏，整个经济就趋近于出清。一旦出清状态到来，经济本身自然而然就有增长的需要，所以未来两三年，甚至更长时间内经济有较大概率将从过剩过渡到平衡甚至不足的产业状态。

趋势：产业集中，强者恒强

这种状态伴随着低增速就导致了另一个特点的产生，就是强者越强，弱者越弱。几乎所有行业都会出现行业集中度提高的特点。其中，部分是完全自发产生的，比如家电领域是市场竞争的结果；部分是政府供给侧改革推动的，比如钢铁行业是由政府推动它们强强联合，通过环保政策的实施让小散差企业停产或者停工，在此过程中，大企业获得更大的市场份额，ROE 就能得到提高。

过去经济快速发展阶段，所有人都能挣钱，所有的企业，无论是大企业或是小企业都能挣钱。那么，观察经济的主要视角是宏观波动，只要总需求上升，宏观波动起来，不管是什么企业都能赚钱，业绩都会很好。现在的视角发生了变化，伴随着经济增长趋缓、宏观波动变小，企业自身的增长就变得更加突出，增长能力、增长质量就更加重要，一大特点就是强者越强。所以，“复苏 + 行业集中”是未来最主要的宏观特点。

未来：人工智能引领行业发展

从引领未来的行业来看，乐瑞资产认为，现在看较大概率是人工智能或者大数据，它们对每个行业的变革都太巨大，而且速度很快，可能 10 年、20 年就会看到它对经济各方面的重塑。这个问题在国内只很少数人关注，看起来它离我们很远，实际上却没有那么远。可以观察到，中国的科技发展能力已经紧追美国，未来人工智能的变化将会引起从经济到社会，从心理到组织架构的全方位变化，甚至将会颠覆过去传统的观念。

THE
EVOLUTION OF
HEDGE FUND

14

立足固定收益

暖流资产的全生命周期金融服务

暖流资产管理股份有限公司以固定收益领域的投资业务为本，始终秉承“稳健、持续”的理念，坚持安全、确定和个性化之特点，致力为机构客户和高净值人群，提供跨越经济周期的综合资产管理服务；为企业客户，尤其是代表未来发展方向的、符合产业结构转型和升级的优质企业，提供从种子期到成熟期的全生命周期的综合金融服务。暖流资产深知投资就是管理风险，从日常运营、投资管理等方面构建全方位风控防线，还建立了独特的风险准备金制度。自 2012 年成立以来，经过 5 年的发展，暖流资产已成为管理规模超百亿元的综合资产管理机构。

暖流者，以“暖”之道成“流”之兴。夫暖者，君子取财之道，遵天道、地道、人道。天道者，尽材之用；地道者，兴族之运；人道者，厌人之欲。夫流者，意寓财富，其要在殖，《孙子兵法》云：“无穷如天地，不竭如江河”，是谓也。

暖流资产的几位合伙人当初做出私募创业的抉择时，除了想在一个全新的资管领域实现自我价值外，还希望实现身为金融人的一点抱负。在既往工作中，他们有一个共同的感悟：提高中国金融市场效率、使金融体系更好地为实体经济服务，这个宏大的梦想不知不觉便在各位合伙人意识中逐渐萌发，慢慢演变成他们追求的目标，这也是暖流资产成立的愿景。

提升整个市场的效率，是一个宏大的工程和任务，需要全体参与者的共同努力。在这个过程中，暖流资产坚定不移地做着自身力所能及的事情，贡献绵薄之力。暖流资产认为，创业价值的体现更多不是金钱和名气的获得，而是通过合伙人团队的努力，使得公司逐渐得到市场的认可，获得投资者的追随。同时，为企业客户，尤其是代表未来发展方向的、符合产业结构转型和升级的优质企业，提供从种子期到成熟期的全生命周期的综合金融服务。回顾过去几年债券市场的发展，特别是 2014

年以来，暖流资产欣喜地发现，不但市场规模在迅速增长，而且市场深度在提高、流动性在改善，定价也更为合理和有效。未来的路还很长，暖流资产将继续保持初衷，坚定前行。

暖流资产自创立以来，艰难的时刻很多，但它始终认为公司发展是“发现问题、解决问题，再发现问题、再解决问题”的螺旋式上升的过程。例如，公司成立初期，一方面从政策到资金，都不认可私募，而私募服务业也不完善，另一方面，作为刚成立的公司，在市场上没有品牌影响力，募资较为困难。暖流资产只能一遍又一遍地讲解和沟通，用真诚的态度和专业的解读去打动投资者。暖流资产最后经过两个月的奋斗，终于在 2012 年 1 月底，成立了第一个产品。

然而，公司业务刚起步不久，就遭遇钱荒，债市进入熊市。特别是 2013 年 6 月，资金异常紧张。在投资端，暖流资产当时的情况是相对轻松的，因为当时公司提前预判到了熊市，并提前做了收缩战线的准备。从当年春节后即开始减仓“去杠杆”，到 6 月份基本没有杠杆，资金的压力很小。虽然持仓债券估值也有回撤，但总体是浮盈回吐而非浮亏。

暖流资产并没有因为业务的停滞就停止对市场的研究和预判，而是主动强化内部管理、修炼内功。2013 年的 12 月上旬，随着国务院办公厅 127 号文颁布，暖流资产认为非标治理进入新阶段、货币政策将得到解放，从而做出了新的判断，预测债券牛市即将到来，并提前建仓，成功抄底。这在暖流资产看来，这也是另外一种艰辛，就是在最困难的时候不放弃，坚持做好自己，等待机遇。

立足固定收益，提供综合金融服务

暖流资产以固定收益投资为核心业务，是国内较早从事固定收益投资的私募基金管理人之一。随后，公司逐步拓展业务范围，经过 5 年的发展，目前，公司的业务范围逐步涵盖整个权益投资，包括股票、股权投资等。西藏叶山投资管理有限公司（以下简称“叶山投资”）成立于 2014 年 07 月，是暖流资产全资设立的专业化股票资产管理业务平台，2015 年 08 月经基金业协会认证成为私募投资基金管理人。

盯住贝塔，灵活运用阿尔法

暖流资产认为把握住宏观走势就是投资的主要任务。宏观经济走势一般有两个特点：一是时间跨度较长，二是惯性较大。这就决定了暖流资产投资的时间维度不能太短，而这是一个挑战；同时，趋势的持续性比较强，而这是一个机会。**因此，在投资中，暖流资产更重视贝塔的力量**。比如，2013 年年底“空翻多”之后，根据对基本面和货币政策的判断，暖流资产重仓长期持有债券直至 2016 年，中间几乎没有调整持仓，整个行情全部吃完，体现出了过人的魄力和定力。

而为了增强收益，公司也会同时开展各种阿尔法策略，如信用、波段交易、套利等。其中信用阿尔法尤其重要。**暖流资产的信用投资不在乎行业或板块，而是致力于发现具有信用预期差的标的，因为预期差就意味着投资机会**。多年下来，信用阿尔法的收益贡献是巨大的。

暖流资产的这种投资思路和方法好比华山气宗，其优点是“势大力沉”，而缺点则是不够灵活。不过，每种投资方法都有其适用或不适用的场景，最理想的情况是不断学习和提升自身的投资水平，掌握尽可能多的投资方法。暖流资产表示，投资过程中最重要的事情是：搞清楚自身投资方法的局限，在不适用时不铤而走险，并学习和完善其投资方法。

THE EVOLUTION OF HEDGE FUND 对话

格上财富：量化投资适用于国内债市吗？

暖流资产：不太适用。

投资中大量使用数据和量化的方法是 20 世纪 90 年代以来的事情。发展到今天，量化策略已经非常成熟，并演化出一个庞大的方法体系。原则上讲，量化策略在任何市场都有适用性。

不过，具体到不同的市场，量化策略的适用性是不同的。中国债券市场至少就目前而言，量化策略的效果并不好，主观投资方法仍然是主流。之所以出现这样的情况，是与量化策略的前提条件和中国债市的现状相关的。首先，量化策略需要高质量的交易数据，而中国债市的主体是询价市场，其交易数据的质量并不高，难以对其进行深入分析与处理。其次，量化策略需要相对稳定的市场结构，而中国经济和市场结构处于频繁的变化之中，这对模型的稳定性是严峻的挑战。

因此，就债券市场而言，目前暂时看不到量化策略对主观投资的严峻挑战。当然，暖流资产并不否认量化策略是优化投资结果的不错手段。在投资实践中，公司也正在积极地运用量化分析的方法。

和时间做朋友，选择积极的人去做从容的事

类比债券投资，就像信用债的价值投资体系可以使用到期收益率作为观测指标一样，股票市场也可以用类似的财务指标跟踪股票的内在估值。不过，暖流资产认为，A 股市场需要考虑结构化行情的特殊性，需要耐心寻找合适的投资标的。

暖流资产一直遵循准绝对收益的投资理念，践行自上而下的宏观产业逻辑与自下而上的资本行为逻辑相结合的研究方法论，并以此为基础不断拓展出多元化的投资策略体系，包括多因子选股策略、PIPE 投资策略以及若干定制化策略，等等。目前，公司管理的首只股票型基金“暖流叶山 1 号”奉行的主策略即是多因子选股策略。基本思路在于：一方面，自上而下地根据经济基本面、流动性、市场估值和风险因素，进行择时和仓位控制；另一方面，自下而上地根据趋势因子、价值因子和主题 / 事件因子，构建并定期调整股票组合。

暖流资产通过三个维度来考察上市公司：1. 和时间做朋友；2. 选择积极的人；3. 做从容的事。所谓“和时间做朋友”，就是他做的事情一定是，通过日积月累慢慢地提升内在价值，而不是一直在消耗内在价值。“选择积极的人”，则指这个企业的管理层以及员工一定要有内在的驱动力，而不是外在的。“做从容的事”，就是要有舒适的环境，而不是很紧张、急于求成的态度。

从公司的选择来看，暖流资产比较排斥那些以高度的杠杆化、疯狂的并购来获得短时间高速增长的标的，而更倾向在没有高杠杆的情况下也能持续发展、产生强大现金流、创造利润的公司。暖流资产在跟企业家的沟通过程中，更希望企业家谈他对这个行业的兴趣、对管理的理解，而不是谈怎么做资本运作。

THE EVOLUTION OF HEDGE FUND 对话

格上财富：对于未来投资行情有什么判断？

暖流资产：新一轮产能周期启动，A股、大宗商品和海外资产吸引力将提升。

从经济基本面来看，经过连续7年的增速回落，在周期性力量与供给侧改革的双重驱动之下，中国经济面临的不仅仅是库存周期的反转，而是正在经历一轮产能周期的重塑，全市场ROE水平已经跨过拐点进入上升通道。本轮产能上升周期将至少持续2—3年，大类资产有望轮动到有利于股票市场的配置方向，这将奠定A股重拾慢牛走势的基础。当然，值得注意的是，宏观经济各行业的周期阶段并不同步，需要配合中观、微观层面的改善信号综合判断。

从流动性来看，总量维度上，我国金融体系已经全面启动去杠杆进程，叠加美元加息周期的深化，货币政策已经从稳健宽松转向稳健中性，这实际是边际收紧的过程。这对于所有大类资产而言都是不利的。流向维度上，新一轮产能周期的启动，在债券和房地产市场去杠杆的综合影响下，有望持续放大股票和大宗商品市场的吸引力；同时，在美元加息周期的影响下，海外配置资产的意愿也在提升。

格上财富：该如何理解中国经济的走向？

暖流资产：未来经济是需求牵引下的产业升级。

中国经济近些年最重要的变化是增长速度回落。增速的下降不单单是周期问题，而更多地反映着结构问题。就好比常年高速运行的车辆出现一些故障是正常的，解决了就又可以提速奔跑。

目前，中国经济的结构问题有两个方面：其一，有效需求不足，这是一个分配问题；其二，劳动生产率无法进一步提高，这是一个生产问题。前者表现在跨区域、跨城乡、跨产业等方面，解决的根本之道是结构性改革。后者表现在环境资源约束、产业结构升级等方面，解决的根本之道是创新。

未来经济的趋势将是需求牵引下的产业升级，在一个更高水平上展开新的经济周期。这个过程中需求牵引是非常重要的，是内生动力。因此，可以说，结构性改革的成败事关全局。未来中国将是一个消费型社会，国内升级后的消费需求是经济增长的主要动力。凡是与更高的生活水平相匹配的行业将获得更好的发展。目前看这些行业可能包括：数据行业、生态农业、高端制造业等。

格上财富：在这种情况下，对于债市是利多还是利空呢？

暖流资产：债市机遇与挑战并存。

中国债券市场正经历高速的增长和迅速的发展，面临众多机遇与挑战。

从总量上看，尽管目前中国债券市场规模已经位居全球第三，但其增长空间依然足够大。截止2016年年末，债市托管余额仅为GDP的60%，市场规模再扩大一倍将是非常近的事情。因此债市对经济的影响力、债市的系统重要性都将继续增长。

从结构上看，债券品种越来越丰富，投资者类型越来越多样，市场结构日渐复杂，市场深度和流动性日渐增强。债券行业的技术进步、债市对各种资源的吸引力都将得到进一步强化。

伴随着以上两方面的发展，债券市场的有效性将持续提升，这一方面会提升债券投资的回报，另一方面也会增大投资的难度。我们将会看到更多投资技术在债券市场上运用，从业人员也必须要不断学习和提高自身水平。

投资就是管理风险

在利率环境异常复杂时，债券市场经常会充满问号，比如，中美经济和政策能否脱钩？国内通货胀膨能否持续，经济企稳是否牢固？去杠杆、防风险政策的下一个目标是什么？任何一个不确定性都足以让债市再次经历大幅波动。例如，2016年年底的行情生动地展示了债市的波动性。当时，国债期货跌停、大量机构的资金链断裂、市场交易停滞，整个债券市场弥漫着交易对手风险。暖流资产也因缺乏对手方遭遇了较严重的困难。那个时候，多年积累的信用帮助了公司。通过耐心地沟通，一些交易对手逐渐取消了对暖流资产的交易限制，继续与其开展正常的交易，终于慢慢渡过了危机。

经过多年的经营和投资，暖流资产对“投资就是管理风险”这句话有了深刻理解。**风险虽然不能绝对规避，但可以降低到一个足够低的水平，然后再用资本去覆盖，从而使得企业绝对能生存下来。**例如，对于债券品种而言，正的CARRY（息金收入）是一道重要的安全线。然而在实践中，CARRY并非精确地等于“票面利率－产品成本”，任何额外的增加都应严格审视背后潜在的风险。比如，通过杠杆和久期错配额外提升的CARRY，抑或是通过增加信用风险的暴露来提升CARRY，都意味着额外的风险。暖流资产要做的，便是正确评估这些风险并加以控制。

为了做到这一点，暖流资产很早就注重建立完善的风控机制，包括：

◎ **业务是风险的第一道防线。**市场业务的拓展与资产管理的风控，在人性上就像是“放”与“收”的两极，然而，暖流资产并不把两者对立起来，而是要求业务人员树立风控意识，成为公司的第一道风险防线。

◎ **牢牢抓住信用这个核心风险因素不放。**债券投资的核心风险是信用风险，长期以来，暖流资产在信用风险管理上不断积累经验和成果，形成了一套具有暖流特色的信用风险管理体系。这套体系兼具模型和人工的方法：模型方面，暖流自主开发了“毕方”系统，完全用数据和模型的方法提示风险因素；人工方面，暖流建立了一个完整的尽调团队，深入的尽调务求掌握真实的信息。长期的实践证明，这样一套体系能够实现精确的信用定价，成效显著。

◎ **建立风险准备金制度。**暖流资产仿照公募基金，根据业务开展情况，提取一定比例的风险准备金，用于承担潜在的各种损失，这在私募领域是较早的。

双向选择机制，吸纳优秀人才

在暖流资产逐渐壮大的过程中，团队是中坚力量。在公司独特的合伙人制度和文化下，业务都是围绕合伙人开展的，一位或几位合伙人管理一个业务板块，并且能够得到公司高度的授权和信任，做起事儿来得心应手。在合伙人的选入、晋升、考核和退出等方面都有一套完整的双向选择的制度，至今公司已有 10 位合伙人。随着暖流资产业务的不断发展和壮大，公司需要更多德才兼备的优秀人才，这也是暖流资产旗下的团队逐渐完善的过程。

THE
EVOLUTION OF
HEDGE FUND

暖流经验谈

市场自有其周期，在特别困难的时期活下来是私募必须要经受的考验。暖流资产经历了两轮牛熊，很庆幸的是，它都活下来了。如今，私募行业竞争越发激烈，马太效应越来越严重，资金忠诚度低，海外私募入场分羹，在这样的环境下，暖流资产认为老牌私募要维持住江湖地位，做到基业长青，需要注意三个方面：

◎ 长期的品牌意识，要有长远的规划和打算，树立“百年老店”的意识。

◎ 常怀敬畏之心，对市场、对投资者都要怀有敬畏之心，对市场怀有敬畏之心方能不被冲昏头脑，对投资者怀有敬畏之心方能始终严守底线。

◎ 不断提升专业能力，不断深耕专业领域，始终能够做到“专业、专注”，不断为投资者创造价值。

而对于私募新机构，暖流资产认为，首先要找准定位。实际上，这一点具备一定的普适性，无论是新公司还是老公司，对市场、对行业、对自身都要有一个清晰的认知与定位。明晰自身发展方向，才能够真正立足或者是继续发展。

其次是发展的“三驾马车”缺一不可：投资、风控与合规。长期稳健的投资回报是私募基金能够长期立足的根本，投资能力是私募的核心能力。而只有依法依规开展业务并搭建严密的风控体系，严守底线，才能确保投资顺利地进行。

THE
EVOLUTION OF
HEDGE FUND

暖流资产好书荐

《逃不开的经济周期》

作者：拉斯·特维德

推荐理由：该书试图帮助读者构建一个世界观：经济中存在各种周期现象，投资也如此，市场的涨涨跌跌正是一种周期性存在，在影响市场涨跌的众多因素中，经济周期往往是最基本、最持久的。

《中央银行与货币供给》

作者：盛松成

推荐理由：该书严谨地描绘了现代信用货币体系的运行方式，特别是对我国的情况有深入的分析，是这方面最好的著作。投资者阅读这本书的理由很简单：要理解货币才能赚到钱。

《页岩革命》

作者：格雷戈里·祖克曼

推荐理由：该书生动地讲述了技术进步影响产品价格，进而影响宏观经济的最新例子，同时完美地诠释了熊彼特关于企业家往往会高估自己创新的利润这一规律。

THE
EVOLUTION OF
HEDGE FUND

15

80% 的科学与 20% 的艺术

富善投资的量化之道

天时地利人和聚齐，在 2013 年的春天，富善投资成立。林成栋博士是国内较早从事金融工程研究的专业人士，创立富善投资之前已经是国内知名阳光私募——朱雀投资的创始合伙人之一。早在 2011 年，林成栋在朱雀投资接触到量化时，就感知到这是一片新蓝海，当时从业人员不多，竞争不算激烈，很容易形成先发优势，可谓天时。另外，经过几年时间的积累，林成栋对国内衍生品市场、量化投资策略都有了十分深刻的了解，有判断趋势的前瞻能力，加上拥有朱雀投资的创始背景，可谓拥有技术和管理的双重优势，这是地利。另外，林成栋是福建人，对创业始终保持着热情，想再创办一个以自己为主导的对冲基金公司，这是人和。于是，在看到量化领域的巨大机会后，林成栋立马行动起来，造就了今天的富善投资。

很多人认为量化投资前期需要非常多的铺垫，包括庞大的系统以及大量的资金支持，但这其实是个误区，实际上并没有想象中复杂，像富善投资起步于 CTA 策略，从技术和系统上看，要求并不高。随着市场的逐渐成熟、规模的扩大，富善投资后期逐渐对系统和模型进行完善，并加大人力和资金投入。实际上，富善投资起步时并非所有系统配备齐全，而是在实践中完善，边走边干，但控制好风险是前提。

前瞻的人，总是善于预见未来，在创办上海富善投资有限公司（以下简称富善投资）之前，林成栋已经是知名私募公司朱雀投资的创始人之一，当其看到量化投资这片有待开掘的蓝海之后，毅然选择再度创业。2013 年富善投资在上海成立，占据先发优势，经过四年多的精耕细作，已然成为量化投资界的翘楚，而量化私募也已经从春秋时期进入战国时代。

量化是必然趋势

近年来，量化投资在国内快速崛起，发展也越来越受重视，那么量化投资跟主观投资将进行怎样的较量？作为国内起步较早的量化翘楚，富善投资认为，量化投资和主观投资只是投资方法不同，没有好坏之分，主观投资是通过人脑分析宏观经济、行业、个股等要素，从而做出投资决策，而量化投资则是利用历史大数据寻找数据和收益之间的规律，挖掘投资机会，两种策略都有适合和不适合的市场以及环境。2016 年，采用主观投资策略的机构很难受，而量化投资策略的收益就相对高不少。2017 年以来不管股票多头还是 CTA，主观投资的收益又优于量化投资，这对量化投资产生了一定的冲击。不过，富善投资认为，只要踏实专注、苦练内功，当行情到来时，机会总会垂青有准备的人。

对于量化投资未来在国内的发展，林成栋明确表示，量化策略在国内市场的占比肯定会有所提升。首先，对标海外市场的发展历程，国内的量化策略在市场的占比还有提升空间；其次，随着交易品种的增多、市场容量的扩大，量化机构会进一步崛起；最后，未来资管机构要发展，要么做深，在产业投资方向发力，要么把广度做大，做概率性投资，这种方法靠人显然不如靠机器更高效。与已发展 10 年之久的主动投资类私募相比，量化私募发展时间虽然不长，却已经初具规模，这也说明，量化是必然的趋势。

“稻草里找针”还靠精细化与专业化

经过几年的发展，量化投资粗放式的阶段已经结束，未来的投资像“稻草里找针”，需要比拼精细化、专业化投资管理能力。那么，何谓精细化、专业化？

首先，数据源的多元化，在考虑容量以及长期收益率的前提下，目前国内量化策略基本就是股票、阿尔法和 CTA 三类，对于产品的精细化，需要把每个类别尽量做到最好。想更深一步的话，数据源的多元化和原材料的丰富化就显得尤为重要。

其次，人员构成要丰富和多元化，富善投资的投研团队在人数不断增加的同时，研究人员也从纯技术扩充到差异化背景，相互促进和提高，发掘多元化策略组合。

最后，就是理解市场，既要把策略做到极致，同时又不能唯量化，需要了解市场、理解市场。想在激烈的市场环境中生存，既需要优质的数据来源，又要有过硬的技术，然而只有去贴近市场，才能在研究发展和策略构建上比别人更优秀，闭门造车不可取。

富善投资在 2016 下半年开始引入新的投研人员，做到海归与本土团队的结合，保障策略的均衡。例如，2016 年下半年，富善投资引入了四五位不同风格的股票投研人员，以增强其股票量化策略在未来的竞争力。通过观察市场上主流的量化选股策略和机构，富善投资发现同质化很严重，普遍做法都是标准化的量化，从建因子库，到做回溯、回归分析，其投研人员的背景也很相似，大多以海外背景为主。那么，富善投资意识到，做量化投资迫切需要补充本土化人才，这些人才不仅要了解国外的市场，还要了解国内市场，补充进来之后，团队互相学习，灵感随之增加，从而将海外团队和本土团队相结合，进行适合中国市场的特色策略研究，若还以原来的标准来执行，很难实现盈利。

CTA 团队方面，富善投资则加强策略精细化研究，一方面，完善不同周期的策略，另一方面，加入主观投资研究，用来辅助支持量化投资。CTA 策略覆盖的品种较多，共 20 多个活跃品种，策略上想达到精细化，唯一要做的是把不同周期做得更丰富、更细化。另外，也不能只量化，应该从原来的 100% 量化，转化到 80% 科学，另外 20% 的成分需要加强对市场的了解。富善投资在 CTA 策略方面，已经开始招募基本面研究人员，与量化团队进行定期交流，争取在模型和品种的配置上有一些变化，从而达到策略优化和提升的目标，这是富善投资未来发展的一个方向，正在努力进行尝试。

对标海外，直面差异

量化投资在海外已经发展近 50 年的光景，在海外对冲基金中占比接近 30%，而国内的量化投资起步较晚，无论是技术、理念、软硬件方面，都有一定的差距：

◎ 技术上，国内的量化机构和海外成熟的量化机构差距非常大，短期无法超越，甚至 5 年、10 年都不一定能赶上。因此，富善投资在未来 3~5 年内还是扎根本土，努力成为类似海外旗舰公司的本土机构。

◎ 市场环境上，国内外成熟度差异较大。海外衍生品工具丰富且可全球交易，国内市场上可做量化交易的品种较少，投资范围更多局限于本土，规模较小，宽度和广度都有差异。

◎ 投研和基础设施建设上，要向双西投资（Two Sigma）这样的海外标杆机构靠拢，管理规模需要达到百亿元规模，要为投研和基础设施建设提供足够的资金支持。

注重风控，充分认识风险点

在富善投资看来，风控是一种态度，资产管理机构要对净值负责，要懂得对自身的投研能力边界进行评估，充分认识自身的风险点，这也是富善投资一直在坚持的事情。另外，林成栋提到，要考察一家机构是否会对净值负责，需要对投资经理进行身份考察，目标是考虑其犯错成本，只有在意个人的声誉和犯错成本的，基金经理在做好风控上才有更强意愿。例如长期生活在国内的基金经理，其社会关系及朋友圈都在国内，投资会更加谨慎。

富善投资的风控主要集中在两大方面：第一，策略淘汰机制，对于已有的投资策略进行定期复盘，建立严格的策略淘汰机制，失效策略将果断被淘汰；第二，止损和平仓机制，在产品的日常运作过程中，单日最大亏损达到一定比例就要止损，市场出现特殊情况，则要全部平仓；出现连续回撤时，不管后续市场机会如何，先把仓位降下来，控制住净值回撤。

在极端行情下，如 2016 年的“双 11”的股债双杀行情以及 2015 年年中开始的几轮股灾，富善投资旗下产品的回撤非常有限，在同类基金中表现稳健，这得益于其出色的风控机制。基本上，其产品的仓位会降得很快。股票方面，因为持仓较为分散，差不多两三天就完成平仓；商品期货方面，降低保证金也很快。相反，在市场不好时，富善投资认为正是蓄势的好时机。

管理，是“套路”还是“门道”

内部培养，同甘共苦

富善投资成立之初遇到的困扰，可能是 2014 年初公司团队部分人员的离职外流。当时公司的市场负责人、IT 负责人前后脚离开，对于还处于初创期的公司而言，林成栋坦言存在非常大的压力。然而，具备丰富创业经验和拼搏精神的林成栋并没有被短期的困难打倒，也没有因为遇到暂时的困难就开始对前景感到迷茫。当时，林成栋大胆启用刚毕业不久的新人，给其尝试机会，同时自己亲自带头规划设计并参与 IT 开发，最后成功渡过了当时难关。如今，那些曾经和富善投资共进退的伙伴很多已成为合伙人，能力水平得到了很大提升。

林成栋认为，企业要想长成一棵大树，除核心能力外，更需要有一个能够独当一面的高管和合伙人团队。要成为富善投资的合伙人，相关制度透明，核心是要求与公司共进退，只要干满两年，对公司发展和业绩有突出贡献，并经由合伙人大会同意，就有机会成为富善合伙人。在这个过程中，是不断验证和了解、不断把好的人才选出来和留下来的过程。

目前，富善投资有 8 个合伙人，且均为内部培养。对此，林成栋表示，在企业成长期，空降的合伙人或管理人员对内部团队积极性是个打击，当枝繁叶茂之后，公司发展完善，自身培养的高管合伙人团队已经比较成熟，如果在某方面有明显短板，届时可以再考虑外部聘用，空降新的合伙人或高管。

三个维度考察投研资质

富善投资的投研团队，主要按照产品线来划分，分为股票量化部、期货量化部、IT 部和交易部，但团队管理较为扁平，强调自主学习和内部分享机制。团队的绝大多数的讨论林成栋都会亲自参与，他也给了团队负责人充分的成长空间，希望其以后都能够独当一面。

富善投资对投研团队的招人标准分几块。第一，要有基本素质和能力，这是做研发方面的要求。细化地讲，通常要求有博士、硕士和工科背景，尤其是国内外顶级学校毕业，履历和年龄相符，发表的论文属于顶级期刊，综合这几个因素来评价，基本就可以得出结论。第二，人品、理念、价值观和富善投资相符，这是富善投资十分看重的，因为如果团队跟不上公司的节奏，自然会流失，或者被淘汰。第三，要求团队沉得住气、耐得住寂寞，同时肯吃苦，对于初创期的公司而言，这点尤为重要，这也是富善投资对应聘者的基本要求。

激励从实处出发

富善投资的激励制度包括股权激励、薪酬 + 奖金、补充住房公积金、购房补贴、教育培训经费等。在股权激励方面，富善投资给工作满两年的优秀员工提供晋升为合伙人的机会，目前公司已有 8 位合伙人，其中 6 名为投研人员。除了薪酬 + 奖金这些基本的激励外，公司考虑到补充住房公积金对员工有用，富善投资为员工缴纳补充住房公积金这类一般大国企和大金融机构才具有的额外福利，充分显示了公司的关怀和体现在细节处的心意。

富善投资额外给员工有两项福利，第一项是购房补贴，符合一定条件的员工可找公司借钱买房，具体能借多少钱会按照员工级别确定，并且，该福利在员工手册中直接写明；还有一项福利是教育培训经费机制，提倡员工去学习和参加培训班，以提高自身业务能力，公司最高可提供 10 万元的培训经费。

投资合作的前提是做人

富善投资对合作伙伴强调商务条件、理念、风格的匹配。在此基础上，业绩做好了，规模的扩展和合作关系的建立都是水到渠成的事情。富善投资强调做人的重要性，对合作伙伴也要真诚，服务好投资者。

伺机而动，能力走在规模前

走访富善投资时，林成栋经常挂在嘴边的一句话是："管理能力要走在管理规模之前。"事实上，富善投资也是这么做的，量化投资中单一策略的容量有限，规模量级式的突破需要跟着产品线的节奏来，相当于加了一条新的产品线，规模就会增加一个量级。因此，这就需要对产品线和策略的扩张做到完善的规划，再选择合适的时机推出。

在富善投资成立之初，公司就在考虑，如何做到规模和业绩的均衡。众所周知，规模是业绩的天敌，做资产管理一定要平衡好投资管理能力和资产规模之间的关系，很多规模急剧扩张而投资管理能力没及时跟上的公司，最终都会出现问题，但在资本市场看的是谁能活得更久。富善投资不急于扩大规模，让人走在钱之前，追求团队的磨合、团队的管理能力走在管理规模之前。因此，在考虑长期稳定收益以及策略的承载容量之后，富善投资早期就把长期布局的方向定位好了：股票多头、阿尔法和 CTA 策略。

具体到产品的上线，富善投资先做的是 CTA 产品，因为期货策略不需要复杂的系统和基础设施的搭建，当时公司已有现成的软件可以立马进行投资。到 2014 年年中，公司又推出了股票量化策略，因为股票所需基础设施和策略研发时间较长。在股票量化策略中，先上线的是阿尔法策略，目标是追求稳健低波动的收益。后来，因股指受限、基差贴水，导致阿尔法策略财富效应丧失，加上富善投资对股票量化策略已有所积累，量化多头策略的上线便成了自然而然的事情。

THE
EVOLUTION OF
HEDGE FUND

富善经验谈

经过 4 年多的精耕细作，作为国内起步较早的一家本土化量化机构，富善投资有很多值得借鉴和学习的经验。

注重长期，不博一时收益

投资行业要靠品牌，合规是重中之重，不能犯系统性、战略性的大方向错误，不要为了博一时的业绩和排名去冒风险。富善投资始终秉持着深耕细作、不断完善的态度在进行投资。

管理精细化，实现共进退

公司管理需要做到精细化，通过合理的机制，在逆境中互相团结，让价值观和理念相似的人才留下。反之，富善投资强调，对于不合适的人才要有适当的淘汰机制，或主动淘汰，或被动淘汰。团队不仅需要有能力的人，更需要保持战斗力的人，努力进取的精神不能变，不能削弱公司员工积极性。

强调分享精神，财散人聚

财聚人散，财散人聚，富善投资强调公司利益捆绑员工的利益。除了理想和情怀之外，富善投资注重员工在平台上的发展和成长，但对于员工利益分配方面，公司也充分认识到分享的重要性，不吝啬于对人才的给予，珍视人才，才能发挥人才的最大化价值。

优化系统，加强内部管理

富善投资作为一家以量化为主导的机构，属于高科技企业，在加强内容管理方面，力争将运营、市场、客户关系管理、研发、策略在系统上逐步实现现代化，从而达到提高效率，减少犯错成本的目的。比如，富善投资的 IT 团队会帮助运营团队提升估值、做报表的效率，尽量做到自动化，形成公司内部的精编版系统。另外，系统也方便数据的积累，这有利于公司慢慢地沉淀历史，以便后期与其他机构的合作。

做公司就是做人，以诚待人

富善投资认为，做品牌就像做人，要以诚待人，公司好与不好的情况都需要与合作伙伴沟通清楚。在这个过程中，公司的口碑和他人对公司的认可度将慢慢地被知晓。一个公司就是一个人，每个人都有自己的性格特征，公司也会给合作伙伴留下是否讲信用、守规矩、风控严不严、投资是否可持续等一系列印象，这个过程就是做人。

多看历史、文学方面书籍，帮助是非面前的思考

林成栋平时爱看唐诗以及一些无关专业的书，一方面是陶冶情操，另一方面，他建议理工科生要有点文艺范儿，推荐多看一些文学、佛学、历史层面的书籍，有利于自己对一些是非问题的判断。

THE

EVOLUTION OF

HEDGE FUND

第三部分

转正时代

老江湖们的“新秀”

THE
EVOLUTION OF
HEDGE FUND

经历了 7 年的阳光化发展，2014 年，私募终于迎来了“转正”的喜讯。法律身份的提升叠加既有优势，使得私募在挺起腰杆说话的同时，还成为投资精英在资管领域创业的不二选择。于是乎，最为轰轰烈烈的“奔私”潮诞生了，无论从“奔私”人员数量还是整体投资实力上，都堪称史上之最。同时，海外投资精英也深受感染，纷纷归国投身私募，为行业注入多样化的新鲜血液。这些在资本市场摸爬滚打多年的老江湖们，纷纷在私募领域开始了二次逐梦之旅。

THE
EVOLUTION OF
HEDGE FUND

16

回归价值投资的本质

高毅资产精英化平台策略

高屋建瓴，志当恒毅，带着这种信念，一家致力于打造基金业“百年老店”的私募平台在近年崛起，它就是上海高毅资产管理合伙企业（有限合伙，简称“高毅资产”）。掌舵人邱国鹭携手多位长期业绩优秀、市场经验丰富的明星投资经理在高毅资产的平台上并肩作战。有价值投资奉行者，也有成长投资爱好者；有公募派出身的“正规军”，也有在资本市场游刃有余的民间高手。他们志同道合，为投资者创造价值而努力着。

互联网是一个讲究颠覆的行业，金融是一个讲究积累的行业。

——高毅资产董事长邱国鹭在亚洲资本年会上的发言

在技术变化日新月异的时代，大家都在追求更快、更新的事物。在这样的大背景下，一家新兴的私募机构却提出要静下心来，致力于打造基金业的百年老店，这家“逆潮流”成长的私募机构就是高毅资产。到2017年时，高毅资产已经成长为一家以股票投资见长、明星基金经理云集的大型平台型私募机构。

对于建立百年老店的初衷，高毅资产董事长邱国鹭曾经表示，互联网讲究的是比谁跑得快，而金融行业往往比的是谁活得久。因为客户的信任需要时间积累，从业人员的经验需要时间积累，所以高毅不会纠结某一个年度、某一个季度的业绩，而是保持一种平和的心态，关注长远发展。邱国鹭认为，百年老店是一种思维方式，是一种心态。

对于如何创立百年老店，邱国鹭认为需要具备4个条件。

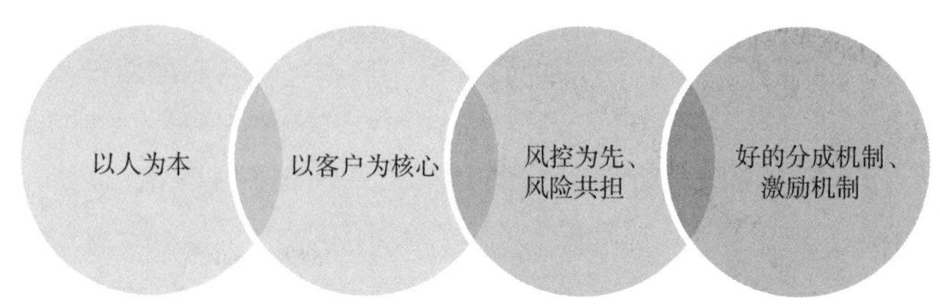

图 16-1 创立百年老店的四要素

资料来源：高毅资产，格上研究中心整理。

首先，要像大多数百年老店一样，推崇“以人为本”。要以人为本，就是要把资源向投研倾斜，保证大多数的收入可以到达基金经理和研究员的手中，毕竟客户购买的本质是投研服务。不过，企业又不能仅依靠某一个人或者某一些人，要实现企业的机构化。从全球知名的对冲基金来看，即使是索罗斯和西蒙斯，也都还没有实现代际传承，因为这些对冲基金的发展依靠的都是创始人的个人品牌和魅力，没有真正把企业机构化。不过，有很多公募基金却真正实现了“百年老店”，因为公募基金形成了品牌，达到了机构化，能够脱离某个明星基金经理而实现代际传承。

第二，以客户为中心，但不是客户想要什么就给什么。真正以客户为中心，是指要考虑长期为客户赚钱的事情，而不是考虑短期的公司规模和收益。在实际业务中，客户往往是在应当激进时想要相对保守的产品，在应当保守时却想要激进的产品。好的私募机构要考虑如何实现逆向思维，考虑客户长期的利益。高盛有句话叫“长期贪婪”，其实很多时候把眼光放长远一点，就会发现不管公司利益还是客户利益，都可以得到最大化。而且有了客户利益以后，才有公司利益。

第三，风控为先、风险共担。在金融市场中，“黑天鹅事件”发生的频率比较高，这种情况下要把风控作为深入骨髓的文化。要想成为百年老店，就必须要做到风控为先：在任何时候都有风控，而不是选择性风控。所谓风险的共担，就是指真正做到与客户同呼吸、共命运，高毅资产在这方面进行了一系列的创新。

利润分配机制：

投资经理将获得有市场竞争力的业绩提成（其中一小部分将用于奖励研究员），使优秀投研人员的收入在行业中处于领先水平

产品命名机制：

用投资经理的名字为所管理产品命名，以激励投资经理为名誉而战，从而提高投资经理的职业荣誉感和稳定性。

跟投机制：

投资经理需要将自己大部分的流动资产投到自己管理的产品中，以保证投资经理的利益同投资人保持高度一致，有效控制投资风险，提高投资质量。

奖金递延机制：

投资经理的奖金超过一定的金额以上的部分要再投回到所管理的产品中去，分若干年分期取出，以保持团队稳定性。

图 16-2　高毅资产的创新管理机制

资料来源：高毅资产，格上研究中心整理。

第四，要有好的分成机制和激励机制，再配合以扁平式的、自我驱动的协作文化。如果没有好的团队，仅靠个人很难对股票市场中所有个股有很好的了解，所以研究型人才和投资人才都很重要。对于这些投研人员，最好的管理方式是打造一个很好的机制和文化，形成独立的研究氛围，让他们自我管理、自我驱动。

以人为本，堪称豪华的根基

从南方基金转战私募，邱国鹭并没有靠着自己的名气去单打独斗。他召集了一批明星基金经理共同打造了高毅资产——一个新型的平台型私募。在这里，配备了一流的投研支持，一流的品牌背书，稳定的资本募集，还有完善的风控制度，让优秀的投资经理可以将全部精力都专注于投资，从而为投资者创造更好的收益。

人才是打造“百年老店”的根基。在高毅资产的平台上，目前汇聚了 6 位长期业绩优秀、市场经验丰富的明星基金经理，投研团队超过 30 人，研究员绝大多数来自于嘉实、易方达、南方、博时、鹏华、招商等一线基金公司或券商，整体投研实力在业内处于领先水平。

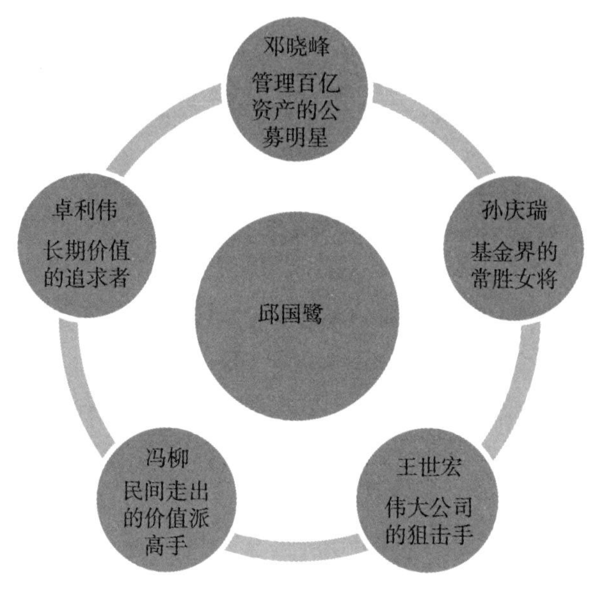

图 16-3 豪华的基金经理阵容

发挥平台型私募的优势

高毅资产运作以来迅速获得了优秀的业绩和市场的认可，这背后是否得益于公司管理方面的因素？邱国鹭也思考过这个问题，他曾自我反思过，高毅做得较好，到底是运气还是机制上的原因呢？在很大程度上，还是来自平台型私募的优势。

首先是专注。团队平台的模式能保证基金经理专注于投资，为什么高毅资产平台总体上比独立创业的基金经理好一些？因为基金经理创业基本上是个体户模式，柴米油盐酱醋茶，开门七件事，每件事都要去想，做投资的时间不超过 50%。邱国鹭在海外曾自己创业，在这方面深有体会。而且，如果没有几十亿元的规模，很难维持一个很好的团队，现在人工都很贵，好的研究员身价更高。

其次是内控。大多数私募把内控当成本项，这在零售端可能不太重要，但对机构端很重要，高毅资产拿到一些大机构的专户，之所以能够在业绩同样优秀的对手中胜出，就是内控方面的综合表现更符合机构客户的风控要求，所以内控也是生产力。机构也很看重高毅资产的激励机制，基金经理能够得到有市场竞争力的激励，基金经理个人流动资产的大部分要跟投到自己管理的产品中，促使了基金经理与客户利益保持一致，这也是内控管理的一部分。

再次是品牌。高毅资产旗下 6 位投资经理的简历摆出来，自然有品牌，比单打独斗更有优势。投资者可能不认识邱国鹭，但可能认识邓晓峰、孙庆瑞；可能不认识冯柳（网名“茅台 03”），但他是许多个人投资人的偶像。王世宏、卓利伟管过 QFII，邱国鹭和邓晓峰管过社保、保险，6 个人的投资经历加起来超过 100 年。

最后是团队。在高毅资产的平台上做基金经理，不仅生活质量很好，成功的概率也更大，投研团队目前超过 30 人，都是从市场上选拔的优秀人才，能够给基金经理提供良好的团队氛围和强大的研究支持。公司挑选来自公募基金的基金经理，有一个“七年八年，数一数二”的要求，即七八年以上基金管理经验、过往业绩排名在同类型基金里面要名列前茅。对非公募出身的基金经理，要求过往业绩记录非常优秀。交易员精挑细选，有的曾是公募基金的交易主管。研究员绝大多数来自于嘉实、易方达、南方、博时、鹏华、招商等一线基金公司，整体投研实力在业内处于领先地位。

独立创一个私募，成本很高，而管理一个企业跟投资是完全不同的事情，基金经理身兼数职，不容易做好。高毅资产的基金经理 90% 以上的时间用来做投资。渠道服务也做得不错，各个合作方都比较愉快。以此循环，愿意加入高毅平台的基金经理就更多了。

走进掌舵人——邱国鹭的投资世界

邱国鹭，19 岁时，作为 A 股第一批投资者，组织同学通宵排队购买厦门“老四家”的股票认购证，掘得股市中第一桶金；31 岁，这位福建出身的小伙子已是美国一家规模 60 亿美元的资管公司的最年轻的合伙人；2008 年，这位 36 岁的华尔街精英回国，以投资总监的身份带领千亿元规模的南方基金交出了漂亮的成绩；41 岁，他创建了业内领先的平台型私募公司——高毅资产。

投身股市 25 年，邱国鹭见证过 A 股的开始，亲历过 1992 年排队买认购证一本万利的疯狂，经历过 1999 年纳斯达克鸡犬升天的科技股狂潮和泡沫破灭后暴跌 90% 的大崩盘，也亲历了 2008 年全球金融危机时对冲基金对华尔街投行的挤兑。

闯荡私募江湖的两大法宝：价值投资与逆向思维。从海外回到国内，又从公募转战私募，邱国鹭以其不变应万变的投资理念——价值投资与逆向思维，在风云变幻的资本市场中立于不败之地，不仅带领高毅资产在近年来多次夺得“最佳股票投资私募基金管理人”公司奖，他个人也获得了“金牛奖”年度最佳股票私募基金经理奖和“中国私募基金英华榜”年度最佳股票产品奖。

价值投资，回归公司本质

在邱国鹭看来，投资得回归公司的本质，挑选到真正有价值的股票。具体，可以从三个维度看公司本质：行业、公司、管理层。

首先是行业的维度，邱国鹭举例说，买股票看行业像买房子看社区一样，可以改变房子的装修，但没有办法改变房子所处小区的环境。如何判断好行业？

第一是行业的生意模式，要研究这个行业挣钱是否容易。

第二是行业的竞争格局，格局往往决定结局。例如，空调行业经过 2005 年价格战之后，形成了格力和美的双寡头的格局，即使整体行业增速下滑，但两者业绩增长很快，股价涨了几十倍。

第三是看行业空间，要避免处于夕阳行业的阶段，也要避免初期百舸争流的阶段，处于成长期和稳定期最佳，当然产业的生命周期也要关注。

第四是行业的门槛，如资源独占、牌照限制、技术优势、品牌优势等。在邱国鹭看来，投资宁可数月亮，也不要数星星。所谓“月亮”，是指在门槛较高的行业里，经过激烈的市场竞争与行业洗牌后笑到最后的企业，而所谓“星星”则是指在行业门槛较低、集中度低的行业里，那些参差不齐的各种企业。做好投资就是要找寻门槛最高的行业里最好的公司。

第二个是公司维度，重点关注公司内部的管理机制和产品的定位，要有规模优势，越大越强，而不是继续发展下去越大越难。邱国鹭提到，有些行业，公司销售规模发展到一定程度时再扩充规模，人均利润就开始不断下滑，没有规模效应，对这种行业要小心。

第三个是管理层维度，分两个层面，能力和诚信度。能力层面，一方面体现为公司战略是否清晰和聚焦，过去两年随意转型的公司很少有成功的；另一方面体现为管理层在战术上的执行力，可以通过调研中层干部和 KPI 来间接考核。比如对于中小公司，可以通过调研中层干部是否崇拜自己的董事长，来看公司领导的个人能力和魅力；而对大公司，可以看中层干部的 KPI 考核。

在中国做价值投资相当于在雾霾天遛狗——邱国鹭趣谈价值投资

欧洲有个投资大师说，投资中价值与价格之间的关系相当于人和狗之间的关系，狗相当于价格，人相当于价值。邱国鹭认为，中国价值投资不是不能做，而是价值和价格有可能会偏离很远，相当于人和狗之间的狗绳特别长。比如美国的狗绳可能 2 米，中国的狗绳可能 20 米，这就是中美价值投资的不同。中国的 A 股市场，人走了 1 公里，可能狗来来回回地已经走了 3 公里。

国内做价值投资与海外另一个不同点在于噪音比较多——好比雾霾天，根本看不到人。这种情况下，对于真正的价值投资者，反而获得超额收益的机会更大。真正的价值投资者有两个收益的来源，一个是人往前走，也就是基本面往前走；再一个是人与狗之间的距离差。人往前走，全世界都一样。中国经济增长比其他国家快，其实人走得比其他国家快。而狗绕着人在走，会出现严重低估或严重高估的时候。

逆向投资，在低点和黑天鹅出现时加仓

对于市场炒作的热点，邱国鹭选择退避三舍，因为他坚信拥挤的地方很容易发生踩踏事件。他倾向于逆向投资，喜欢去研究市场中不受关注的行业和公司。在邱国鹭看来，判断股票是否适合逆向投资，主要关注以下三点：

◎ 看个股的估值是否够低，便宜是硬道理。邱国鹭一直喜欢引用沃尔玛创始人山姆·沃尔顿说过的一句话："只有买得便宜才能卖得便宜。"投资中影响股价涨跌的因素中最重要的只有两点，一个是估值，另一个是流动性。估值决定了股票能够上涨的空间，流动性则决定了股市涨跌的时间。如果买入的时候股票特别贵，那么意味着将来必须找另外一个出价更高的傻瓜来接盘。然而，投资不能抱有侥幸心理，不能总指望别人当傻瓜。

◎ 判断是短期问题还是真困难。例如 2013 年白酒行业十分低迷，主要原因是八项规定等反腐措施，而非白酒行业基本面出了大问题。

◎ 自传导机制。看股价暴跌本身是否会导致公司基本面进一步恶化。股价暴跌的负面效果如果带来连锁反应，就不适合逆向投资。

邓晓峰——"吃透基本面"获得较高确定性

市场有时有效，有时无效。我们作为主动管理者，需要以深入的研究为基础，在市场无效时投资，在市场有效时实现收益。要把握企业盈利的

基本面，不管市场风格怎样变化，时间长了实现超额收益是一个大概率事件。

——高毅资产首席投资官邓晓峰

作为高毅资产首席投资官，邓晓峰拥有16年证券从业和12年基金管理经验（截至2017年），管理过全国社保组合以及明星基金“博时主题行业”。他还是公募股票型基金8年业绩冠军（2007—2014年）；荣获6座金牛奖，同时也是“金牛奖十周年特别奖”得主；多年管理上百亿元基金组合，在博时基金期间累计为客户创造235亿元投资收益，被媒体誉为赚钱最多的基金经理之一。

早期在国泰君安证券工作时，邓晓峰目睹了2001年之后庄股德隆系、吕梁系等资本帝国的崩塌，亲历了证券行业大浪淘沙的过程。多次牛熊轮回的经历让邓晓峰多了一份从容，曾在博时基金管理公募基金及社保基金的经历让他逐渐形成了自己的投资风格：一方面深挖掘、广覆盖，另一方面严格追踪企业基本面。

在投资标的的选择上，邓晓峰会覆盖多个行业，不对具体行业有偏见。定期对各行业的回顾与扫描，可以扩展视野，从行业对比中加强对生意的理解。广覆盖是为了感知经济发展的脉搏，避免认知的狭隘或偏差，同时也是为了突出重点，将时间和精力、组合配置集中到创造价值增量的行业和公司上面。

邓晓峰认为投资的基础是对企业基本面的理解与判断。研究要有深度，对行业、公司商业模式理解的深度、对未来的穿透力，都要超出市场上绝大部分人，要达到可以通过几个参数、指标把握行业脉搏的状态；日常的工作中，通过关键指标持续跟踪行业和公司的发展情况，以此验证早期的预判是否正确。如果早期的判断是正确的，就会继续投资；如果事实证明前期的判断错了，就要修正。这也是一个不断学习和深化的循环。通过这种模式，将投资的过程变成了一个可分工、可协作、可重复的过程。

邓晓峰谈价值投资

价值投资的误区

价值投资不是简单的长期持有。长期持有是一个结果而不是目的，因为市场没有效率。我们做一项投资可能要花很长的时间，才能等到市场给出充分的反映，我们需要有长期的准备，这是长期投资的原因。不过，当这些公司的股价脱离基本面的时候我们要很客观，我们应该实现收益，也应该回避风险。

价值投资需要做“三好”学生——好行业，好公司，好价格

◎ “好行业”。在行业上，选择比努力更重要，选好赛道事半而功倍。要选择增长性的行业，处于生命周期早期阶段的行业，这些行业往往容易创造巨大的价值增量。所有的行业都会走向成熟。这个时候就要看行业的竞争结构，不同的竞争结构会带来不同的股东回报，竞争结构决定了长期的股东回报。

◎ “好公司”。社会发展的正常规律，一定是好的公司，优秀的公司获得更大的市场份额，有更好的成长，有更高的利润，更好的股东回报。优胜者往往是踩着失败者的尸体走出来的，越往后发展，越会形成这样一个终极的状态。选择好的公司，选择卓越运营的公司，选择管理高效的公司，是一个更好的做法。

◎ “好价格”。估值水平至关重要，价格决定回报率，再好的公司，过高的价格也可能导致负的回报率。

邓晓峰谈研究方法

1. 时间更多花在增长型行业、体量大的行业上，是投入产出比相对高的做法

增量永远比存量好做，增长型市场的投资比存量市场的投资更容易、更轻松。体量大的行业，犹如大海，无风三尺浪，机会更多。

2. 做研究时，需要经历由少到多，再由多到少的过程

刚接触一个行业时，资料会越看越多——需要了解行业发展的历史，了解发达国家先走过的路，发达国家现存的状态，了解我国处于什么状态、什么阶段。这方面，国外相关著名公司的传记、创始人的传记、行业的传记是最好资料。这些资料可以强化我们对当时的历史环境的代入感，去理解产业、理解竞争，建立对行业的总体认知。

随着对行业的积累越来越多，逐渐抽象和总结，把行业的属性定义出来，把自己对行业的理解提炼出几个指标或参数；与行业内人士探讨和请教，完善自己的体系；最后通过这些指标和参数去判断这个行业的发展、预测这个行业、根据现实的情况去修正观察体系和重点指标。先把行业变厚，再把研究变薄，这是我自己的一些体会和经验。

3. 对优秀公司的长期跟踪

成功的公司本身就是竞争选择的结果，成功是有原因的。观察成功公司的商业行为，可以站在巨人的肩膀上，在最优秀人士智慧阶梯上理解行业竞争、理解商业行为。世上的事情，知易行难。不过，作为投资人，往往纸上谈兵又是容易的，思维上的代入和演习是轻松的。我们可能做不到，但可以训练到知道怎么做。对优秀公司的长期跟踪是行业研究的捷径。

而且，优秀的公司在整个投资生涯中提供的投资机会更多。即使在某些阶段错过了，未来还会给你机会。对优秀公司的研究和跟踪是一种积累。

4. 问题是研究的方向

市场永远有分歧，这些争议指出了研究的方向。如果研究能够回答这些问题，发现市场的偏差甚至谬误，机会自然就来了。

邓晓峰谈做价值投资的思路

价值投资的出发点：企业持续创造价值

资本市场是个多样而复杂的生态系统，市场参与者的价值观决定了各自的行为方式。我们把自己的想法带入资本市场，然后会有不同的反馈。如果你把它作为一个博弈的市场，它就是一个赌场。如果你认为可以通过分享上市公司的创造的价值来实现回报，你也能发现优秀的公司、持续的增长、合适的价格。

我的理解，价值投资根本的出发点，是看我们投资回报来源在哪里。如果是企业持续地创造价值，投资人去分享收益，这才是价值投资的方式，才是基于基本面的投资。

从长远视野看超额收益的立足点

市场的结构性缺陷是超造额收益的重要来源。市场参与者的结构，以及机构投资者的委托代理机制、考核机制，造成了市场的结构性效率缺失。中国是一个有广大参与者的资本市场，机构投资者占比很低。而且大多数参与者都有非常高的短期收益预期，这种做法一定会扭曲这个市场。不管是过去、现在，还是将来。即使是机构投资者，因为委托代理机制的原因，考核的原因，同样会形成非常多的扭曲。如果机构投资者过度关注短期业绩，就很难做出长期的思考，制度性的缺陷将持续提供超额收益的机会。

随着资本市场效率的提高，战胜指数难度的上升，投资者将被迫从巨大的争议和重大的不确定性中寻找超额收益的机会，有穿透力而超前的研究将更为重要。

大国的幸运

中国是一个巨大的经济体，有无与伦比的规模优势。同时大多数行业都走过了一个前所未有的陡峭的学习曲线，在很短的时间之内，中国企业的管理水平、生产率水平，甚至研发能力都处在急速提高的过程中。

这个过程对投资人来说是巨大的机会，因为它浓缩了产业发展的时间段，会带来巨量的价值创造和价值增长，也会给资本市场带来巨量的回报，这是大国的幸运。

即使有非常多的产业成熟了，但因为有这样巨量的经济体及非常全的产业配套，还是很有利于新企业、小企业的发展壮大，甚至成为一个个行业巨头。

往前看，我们仍然会发现很好的机会。因为我们有学习的时间，可以选出赛道，观察出优胜者，在这样长长的赛道上，享受优胜者创造的价值。这是大国的幸运，也是对中国投资人来说非常幸运的地方。

孙庆瑞——结合宏观与行业精选个股

作为目前高毅资产唯一的女将，孙庆瑞有着股票和债券的多重管理经验，凭借优秀的业绩表现，多次获得《中国证券报》“金牛基金奖”、《证券时报》“明星基金奖”、《上海证券报》“金基奖”、晨星公司“晨星基金奖”，在中银基金管理产品时还获得“偏股混合型基金 6 年业绩亚军”。特别值得一提的是，孙庆瑞曾获得中国证券报“金牛奖十周年特别奖”以及 3 次五年期金牛基金奖，是公募基金行业获奖最多的基金经理之一。

投资框架，自上而下思考，自下而上选择

孙庆瑞说：自己的投资框架总结成一句话就是自上而下思考、自下而上选择。自上而下思考就是从宏观经济和产业发展的角度来圈定行业范围，自下而上选择就是从人和机制来挑选标的。

宏观经济的层面，主要从两个维度来看：一是结构变迁，以长期的视角找出受益于经济发展而不断长大的行业；二是周期轮回，找出当前经济周期中最受益

的行业。

产业的层面，主要看产业所处的发展阶段，在成长期和稳定期，伴随企业利润增长来获取投资回报的胜率相对更高。

自下而上选择的核心要素在于人和机制。在不同发展阶段的行业，对以上要素考虑的侧重点和要求有所不同，具体将在后续关于成长期行业投资和稳定期行业投资的部分再阐述。

成长期行业的投资思路

孙庆瑞对于成长期行业的投资思路，可以概括为以下几点：

◎ 从供需角度出发，挖掘未被满足的强需求。
◎ 发掘将要爆发的强需求。
◎ 人和机制是成长期行业选择标的的首要考量因素。
◎ 如何看待成长股的估值。
◎ 通过由己及人的逻辑演绎，模糊地寻找正确方向。

稳定期行业的投资思路

稳定期行业的投资核心是找行业格局已经明朗的优势企业。稳定期行业的需求趋于稳定，竞争力强的优秀公司强者恒强，能通过份额和利润率的提升继续获取较为确定性的利润增长。这类公司规模已经很大，企业家精神、合理的激励机制和组织管理效率最为重要。当然通过思考不同的经济阶段和周期，能很好地帮助我们在选择行业时提供方向。

怎么发掘将要爆发的强需求

就发掘将要爆发的需求而言，对于当前经济发展阶段的判断非常重要。

当中国处于工业化之前时，大部分行业的需求都没有被充分满足，可以清晰地看到轻工业的需求爆发，比如纺织、家电等。

当步入工业化时期，与投资相关的行业需求呈现出快速爆发的特征，尤其是在刘易斯拐点之前，资本的回报率显著高于劳动力，企业通过不断地再投资实现利润最大化。因此，现在所谓的周期行业，包括钢铁、水泥、煤炭等，在那个时候都是成长行业，增速很快。然而，2009 年，中国为应对全球金融危机推出四万亿元刺激政策之后，大量无效产能的投放使整个周期行业的总供给远远超过了当时经济本身的总需求，大量行业出现产能过剩，竞争格局恶化，增速也由正转负。

工业化后期，尤其是刘易斯拐点之后，劳动力在收入分配中的占比逐步提高，那么拥有更多收入之后的人们有什么强需求未被满足呢？这就会为投资指明方向。

在这个阶段，吃穿用住行的基本需求已经随着经济的发展而失去了高速增长的势头。在满足基本的生活需求之后，人们很自然地要追求精神方面的满足，因此娱乐需求会是一个未被满足的强需求。基于这个结论，孙庆瑞在 2012—2015 年加重了在传媒业中的配置。

当站在 2016 年初观察娱乐需求满足程度时，投资者就会在大概率上觉得它已经演绎得相对充分了。不管是院线、移动端都得到了较大的发展，而且市场对内容增速的预期非常高，资金大量投入。再重新思考下一个强需求会是什么，大概率事物是环境和健康。环境不难理解，雾霾、水污染等都给了大家直观迫切的感受，人们对更好环境的需求是强烈的。健康并非等同于医药，而指的是预防疾病和对疾病更好的治疗。人口老龄化、人均收入水平不断提升都决定了健康行业未来的发展空间很大，不过目前还没有真正爆发，原因首先是现在人的健康程度、健康意识、锻炼欲望要比之前高。其次是人口结构上，人口增速最快的 1962 年前后出生的那批人，现在 55 岁左右，身体还行。然而，当他们到达 70～80 岁时，即使再锻炼，年纪到了，健康需求也会非常大。

那么，除了以上的例子之外，这个阶段还有哪些东西会是未来的强需求呢？其实还有不少。2016 年 11 月，孙庆瑞判断，未来将延续结构性行情，她看好行业集中度提升、消费升级、环境改善、制造业竞争力提升等领域的投资机会。

卓利伟——追求可持续的价值与高质量的成长

卓利伟，曾任上海景林资产合伙人，建信基金投资部副总监，管理过较大规模的多只私募基金产品与 QFII 专户，获得《中国证券报》2012—2014 年三年期私募股票金牛奖和银河证券 2011 年公募基金五星级评级。

作为中生代基金经理的代表，卓利伟没有采取激进的风格，而以追求价值与高质量成长的投资风格取得骄人的成绩。

在卓利伟看来，市场短期是无效的，但长期非常有效，股价在长期看就是对企业未来价值的反应，因此价值投资最重要的内容是对产业发展大趋势和企业持续创造价值的核心能力的判断与把握。对基本面的深度研究与独立判断是投资的一把尺子，用这个尺子去丈量企业实际价值与市场估值的差异，有助于投资者从本质上判断企业持续创造价值的核心能力。

基本面投资要求以合适或低估的价格买入具备持续创造价值能力的企业，或者买入市价远低于企业实际价值的股票。基本面投资中，存在最为重要、且长期有效的三个因素。第一个因素是对企业价值的判断。重要的是判断企业持续创造价值的能力，也就是判断这个价值是一种持续增加的价值。第二个因素是对产业大趋势的判断。判断企业未来价值，必须建立在对产业大趋势的深刻理解之上，以及这个企业在产业的地位、竞争力以及其优势是否持续提高并形成相当长时间的壁垒或护城河。第三个因素是对系统性风险水平的判断。系统性风险水平指的是，股市的系统性估值在整个大类资产之间估值的比较优势及其趋势，基本面投资者可以此来评估，决定整个组合仓位与风险敞口的程度。

采取这样的投资方法，虽然可能会使短期业绩波澜不惊，但长期来看却可以获得稳健的收益。卓利伟表示，他甚至希望投资组合里一只短线股都没有，“把研究方法和精力投入到寻找短线机会上，一定会被市场牵着鼻子走，一定会迷失在市场短期波动的丛林里。投资一定要看得远，要看到丛林的对面是什么，这样做投资才有意义”。

卓利伟的投资心得与建议

要研究最重要的问题

做研究最为重要的是时间管理。我们每一个人最稀缺的就是时间。研究工作面对的是一个非常复杂的、非结构化的海量信息。时间的稀缺性与信息的无限性就会派生出两个问题：1. 要研究最重要的问题；2. 在正确的路径上持续积累。

我们研究的应该是大问题，要把握的是产业与企业的大方向，并在判断与决策上获得大概率上的正确。概括起来就是，大问题、大方向、大概率。

四个维度去思考什么是重要的问题

我个人的总结，研究一个课题，可以通过四个逻辑框架去思考，即：宏观逻辑、产业逻辑、业务逻辑与财务逻辑。

◎ 宏观逻辑。包括宏观经济因素，还要从社会思潮、群体心理，甚至政经关系等大格局去看问题。比如在全球化和互联网的大环境下，依赖传统商业的逻辑产生的机会发生很大的变化，企业与各种组织变得边界更为模糊，对竞争的理解就要从全产业链的生态去思考。

◎ 产业逻辑。不同的产业在不同的发展阶段，其核心驱动因素与竞争要素是发生变化的，而且在当前互联网与全球化的时代，其变迁的原理更加与以往不同。比如，由于创造性破坏更为普遍，厂商与用户的关系发生本质变化，技术优势与商业模式的生命周期也变得更短。

◎ 业务逻辑。看一个企业的业务首先还是要看其战略布局、业务方向是否符合前面说的宏观逻辑与产业逻辑，是否符合社会大潮与产业大方向。即使一个公司的团队很牛，如果是逆着这两个大方向，其经营的难度还是会非常大，成功的概率还是很低。

◎ 财务逻辑。就像数学是对其他自然科学最好的表达一样，财务是对企业过去的经营行为进行数字化、结构化的总结与记录，通过这些数据可以很好地分析与验证其业务上的特征与问题。

这四个维度是看一家公司和一个产业的相互验证、相互有勾稽关系的逻辑闭环。研究一个微观的企业一样要有很强的自上而下的思维。在大逻辑上有严重瑕疵的公司，一方面成功的难度很大，另一方面研究的难度也很大，研究的投入产出比就很差。

更多的研究是为了更少的决策

对社会发展、宏观经济、产业趋势、商业模式、业务逻辑与财务的广泛涉猎，在少数重大问题、关键变化、重要领域与重点企业的深度前瞻研究，最后只在少量细分行业与标的上做出决策，这是一个“更多的研究是为了更少的决策”的认知过程与决策路径，是一种逻辑上的递进关系。更少的决策是为了提高决策的确定性与决策的含金量。

一个人难以在一个领域长时间内保持认知的优势，也难以在所有领域中保持认知的优势，更不可能在所有时间、所有领域上保持认知的优势，但我们一定要做到在少数重要领域的相当长时间里保持认知的优势。真正的基本面研究就是要在不同阶段的少数重要领域持续保持优势，然后通过不断地学习扩大这个优势。

价值的来源与企业的核心竞争力

投资收益主要来源于两个方面，即产业发展与企业主动创造的价值，以及不同资产之间估值比较优势与市场错误定价导致的套利机会，但主要来源于前者。产业发展与企业创造价值的源头，是起到关键作用的人的因素，是企业家精神、最优秀的团队创造的价值。一家企业的核心竞争力是企业文化与公司治理结构。企业的组织能力、产品与品牌、竞争优势、盈利情况等本质上都是好的企业文化与治理结构在时间上沉淀下来的结果。我国有着庞大的人力资本红利、不断积累的技术进步、庞大的本土需求与应用场景、充沛的股权融资市场、稳定的社会历史环境，这些因素只在中国这个经济体同时成立。在这个背景下，中国还会持续涌现出一批不断创新与进步的、具备国际竞争力的优秀企业，它们就是我们最有可能的投资对象。

冯柳——民间走出的价值投资高手

冯柳曾经是中国 A 股市场上亿散户之一，在淘股吧和雪球上，以“茅台 03”的别称拥有一批忠实的粉丝和志同道合的朋友，是国内最早在互联网上为人所知的价值投资者之一。曾获《中国证券报》2016 年度“股票策略金牛私募投资经理”等行业大奖。

他通过自己一套独特的投资理念，从小散户变成超级散户，又从超级散户变成了明星基金经理。在总结自己的投资策略时，冯柳用一句话进行了概括：“不择时、不做衍生品、不通过指数期货对冲、不用杠杆、不回避系统性风险，始终用超高仓位进行集中的逆向投资，且中长期持有。”

在负面思考时买入，赚市场角度和变化的钱

冯柳认为逆向投资的核心是在负面思考的时候买入，赚角度和变化的钱，而不是纠正市场错误的钱。下跌只是负面思考的表象，不过，并不是所有下跌都代表充分的负面思考，有时不那么充分的上涨也可能是另一种负面思考。

冯柳表示自己喜欢去抄底，他把下跌分为杀估值、杀业绩（经营节奏）和杀逻辑三种类型。杀估值是最安全的，股价下跌后导致其下跌的因素解除了，投资机会就伴随而来；其次是杀业绩，针对其经营节奏和变化进行投资也会有很好的机会；要小心的是杀逻辑的下跌，这个一般很难抄底成功。

集中投资赚确定性的钱

冯柳认为好的投资机会是有限的，投资者的精力及能力圈亦是有限的，真正的风险控制在于有效且充分深入地思考，因此集中投资是主要的风格选择。

集中投资的核心是确定性，也就是概率。不过，由于自己觉得确定的、别人也会觉得，这就会降低“赔率”。概率和赔率一般会相反，但偶尔也会有不同框架下的一致。因为冯柳一向把“赔率”放在概率前面来思考，所以会分散买很多只股票来跟踪，只有发现两者统一的时候才会重点集中。

选股的核心标准

在个股选择上，冯柳的核心标准包括：1. 好的生意模式；2. 可预期，即企业一年内业绩和估值可预期；3. 可展望，即可以大致感受到企业未来 3 年的发展路径；4. 可想象，即可以对企业未来 10 年的发展有所期盼。

THE EVOLUTION OF HEDGE FUND 对话

格上财富：在挖掘拐点型公司方面，您有哪些心得体会？

冯柳：我比较喜欢抄底，但对拐点型公司没有特别喜好，我把下跌分为杀估值、杀业绩（经营节奏）和杀逻辑。杀估值的最好，因为跌下来后导致其下跌的因素就解除了；其次是杀业绩的，针

对其经营节奏和变化进行投资也是很好的机会；要小心的就是杀逻辑的，这个一般不建议参与，很难抄对。

当然，这三种杀跌有时会混在一起，有可能从杀估值开始，然后业绩节奏变差，最后发现原来是逻辑改变了，这就比较悲剧了。因此，一定要借助市场的智慧进行判断，用复杂去化解复杂，万不可自作聪明，这个市场最不缺的就是聪明，个人力量在巨复杂体系面前是微不足道的，要弃智和谦卑，用常识、信仰以及运气去面对。

格上财富：您是集中持股、不控制回撤、不做对冲的方式，当遇到市场波动时，怎样应对？能否总结方法，并举个以往的例子来说明？

冯柳：我不去应对，就在里面不动，对我来说波动不是风险，虽然会影响心情和机动性。其实很多市场风险都可以通过选股来化解，我大部分收益都是在熊市中完成的。你把个股想清楚就好了。当然碰到2008年那样的系统性熊市就会比较受伤，但即便重来一次我还是会选择不躲避。

这样看上去有点蠢，却可让我处于一个简单的心理及思维环境中，降低投资的复杂度。很多人其实都是在各种纠结中错过机遇，却没有如愿规避掉相应的风险。市场的方向简单但过程复杂，正是这种简单与复杂结合的特点才会导致人们去做那些自以为聪明的举动，只有承认自己不具备挑战复杂的能力及心性，把系统性损失当作理所应当的义务来面对，就能平静安心下来做好个股，自然能够更坦然地去面对波动及考验，同时获得超越他人的情绪与心智力量。

王世宏——狙击伟大公司

具有19年股票投资研究经验和12年资产管理经验的王世宏，曾任高瓴资本总监、QFII团队核心成员，泰康资产投资经理，拥有包括房地产行业研究与投资、保险账户股票投资、金融地产股票投资等方面经验。他的核心投资理念是，在经济发展的主航道上，基于变化的环境，投资拥有伟大生意的伟大公司，也就是投资于同时具有伟大创新和强大护城河的公司。

在主航道上投资

王世宏认为，任何行业、任何时候都会有投资机会，但是投资在主航道上的行业回报更好，因为主航道上的行业通常处在不断创新的高速增长期，而且处在护城河不断加宽的过程中。判断一个新的生意是否会成为主航道生意，要满足以下几个条件：

◎ 体验或者效率要有数倍的提升，例如蒸汽机对于人力，内燃机对于蒸汽机，电器的使用等变革。
◎ 有足够的规模，小生意不可能成为主导生意。
◎ 有足够的增长速度，在如今这个时代要符合摩尔定律，例如最近几十年从大型机、PC、软件到 PC 互联网、移动互联网都受到了摩尔定律的驱动。
◎ 具备商业上的可行性，可以在现在或可遇见的未来产生卓越的资本回报率。
◎ 第一批消费者已经在用、体验满意，导致更多的人用。

成熟生意是否处于主航道可以通过自身的渗透率和增速是否放缓来判断。从渗透率来看，通常一个生意从 0 到 1，与从 1 到 10 均属于处在主航道上，但从 10 到 100 就未必在主航道上了。在中国，渗透一线城市主流人群的过程是从 0 到 1，渗透二线主流人群和一线非主流人群的过程是从 1 到 10，但渗透到二线以下是从 10 到 100 的过程，就未必在主航道上了。从成熟生意的增速来看，处于主航道的生意应有 30% 以上的收入增长，当低于此速度，通常就不再是主航道生意了。

新的主航道——人工智能

在 2016 年做工作总结时，王世宏表示由大数据和云计算驱动的人工智能领域是即将到来的主航道。人工智能的应用目前已经广泛存在，比如信息流的广告推荐、智能音箱和手机的语音助手、无人驾驶系统的汽车等。

这个领域之所以兴起，首先是近几年大量的数据积累可供智能学习；其次是 GPU 大幅提升了运算速度，云计算提升了可运算量；最后是神经网络算法应用的突破。

人工智能应用的核心是数据，所以接近用户、可以获得用户足够数据的公司会产生价值；人工智能应用的基础是强大的计算能力，计算需要强大的芯片以及云计算来实现计算速度和计算量的要求，故现有的云计算公司在人工智能时代仍然是主流公司，现在的 GPU、FPGA 以及其他更高效芯片的公司正处在绝佳的位置上。

在互联网时代，最著名的护城河是用户数量增加带来的用户网络效应；在 AI 时代，由于数据量增加会带来数据网络效应，最好的生意正是基于数据网络效应的生意。

聚焦具有伟大创新和强大护城河的公司：创新、护城河、组织以及安全边际是投资的核心

（1）创新创造价值

什么是创新？价值是通过技术、产品和商业模式创新创造出来的。创新是价值的源泉。人类的社会进步和经济发展是由无数产品被发明和商业模式的构建带来的，它们满足了用户需求，实现巨大的销售规模，可以说创新实现了巨大价值。今天，排在全球市值前列的伟大公司大部分是第二次世界大战以后，尤其是 20 世纪 70 年代以后创立的，可以说价值来源于创新！

对于基金来说，保证投资成功的第一要素就是要投资创新！通过对人类历史各类成功创新的分析研究，王世宏对创新的理解是：创新是以已有但没用过的技术再造新的产品和生意，与现有商业环境结合，创造出 10 倍不同的体验和效率。创新成功的观察点就是：充分利用成熟技术，尤其是之前大量未曾使用的技术；重大的产品和商业模式创新；大幅度的体验改善和效率提高。

因此，通常的做法是，否掉涉及不明确是否已成熟的技术的企业，否掉没有看到产品模式导致的功能颠覆性变革的企业，否掉产品出来以后体验和效率没有显著提升的企业。最后一步是看能否用产品判断 ROI，这一点是核心，没看到产品的不可以投，产品不够好的不投。

技术组合成产品的过程通常会出现较大的不确定性，要调整最优组合和调试最优参数出现。必然性是这些技术都可以创造出产品来，偶然性是设计的优劣决定了产品究竟能否成功和取得多大程度的成功。基金只在创新出现必然性以后再投资！

如何发现创新？从自上而下的角度看：过去 30 年，即 1976—1985 年，是 PC 硬件普及的阶段，标志是 CPU 的使用和 PC 电脑的的出现；1986—1995 年是软件时代，标志是 windows 和 office 的广泛使用；1996—2005 年是 PC 互联网时代，标志是门户网站以及电商网站的成功运营；2006—2015 年是移动互联网时代，标志是苹果手机的使用、微信的诞生以及 AMS 的商用；从 2016 年至今是人工智能时代，标志是电动车和无人驾驶的普及、GPU 的大规模使用、各类人工智能应用出现、各类机器人的广泛应用以及 AR 和 VR 重塑娱乐生态。把握科技发展的主导方向，就可以发现主要的创新。

从自下而上的角度看：观察生活当中出现的每个新应用；跟踪上市公司出现的每个创新应用；运用大数据持续发现新的现象级产品产生。

将自上而下与自下而上相结合，可以在第一时间发现创新。

如何判断创新？以下几点也就是创新创造了多少价值的衡量方法，可以判断什么是真正的创新，什么是伪创新！

◎ 体验的改善，新应用比旧应用的体验改善的倍数。

◎ 成本的优化，新应用比旧应用的成本优化的幅度。

◎ 创新的幅度 = 体验改善的幅度 × 成本优化的幅度。

（2）护城河是价值实现的基础

有哪些主要的护城河？时间是好生意和好企业的朋友！

所谓好生意，就是规模收益递增的生意，一般而言它具有网络效应、品牌效应、产品粘性、规模经济这 4 种特征中的至少一种。从用户端来说需要边际效用递增，一般需要有网络效应和品牌效应；从企业端来说需要边际成本递减，一般需要有规模经济。

最好的生意同时具有用户收益递增和企业成本递减的特性，差一些的生意可能只具备一方面的特征。

在 20 世纪 50 年代之前，好生意通常是具有规模经济的生意，那时候主要的估值方法是 PB，投资的方法是找到具有规模经济的生意，在低 PB 的时候买入。

1950—1990 年，好生意通常是具有品牌的生意。由于电视网媒体的传播，现代化渠道的出现和生产的规模经济，品牌大量出现成为好生意。典型的是以品牌作为护城河的消费品生意和以专利为护城河的医药生意。投资的方法是寻找持久的品牌，在低 P/DCF 价值的时候买入。

1990 年以来，好生意通常是具有网络效应的生意。无论是 2C 的软件、互联网还是云计算，护城河都是建立产品和用户的粘性，尤其是用户和用户之间的联系网络。网络效应的存在使得大公司相对于竞争者的优势比品牌时代和规模经济时代强大很多，也使得大公司还能够不断快速成长。投资的方法是找到可以构建强大网络效应的生意，在用户扩张的早期，在整个网络的价值被大幅低估时买入，大部分的时候 P/DCF 仍然适用。

如何量化判断护城河？创新还是护城河，本质是类似的。创新是看新产品和旧产品的体验成本的差异，护城河是看同样经营类似产品的不同企业可做出的体验成本的差异。体验的差异是一个企业的产品服务比另外一个企业的产品服务体验上差异的程度，本质上还是产品的品质、整个生意的价值链价值、网络效应、品牌造成的。成本效率的差异是一个企业的成本效率和另外一个企业的差异，这主要是规模经济，尤其是摩尔定律造成的。

（3）企业家和组织促进价值实现

生意是由人做出来的，投资就是投资人！只投资于创业者本人运营的企业，只投资于创业者本人全力以赴（all in）的企业。多数时候，只有创业者本人才能应对各种困难，不断提升企业的高度。

伟大的企业家是被证明可以做出来一项又一项伟大生意的人。这样的伟大企业家很少，发现一个都可以给投资带来巨大的财富！

一个强有力的高效组织有利于实现上述目标！

对于一个伟大企业未来几年是否可以投资，最重要的就是看其过去几年是否有重大创新出现。一个重大创新可能会有 10 年以上的渗透期，可以为未来几年带来巨大的投资收益。反观如果过去几年都没有重大创新出现，不但未来收入难以增长，还容易受到挑战！

衡量一个人、一个企业是否能够不断探索出重大创新，并且能够以优秀的生意模式实现，这是高毅资产选企业时最重要的考虑要素！

（4）安全边际以及合理的收益率

好公司需要在未来 3～5 年中，至少有年化 20%、最好是 30% 以上的 IRR，让每笔投资都是以较为低估的价格买入，中期和长期都为投资者创造较好的投资回报率。

（5）总结

投资者应力求通过创新、生意、创业者以及 IRR 等基础要素构建投资系统，实现几个方面的目标：

◎ 创新促使生意具有高增长率。

◎ 具有强大护城河的好生意实现高资本回报率。

◎ 创业者推动创新不断出现，并创造好的组织和商业模式加深护城河，为客户和投资者创造价值。

◎ 合适的价格使得投资具有较高的年化 IRR。

众星云集，高毅资产俨然成为了众多投资老将再展拳脚的舞台。虽然公司成立时间尚不足 5 年，但已经构建了坚实的人才团队与制度根基，市场对其也充满了无限的希冀。“百年老店”的梦想，正在一步步照进现实。

17

寻找时代的“阿尔法”

弘尚资产如何实现投资函数最优化

上海弘尚资产管理中心（有限合伙，简称“弘尚资产”）可谓衔玉而生，拥抱时代而来。公司致力于寻找到“时代的阿尔法”，掘金中国成长，通过联姻红杉资本，实现了成熟证券投资团队和顶级 VC 的“融合”，在 TMT、健康医疗、消费以及环保新能源等四大核心领域进行深耕细作。弘尚资产以打造一支“精锐之师”为支撑，辅以严密的风控体系，实现公司管理规模和产品业绩“更上一层楼”。

弘尚资产成立于 2013 年 10 月，由一个来自公募基金的优秀团队和全球风险投资巨擘红杉资本联合创建，是红杉资本在中国唯一的二级市场资产管理平台。公司以权益类资产管理能力为核心竞争力，向综合资产管理平台发展，其核心团队包括大型基金公司高管、投研主管、“金牛奖”基金经理、“新财富上榜”研究员等资深专业人士，是一家自诞生起便被市场寄予厚望的公司。公司成立以来，也的确不负众望，凭借优秀业绩和稳健运作，屡获金阳光、金长江及金牛奖等行业大奖，跻身国内知名阳光私募基金公司行列。

从公募总经理到私募CEO，尚健这位美国金融学博士，始终保持着山东人的务实和拼搏精神，并拥有一种儒雅的书卷气质。在长期担任公募基金的高管期间，尚健清楚地看到：相较公募基金通过收取基金管理费来盈利，私募基金通过收取管理费和超额收益报酬的盈利模式，与投资人捆绑得更紧密，利益更为一致。“曾经有一位我非常尊敬的国外前辈说过，假如他能重新来过，一定要做一家真正为投资人利益着想的资产管理公司。这对我有很大的触动，并且产生深深的共鸣感。”因此，以投资人利益为重是弘尚资产建立的初衷，也是公司成立以来始终坚持的第一要务。

在弘尚资产看来，公募和私募都是资产管理，从本质上讲都是业绩为王，而私募更是真刀真枪地拼实力。在弘尚资产成立之前，沈南鹏就一直在考虑利用红杉资本在一级市场丰富的经验和资源，设立独立的二级市场投资平台，而尚健也在想如何从一级市场的研究角度和方法中汲取一些经验来更好地进行二级市场投资，两人思想火花碰撞的结果，便有了弘尚资产的诞生。

与红杉资本“联姻”，意味着实现了成熟证券投资团队和顶级VC的“融合”，弘尚的首席投资官朱红裕先期奔赴红杉资本担任中国区副总裁，目的便是着手把两个团队的投资行为有机整合起来，把红杉资本在一级市场的投资视角和格局嫁接到弘尚资产的二级市场的投资上来。此后的合作异常顺利，两个团队经常一起就行业发展、商业模式等进行交流，在 TMT、健康医疗、消费以及环保新能源等四大核心领域尝试无缝对接。

考虑到合规风险，弘尚资产与红杉资本之间建立了明确的防火墙机制，在研究共享机制上，双方则严格遵照中美两国监管方面的合规要求，并不涉及具体上市公司方面的信息。

做行业专家甚至像内部人一样理解公司

我们每个投资人都在构造一个投资收益函数，根据不同的参数，尽可能去优化函数，把产出做到最大化。既然能够利用的参数边界和以前不一样，那我们就要调整。

——弘尚资产首席投资官朱红裕

投资永远需要顺应大时代浪潮，关键在于能否寻找到“时代的阿尔法”，把握住各个时代最能够代表经济、最具爆发性的领域，享受与优质公司共同成长带来的长期可持续回报。目前弘尚资产主要关注医药、TMT、环保及消费四大领域，这些领域代表了中国经济转型的方向，未来有巨大的成长空间。

在投资上，弘尚资产以 PE 的前瞻视角和思维深度优选个股，立足于基本面研究，先从行业入手，即考察公司所处的行业是否是未来高成长的好行业，再从行业里面选择优质的上市公司，不参与跟风炒作。以 PE 的视角进行投资，意味着深入研究，做行业专家甚至像内部人一样理解公司。与红杉资本合作，正可以弥补二级市场研究上的一些短板和盲点。

例如，中国快递行业是近几年发展最迅速的行业之一，红杉资本早在七八年前就开始跟踪调研，在 2012 年作为第一家机构投资人投资了中通快递。受益于红杉的前瞻性视角，弘尚资产是当时最早一批关注到快递行业投资机会的机构。它从

2015 年开始深入研究该行业，并于 2016 年初进行投资布局，取得了很好的投资收益。当时快递行业对很多投资机构来讲很陌生，市场上根本没有专门的行业研究员去覆盖，弘尚资产可以分享红杉这方面的投研资源，可谓得天独厚，占尽先机。

THE EVOLUTION OF HEDGE FUND 对话

格上财富：为什么会形成这种行业聚焦的投资模式?

朱红裕：现有资源导致的能力边界。

前几年有不少从公募出来做私募的，到现在为止生存状态比较好的并不多，因为很多人把原来在公募的体系直接拿过来在新的环境中去应用。朱红裕表示，这种方式是有问题的，因为在新的平台下，资源、团队都不一样，客户的收益预期也从相对收益变成了绝对收益，投资经理需要根据当下情景做出一定的调整。从公募到私募，需要做出的改变是切实存在的。

在公募期间，朱红裕经常运用自上而下的研究方法，也阅读过非常多的宏观策略，对消费、医疗等五六个行业做过深入的研究，2010 年以后宏观经济整体波动很大，这种方式获益良多。不过，奔私之后，朱红裕准确地认识到，在新的环境下能利用的资源较之前有很大区别，投研人员配备和可以获得的外部研究资源较公募期间都要少很多。比如，原来可以用 20 多个研究员，在新的平台上期初只有四五个人，那么应该怎么办呢? 朱红裕给出的答案很简单：聚焦!

聚焦有利有弊。利处在于，弘尚资产与红杉资本均聚焦医药、TMT、环保及消费四大领域，红杉资本超过 50 人的研究团队可以给弘尚资产很好的外部研究支持。而弊处则在于，错过其他板块的机会。如 2016 年下半年以来的周期行情，由于未深度覆盖周期类板块，公司旗下所有产品在此领域均无所斩获。“弱水三千，但取一瓢。我们能抓住我们能把握的机会，对我们做绝对收益亦已足够。”

朱红裕坦言，团队也曾经走过不少弯路，但并不为此感到遗憾，投资就是在不断犯错中学习提升，团队也在这个过程中不断磨合成长。“经过 4 年的历练，我们团队的实力和经验已和成立之初不可同日而语了。”

格上财富：2017 年上半年成长股行情不好，怎么应对？

朱红裕：控制仓位和跨市场操作。

2017 年 A 股中的成长股整体都没什么行情，但美股和港股等海外市场却“牛气冲天”。在本土市场波动特别大时，弘尚资产首先是控制仓位，其次是着眼于全球市场捕捉投资机会，进行跨市场操作。

A 股和港股、美股虽然在交易规则上有差异，但选择成长股的逻辑是没有本质区别的，都是选择好行业、好公司、好未来。唯一的区别是三个市场中优势行业的分布是不一样的，如，美国中概股中电商和教育行业的好公司很多，代表公司最开始是唯品会，后来是阿里、京东，再到这两年的陌陌；港股中社交和电子行业里的好公司集中，腾讯就是典型代表。而 A 股目前的优势行业是消费和医疗、白酒和家电。弘尚资产追求的是从全球视角内寻找未来的优势行业，即选好赛道，再选好选手。

格上财富：怎么看成长股的估值？

朱红裕：不能单用市盈率衡量，还要看估值的增长。

很多成长性公司的价值是不能够用静态的市盈率来衡量的，能够用市盈率衡量的是未来三五年利润稳定增长的公司，另一个要观察的是 PEG 指标，也就是看估值的绝对增长，要看将来这个企业占有什么样的市场份额，市值是多大，折现过来计算，未来是否会有很好的利润。还要看长期的市值的估值增速是多少，折现过来考察，市值波动风险可能有多大。同时，折现的过程中还要考虑公司融资这种非自发盈利导致的市值变动。

高仓位下的风控约束

从长期逻辑来看，尚健坚信，权益类投资必须要有一个相对高的仓位，但同时他也承认，没人能保证每个波段都能做对，那么，风控则是必要的。市场上很多人把风控简单地理解为控头寸、砍仓，而弘尚资产并不这么认为，“我们更多强调的是风控体系和投资方法的相互制约与促进，而不是刻意地进行风控”。

真正的风控需要和每位投资经理的投资方法、投资策略不断地磨合，最终达到既能控制相对稳定的回撤，又不影响长期持续收益率的目的。风控不能过严也不能过松，要根据不同的投资策略匹配适当的风控体系。

风控纳入管理流程。对于资产管理公司而言，风控包含运营风控和投资风控两个层面。弘尚资产将风险管理纳入全面、系统的管理流程中，以风险管理促进业务的发展。其中，风控的组织体系包括两个层次：公司设立合规及风险控制委员会，并由CEO对公司经营管理过程中投研、运营、市场、风控四个职能模块的风险，组织预防和控制体系。运营风控制度体系由公司章程、基本管理制度和具体业务规则三个不同层次的制度构成。

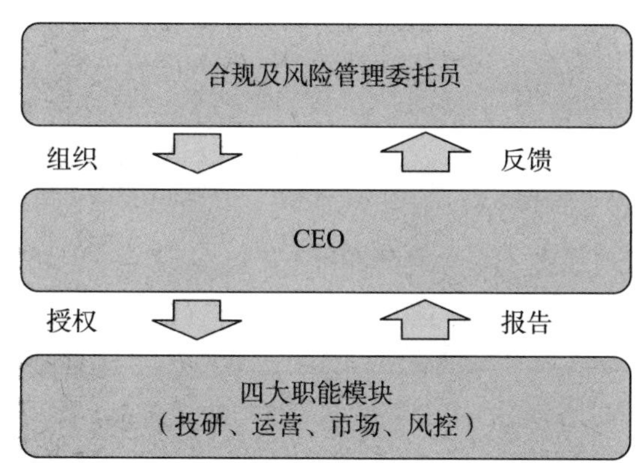

图 17-1　弘尚资产的风险控制组织体系

资料来源：格上研究中心。

在投资风控上，弘尚资产建立了一套完整覆盖事前、事中、事后的全流程投资风控体系，其中，事前控制为最重要一环，防范风险于未然。投资决策委员会根据产品合同和投资决议确定风险参数，投资经理按规定流程执行既定投资计划，并由公司专职风控专员实时进行监控，事后由风控经理进行绩效评估，并提供反馈和改进建议，及时对风控指标和参数进行优化调整。

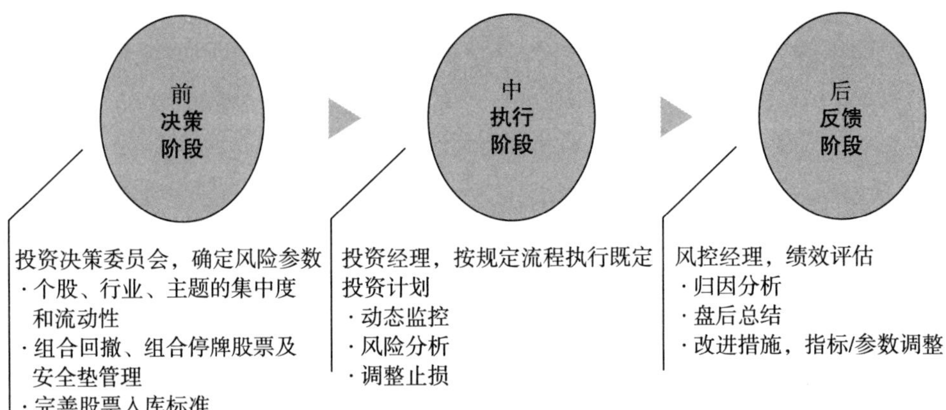

图 17-2　弘尚资产的风险管理执行流程

资料来源：格上研究中心。

THE EVOLUTION OF HEDGE FUND 对话

格上财富：能否举个例子，在极端行情下，如股灾、熔断期间，是怎么操作的？

朱红裕：风控先行，视机会调仓。

其实投资上最好的风控还在于组合股票的选择。个股选对了，基本面扎实、股价没有泡沫，即使短期市场失效导致下跌，待市场恢复正常后仍会确定性地涨回来。遇到股灾、熔断这样的市场极端环境，组合净值下跌难以避免，但关键在于股票的价值是不是永久地受到损害。当然，面对市场潜在的风险，我们首先做的是严格控制仓位，做好防御。同时，在市场经历大幅波动后，也是调整组合持仓的一个绝佳时机。假设，计划持有的两只个股 A 和 B 年化复合回报率差不多，其中，B 股票突然因为流动性问题跌了 20%，基本面又没有任何变化，那么 B 股票未来的预期回报率是上升的，这其实是一个很好的把 A 股票换成 B 股票的调仓机会。不过，如果 B 股票的下跌是基本面出问题导致的，就要另当别论了。总体来看，每次市场出现大幅波动时，风险和机会并存，不仅要看到风险，也要关注机会。

打造一支“精锐之师”

过去几年中，在资产管理行业人才流动加速的背景下，弘尚资产则基本保持了团队的相对稳定性。谈及对弘尚资产的期许，尚健笑言，希望与一帮有理想的人聚在一起，打造一支“精锐之师”，做一些与众不同的事情。从弘尚资产的投研团队来看，多位投资主帅的证券从业经历均超过了10年且投资业绩优异，在私募基金里，这样的投研团队几近“奢华”。

有研究才有投资，注重人才培养

弘尚资产认为，有研究才有投资决策，所以公司非常注重人才的培养。行业经验表明，所有能够走得远的资产管理公司都在内部建立起了非常强大的投研体系，过分依赖外部资源难以长盛不衰。

公司投研团队从成立最初的只有几人，发展到目前拥有一支20余名专业精英的投研团队，在私募中属于“豪华配置”，投研能力边界覆盖的范畴也有了很大的飞跃。朱红裕坦言，公司也会面临大多数机构都会面对的问题，即培养人才需要大量的时间成本，还会面临人才流失的风险。不过，建立一个完善的人才培养和评价体系，打造坚硬的内核仍然是重中之重。在人才培养目标方面，弘尚资产不仅要求投研人员有开阔的研究视野和市场大局观，还需要落实到具体的投资方向上，寻找出符合市场和产业变迁方向的领域，深度研究“重拳出击”。对于新人，弘尚资产的培养模式则是：从行业、供给开始研究，专注在某个行业中深耕细作。

多项举措捆绑三方利益，提高团队动力

弘尚资产采用合伙人制、投资经理业绩报酬分成、研究人员荐股直接奖励、投研团队跟投以及年度奖金的大比例再投入等一系列举措，将个人发展与公司利益、投资人利益捆绑在一起，让团队成员有不断提升的动力。目前弘尚资产已经建立了完善的激励制度和员工成长计划，团队稳定富有活力。

从 A 股投资向全领域布局

成立初期，弘尚资产主打投资国内二级市场的产品，当时品牌还没完全建立起来，公司发展的内核完全是业绩驱动。在 2015 年上半年，公司规模还不大，直到 2016 年，弘尚资产的规模扩张到 20 多亿元，主要归功于当时远超同业的超额收益。因此，弘尚资产认为，对于私募机构来说，一定要做好业绩，形成自身的品牌，即使遇到行情不佳的情况，客户也会有足够的信任。

随着境内投资者各类资产配置需求的提升，弘尚资产的投资范围从境内扩展到了境外，投资策略从权益投资扩展到了债券、量化，投资范围也从二级市场扩展到一级半的股票定增和新三板企业。目前，弘尚资产已准备推出债券、量化和多策略等一些新产品，未来将覆盖更多策略。

THE
EVOLUTION OF
HEDGE FUND

弘尚经验谈

弘尚资产认为，私募和公募不一样，大部分是业绩驱动，品牌是靠业绩树立起来的，对于新兴私募机构，做好业绩才是最关键的。做业绩有一定市场客观因素，但团队整体的实力才最重要，投研扎实、专注，效果才明显。值得一提的是，研究做好的同时，风控也很重要。对新私募来讲，开始阶段不用强求规模，建议从业绩开始做起。

THE EVOLUTION OF HEDGE FUND

弘尚好书荐

《穷查理宝典》

作者：查理 · 芒格 / 彼得 · 考夫曼

推荐理由：投资中做到优秀和做到卓越有着非常巨大的差距，优秀的人很多，真正能做到卓越的人没几个。从优秀到卓越光靠战略的观点还是不够的，查理 · 芒格是非常有智慧的人，本书非常值得学习。

《股市进阶之道：一个散户的自我修养》

作者：李杰

推荐理由：这本书告诉我们做投资的最好状态不是越来越累，而是越来越轻松，并且有很多时间陪家人，最终的投资理念应该是基于人性的。

《利率史》

作者：悉尼 · 霍默；理查德 · 西勒

推荐理由：所谓利率水平的高和低体现着你对国家的信任程度，相应的，基本利差也体现着人们对企业好坏的判断。利率的形成背后有很多原因。影响长周期利率核心要素是变化的，可能跟货币有关，可能跟人口有关，可能跟国家的治理结构有关。历史真的能够给人以启蒙。

THE
EVOLUTION OF
HEDGE FUND

18

做时间的朋友

拾贝投资的“三好”标准

海宁拾贝投资管理合伙企业（有限合伙，简称“拾贝投资”）成立于2014年年初。成立3年多的时间里，拾贝投资实现了稳健发展，投资业绩持续优异，资产规模稳步提升，人员数量有序增加，团队体系日趋完善。在复杂多变的市场环境下，拾贝已经逐渐形成了清晰的经营思路和公司文化：坚持以持有人为先、奋斗者为本的精神，致力于打造一个具有持续学习能力的团队，坚持深入研究，寻找风险调整后性价比较高的投资机会，站在时间这一边，追求长期可持续的良好回报。

虽然在私募领域还是个新兵，但其核心人物胡建平在资产管理行业已经有20年的从业经验了。1998年，胡建平从东北财大硕士毕业，进入浙江证券从事研究工作，并且在工作中逐渐确立了以基本面为中心的研究方向。3年浙江证券研究员、3年天堂硅谷创投投资经理，胡建平的投资生涯就这样一步步开始了。

2004年，胡建平加入鹏华基金，时任鹏华基金研究总监的刘文动对他早期投资理念的形成和完善产生了较大影响。基于价值、分散投资、讲究轮动的投资框架，刘总领导的“社保104组合”业绩相当优异，在当时这是为数不多相对成熟的可复制的投资方法。刘总那时正在重建鹏华基金的投研体系，就是按照这一套方法管理和培养团队，胡建平也从中得益很多。他在刘总投资方法的基础上慢慢成长，并加入自己的思考和理解，逐渐形成了自己的投资风格。2006年，胡建平由研究员转为基金经理，先后管理“鹏华中国50”和“鹏华价值优势”基金，当年“鹏华中国50”被评为金牛基金。

2007年，胡建平加入了当时管理规模位于公募基金第一的华夏基金，历任“华夏回报”与“华夏回报2号”基金基金经理，这期间他的投资理念进一步成熟，投资业绩也非常优异。回忆在华夏基金的工作经历，胡建平感悟颇多。首先是从华夏基金成熟的投研平台、强大的投研团队上受益良多。其次是产品的定位（华夏回报的理念是绝对回报，业绩基准为一年期定存，超过即分红，到2013年年底累计分红近60次），让他在绝对收益目标的管理上得到部分实践。第三是由于当时产品规模很大（两只产品总规模长期在200亿以上），促使他去关注更多的股票，看更多的行业和公司，形成了在投资上更加开放的心态。

2006—2013年，在公募基金任职基金经理的8年时间里，胡建平管理的基金获得过6次金牛奖和1次晨星奖，累计获得了近400%的回报，大幅超越市场和同业平均水平。

2014年2月，胡建平离开公募行业，和几个同事一同发起设立了拾贝投资。2014年4月，拾贝投资首只产品“华夏资本—拾贝投资1号”成立，至2017年年中已经给投资者创造了超过110%的费后收益。由于“华夏回报”的投资风格与私募相对比较接近，因此拾贝投资的投资风格也与之前大体上一脉相承。不过相对来说，私募对回撤的承受能力更低一些，同时私募的研究平台支持也弱一些，这都对投资提出了更高的要求。在胡建平看来，拾贝投资能够给投资者创造的价值有3个维度：1. 长期良好的可持续收益率；2. 相对较低的波动率；3. 良好的沟通。

THE EVOLUTION OF HEDGE FUND 对话

格上财富：当初为什么会选择离开华夏基金，自己创办拾贝投资？

拾贝投资：展望未来，财富管理是整个服务业里规模最大却没有得到充分发展的行业，前景非常大。如果自己做私募，能够更加直接的参与到这个过程中，可以体验到一些纯粹做公募基金经理无法体验到的东西。同时，也还是比较相信自己长期形成的这套投资方法，有信心长期在这个领域里做到中上水平。

拾贝投资的创业之路总体来说较为顺利。第一只产品是老东家华夏基金牵头帮忙协调发行的，比较成功，我一直非常感谢老东家的支持。加之创业不久就遇上了牛市，收益也不错，总体较为顺利，这使得公司在很多方面，比如财务上就没有经受过比较痛苦的煎熬，可以有更好的心态来做选择，做更长期一些的计划。

胡建平：投资要跟随时代的步伐

我们看巴菲特的投资，他早些年基本不投资科技股，而是将大量资金投资于一些与国内消费等领域高度相关的股票，因为在那个年代，那些行业是美国国内增长最为迅速的行业。进入 21 世纪，科技逐渐成为美国发展主要的增长引擎，其投资组合的表现就有所不同了。

我入行的第一份工作是做电力研究员，当时国内电力紧缺，类似于华能国际、国电电力这种股票当时股价表现也比较突出。随着时代的发展，中国产业结构的不断调整，A 股市场呈现出非常清晰的阶段性特点。不同的阶段中股价表现最好的是不同的公司，但这些公司一定都代表了当前时代的发展特征。

长期来看，市场的效率会比我们想象的高得多。股市的确是经济发展的晴雨表，个股表现跟产业发展的拟合度也非常高。对于一个投资人来说，自己（团队）的知识是否能够持续更新，跟得上产业变迁的脚步，对能不能持续深入地理解这个市场、跟上这个市场，创造出良好的投资收益，是至关重要的。做投资一定要着眼于时代大趋势，和优秀公司共成长。

好价格，好人，好业务

拾贝投资认为，要从投资上赚钱，通俗地说就是考虑 3 个因素：1. 好的价格；2. 好的人；3. 好的业务，或者说好的生意。

◎ 好的价格，能够提供比较高的安全边际。

◎ 好人，代表了好的公司治理结构、股东背景、企业家、团队等。

◎ 好业务，是指有效解决了社会的某个或者多个需求，比如好的产品、好的行业格局等。

做投资最好三个条件都具备，这样成功概率最大，但这是比较难找到的。多数时候具备一两个条件，没有明显短板也是可以的。比如，公司治理结构一般，但足够便宜；团队很厉害，虽然业务一般，但管理者也有可能创造出大的阿尔法；再或者人一般，价格也不便宜，但业务实在太好了，行业本身太好了，那就也可能为股东赚到钱。

好价格、对好人、好业务的判断，意味着拾贝投资从投入产出的角度来平衡，希望投入是“好价格”，产出是“好人和好业务”；两者良好的平衡才能创造长期的超额收益。

挖掘长安汽车的投资价值

胡建平开始关注长安汽车，还是在管理公募基金时期，那时长安汽车的市值在 170 亿元左右，公司盈利水平并不算高。不过，他感兴趣的是长安汽车的子公司长安福特，当时长安汽车占有该公司约 50% 的权益，福特汽车为另一合资方。

与业内其他合资公司相比，当时的长安福特在中国合资车领域做得并不算成功：大众和通用在中国对应的合资子公司每年盈利都在 200 亿元以上，而长安福特盈利却很低，这与福特汽车在全球汽车领域的地位很不相称。当时胡建平及其团队研究后发现，这一现象背后的最主要原因是，当时福特汽车对中国市场不够重视，很长时间内公司只推出了福克斯等几款为数不多的车型。

然而，2012 年，福特汽车改变了公司策略，公开推出了“1515 计划”，即 2015 年公司将在合资公司（长安福特）投放 15 款新的车型。按照这种产品布局，福特在中国的投入基本就与大众相差无几了。在这种情况下，如果后期福特的产品在中国确实能够取得消费者信赖，且产品投放的进度达到预期，那么，它的盈利水平就足以和其他合资车生产企业媲美。

在后续的跟踪中，胡建平及其团队发现新款福克斯推出后非常成功，销售过万辆，初步证明了福特汽车的能力。当时公司旗下“翼虎”在北美同级车型里面卖得最好，比大众“途方”还好，通过对比海外同类车的销售情况，胡建平及其团队认为，长安福特取得成功的概率非常高，如果 2015 年长安福特达到大众的盈利水平，公司就会取得将近 200 亿元的利润，而长安汽车可以分得近 100 亿元利润。这意味着几年之后，长安汽车的市盈率就会降到 2 倍，这是一个非常值得跟踪的机会，而且完全是可跟踪、可研究的。对于长安汽车这只股票来说，就很有可能由于业务的大幅改善，且当前价格足够便宜，从而为投资者带来巨大的投资机会。这个投资逻辑也很快得到了市场的印证。

在回顾投资案例时，胡建平感悟道：“在整个投资过程中，当你关注某一个行业以后，对这个行业的理解和知识就会逐步积累，从而帮助你找出更多的机会。同时，这些优秀的公司经常还会给你一些额外的惊喜，比如说吉利汽车，在过去两年内，它的进步比你想象得更快，其‘博瑞、博越’已经成功实现产品升级，接下来推出的很多新产品，如‘领克’，很有可能会进一步闯入之前合资车专有的 B 级车领域，取得让人惊喜的销售成果。国产车卖 10 万辆级别和卖 20 万辆级别的车，盈利能力会非常不一样，卖 20 万辆的车盈利能力会提高很多。优秀企业总是给人们一些额外的惊喜，这就是好人和好业务的魅力。”

合规风控是公司长期发展的基础

拾贝投资认为，对于持有人来说，投资顾问的重要价值就是，在为持有人创造长期良好回报的同时，帮助持有人在上述过程中减小波动。拾贝投资希望通过组合投资的方式实现这个目标，风控体系也是围绕这个目标来建立。

风险控制可以分为两个层面，一是理念，二是方法。

理念上，拾贝投资认为最有效的风控基础就是选好个股。每一只股票、每一次交易都是一次收益和风险的平衡，单次投资的期望收益等于成功的概率乘以高度（涨幅），拾贝投资希望把握那些确定性相对较大的投资机会，不去赌，这样选出来的股票构成的投资组合才具有风险调整后较高的投资收益性价比。换句话来说，就是正视自己的能力边界，选股是个“自下而上”的过程，把投资建立在深度研究和详尽分析之上。对于覆盖深度不足的个股，就不参与或轻仓参与，这样公司踩到地雷的风险就能够大幅降低。

方法上，拾贝投资主要执行以下三个策略：

◎ 组合投资。拾贝投资从构建组合开始就没有“毕其功于一役”的想法，没有指望通过某几只个股的配置来实现超额收益。因此，无论在行业分布上，还是个股权重上都相对分散，从配置角度尽量规避极端风险。目前拾贝投资前十大重仓股的集中度约为五成。

◎ 组合回撤管理。拾贝投资建立了最大回撤制度、止损制度等一系列制度。在个股层面，公司会根据个股回撤情况，建立预警体系，在触及风控线时，研究员和基金经理必须做出相应的反馈和操作；在投资组合层面，如果组合回撤达到公司设置的风控阈值，投委会也会采取相应的机制。

◎ 自上而下的仓位管理。公司会根据经济、产业结构、资本市场、估值等因素评估较长一段时间市场的可投资性，然后投资决策委员会每月来不断跟踪检查中长期判断；同时综合运用股指期货的套保等金融衍生工具择时对冲阶段性风险。

在拾贝投资成立后，公司结合私募的业务特点，在公募体系的基础上逐渐摸索建立了一套适合自身的合规风控体系，保障公司规范运作，为公司长期发展打下坚实的基础。

薪酬与成长空间并重

对于资产管理行业来说，如何打造一个自我驱动的学习队伍，是一个永恒的主题。

——拾贝投资胡建平

截至 2017 年 8 月底，拾贝投资内部的投研团队已达到 19 人，他们大多有着非常好的教育背景，接近 3/4 的团队成员毕业于清华、北大、复旦等知名院校。

在新的投研人员的引进上，优秀的应届毕业生和资深的从业人员都在公司考虑的范围内，公司对前者可能更为偏好一些。经过观察，拾贝投资发现，由于现在大家的学习方式、学习能力以及信息获取速度等跟过去不可同日而语，部分新人成长的速度远超公司预期，很多优秀的应届毕业生在加入公司一两年后，对所在行业的研究深度就可以达到一个较高的水平，可以跟行业内很多从业时间更长的研究员相媲美。

对于研究员，公司未来会往资深研究员或者投资经理这两个方向进行培养。当研究员的研究能力达到一定水平时，如果员工自己希望往投资经理方向发展，公司会先让其进行模拟盘投资。如果模拟盘业绩能够持续优异，公司就会分一部分资金给该投资经理，让其管理实盘。实盘期间，只要该投资经理在规定的风控框架内进行投资，公司便不会太多地进行过程干预，只是根据过程和意愿来进行管理头寸大小的调整。同时，公司也坚持全员研究的理念，即使做了投资经理，也需要继续对所覆盖的行业进行深入研究，研究成果需要共享给全体团队成员。拾贝投资希望建立一套机制，能够持续加深研究深度，提升团队整体的研究水平和投资能力。

在拾贝投资看来，资产管理行业，人才是核心。为了吸引和留住最优秀的人，公司主要采取了以下方法：

◎ 为优秀的人提供有吸引力的薪资以及激励机制。

◎ 为公司员工提供成长的空间，让员工真正感受到，在这个公司里除了薪酬以外，还可以学到很多东西，公司团队一起努力，创造出一种学习的动力以及分享的氛围。

◎ 合伙人机制，公司会吸纳真正做得好的、跟公司想法一致的团队成员成为公司合伙人，和公司共成长。

THE EVOLUTION OF HEDGE FUND 对话

格上财富：拾贝投资有自己的发展节奏，并没有迅速扩规模，未来是如何考虑的呢？

拾贝投资：在资产管理行业，口碑是最重要的，而口碑一点一滴地积累需要非常长的时间。公司把资产管理规模看作是一个水到渠成的过程，并没有非常明确的要求，比如在什么时候想做到多大规模。公司相信，中国正在进入可以投资的时代，一定会产出非常杰出的资产管理公司。只要长期能够做到中上水平，始终留在这个市场上，就一定能够逐渐使自身成为这个市场上重要的参与者。但对于什么时候达到这样的位置，早几年还是晚几年，从贴现的角度看价值量是相差很少的。

格上财富：作为资管领域的前辈，拾贝投资认为如何才能实现基业长青？

拾贝投资：虽然整个私募行业的发展已经超过10年，目前行业也得到了越来越多个人和机构投资者的认可，但要想取得整个社会的信任，还需要一段时间。目前仍有一些机构对私募的信任度不够，在给私募发产品时仍要求采用通道形式，私募仅是作为投资顾问，而不是管理人。这需要社会各方对私募多一些了解，也需要私募自身的努力。

基业长青是一个结果，对于我们新公司来说是一个理想，从我们自己投资股票的标准来看，一家基业长青的公司一定是一家“好人管理的好公司”，对内对外它都能够非常高效地解决社会的某一个需求，具体到资管行业就是能够高效地满足目标客户的投资理财需求，同时内部员工也能获得很好的发展。

现阶段核心能力的建立上，如何打造一支能够长期保持旺盛的学习能力的队伍，对新老私募来说都是永恒的课题。拾贝投资致力于打造一个集思广益、勤勉尽责的学习型组织，并确信从长期来看，这是在市场上制胜的唯一法宝。

在经营管理上，公司应该要耐心一点，用长期的眼光看待、经营这个事业，逐步建立自己的信用和风格，这样就能把与公司风格相匹配的客户慢慢聚拢过来。客户的利益和公司的利益是一致的，客户也都和聪明。只有客户真正赚到钱了，才可能长期跟着我们，公司也才能发展。

拾贝观后市：中长期乐观，积极投资

过去几年，很多人对中国经济一直保持比较悲观的预期，但拾贝投资认为，很多人对经济的看法还停留在2011—2015年经济非常疲软的时期，但其实，中国经济最困难的时候已经过去了。从2016年年中开始到现在，拾贝投资一直很乐观。即便是公司认为总需求的高点已经过去，经济增幅会有小幅回落的情况下，对未来的中期依然很乐观。

拾贝投资认为，中国经济从高速增长切换到中高速增长的痛苦过程，基本已经过去。接下来，在中高速增长的平台下，通过自下而上的严谨选股，是有可能创造超额收益的，因此拾贝投资在未来一段时间内都会保持比较积极的投资心态。

对于市场上担心中国经济的一些主要问题，拾贝投资有着不同的看法。

比如中等收入陷阱的问题。拾贝投资认为从样本上就不具备可参考性，大家谈论中等收入陷阱，很多用的是拉美国家的样本，还有喜欢将中国与日本、韩国比。**不过，其实从经济要素规模上来看，中国和这些国家完全不是一个数量级，中国有世界上最完备的产业链条，在很多方面上具有非常大的规模优势，因此在抗风险能力、经济韧性等方面都是完全不同的。**

从经济增长的一般模型来看，储蓄、人力资本和科技未来的变化保持着非常好的变化趋势，同时中国的规模优势开始充分发挥。高储蓄是能够解释中国经济最重要的一点。目前中国的储蓄率还有40%～50%，这意味着有足够的资本去承担风险，而美国储蓄率只有不到10%，所以它的高投资一定要依赖外部资本的输入。有些人总是纠结说中国的投资太高，但高投资其实是高储蓄的必然结果。另外一些人在纠结投资是由谁来做的，觉得政府与民营企业在效率上有差异，但其实拾贝投资觉得他们可能都低估了国有企业的综合效益，只看到了经济效益，没有看到国有企业在维持社会公平和稳定上做出的贡献，经济学家们可能严重低估了中国的县长、市长基于 GDP 的竞争机制对企业家们基于利润的竞争机制的替代和互补作用，而只看到不足的一面。中国的高储蓄是长期几个因素叠加的结果：1. 人口红利，生产者多于消费者；2. 城市化，中国在城市化率比较低的时候就开始释放人口红利，所以储蓄率就高；3. 计划生育，一个家庭如果只生一个孩子，储蓄率一定会比生两个孩子高。人力资本正从农民工红利转向工程师红利；科技中国优势正从 1–N 转向 0–1 和 1–N 并驾齐驱的格局。

再比如杠杆的问题。市场都比较关注去杠杆，很多人由此认为中国的杠杆率太高，风险比较大。拾贝投资认为，中国的杠杆承受能力要高于其他样本国家，有几点原因：1. 储蓄率不同导致负债来源不同，我们是内债，更容易消化；2. 我们借钱是用于生产性投资，隐含了收益期权，也即未来的偿债能力；3. 我们还处于货币深化的过程中，加杠杆是非常自然的过程；4. 文化不同，我们的儒家文化使得代际利益的协调更容易，可以拉长偿债周期；5. 决策机制不同使得我们可以有更多的选择。因此拾贝投资认为，中国的问题更多地是部分部门前几年加杠杆太快，因此现在短期内需要稳杠杆，并没有那么大的风险。

具体到 A 股市场，拾贝投资认为现在处于非常好的投资阶段中。**一方面，中国的产业结构正在发生对股票投资非常有利的变化，优质的企业能够获得好的竞争地位，并且地位越来越稳固，盈利的稳定性会越来越强。**股票投资最终投的是企业盈利，短期的经济复苏、中期流动性不再那么宽松、新产能投放的限制等因素，都是有利于“在位者”。即使经济增速下降，短期需求减弱，中期来看也远远抵不上竞争格局改善对优秀企业的正面影响。**另一方面，资本市场制度也在发生变化。**中国是新兴加转轨的市场，制度本身对参与者行为和市场风格会产生非常重大的影响。很多年前的 A 股市场，由于制度设计上的一些问题，很多大股东可以相对轻松地通过再分配的方式获利，中小股东很容易被“割韭菜”。然而，2016 年以后，这种情况基本上都被扭转过来了，监管制度鼓励公司通过做大做强来赚钱，这对中小投资者来说是一个非常好的转变。你只要找到好公司，就可以在这个市场上赚钱，从这个维度上来说，投资其实变得相对更加简单了。

2017 年以来，市场其实反映了两个一次性的修复：1. 绝大多数人从对中国经济的悲观预期到正常化的修复；2. 长期以来优秀企业估值偏低的回归修复。展望未来，这两个因素可能都没有了，投资者的预期要更加平稳，不能盲目乐观。不过我们可以基于中国经济中高速增长的新平台，在很长一段时间内都持续地进行积极的投资，去寻找优秀公司。

拾贝投资认为，“剩者为王”是未来一段时间 A 股市场最大的投资机会。很多行业都已经在发生结构性的变化，行业集中度逐渐提高，行业格局由自由竞争向寡头垄断竞争转变。**竞争结构决定净利润率，这些优质企业未来有可能逐渐体现出其竞争优势。市场对这类公司的定价可能也会重新评估，整个市场会发生估值坐标系的切换，真正向成熟市场的方向发展，完成“良币驱逐劣币”的过程，好的公司会得到估值溢价。**这就是“剩者为王”，是超越产业的一个投资机会，优秀企业和一般企业的距离大幅拉开，如果没有新玩法出来，很难去挑战它们的地位。在这个过程中，市场稳定性会比以前高很多。

很多年以后，投资者回到现在，可能会发现现在的投资者正生逢其时。经济上中国处于从追赶到逐步开始超越的起点上：制度上处于一个开始自信的拐点上；政府的工作重点开始从单纯的追求生产总值的增长转向生产的平衡和充分；资本市场正处于只鼓励上市公司做大做强的制度变革中；产业界各行各业在规模市场、工程师红利、巨大的研究投入和完备的产业体系下正群体性的崛起。随之而来的是，中国资本市场涌现出自己的伟大的投资者和投资机构。

THE
EVOLUTION OF
HEDGE FUND

19

与众人逆向而行

观富资产的价值挖掘法则

不同于公募派、券商派等传统的团队组合，2015 年的后起之秀——观富（北京）资产管理有限公司（简称“观富资产”）具备的是复合资管背景。两位创始人中，一位是在基金、保险资管行业摸爬滚打十多年的老将，一位是百亿元社保基金经理。沿袭过往的大类资产投资习惯，公司擅长宏观视角下的逆向投资，在市场不热闹的地方寻找具备安全边际的投资机会。通过独特的团队管理和激励机制，观富资产逐渐成为内生性成长的年青一代楷模。

如果你想拥有比大众更好的表现，那么你的行为必须有别于大众。

——约翰·邓普顿

观富资产的两位创始人是曾经一起共事的同事，更是多年好友，均为资管行业的精英人物，总经理詹凌蔚是在基金、保险资管行业摸爬滚打十多年的老将，投资总监万定山是百亿元社保基金经理，两人一拍即合，创立了观富资产。

为什么会出来做私募？观富资产总经理詹凌蔚谈到两点明确的理由。

其一，客观上，私募行业的发展具备飞跃的基础。经过多年的发展，私募行业内包括服务机构、外包机构、中介机构、渠道等逐渐涌现，市场对私募的认可程度螺旋式上升。例如，10年前出来做私募的前辈，只能通过信托来完成数据、运营、清算的外包，现在有专门的托管机构来完成。10年前，公众对私募机构认知较少，私募被当成骗子的情况时有发生，后来像赵军先生等先行者逐渐走向私募，不断有优秀人才进入这个行业，导致行业地位、社会认知均有所转变。

其二，主观上，如果自己不出来创办私募，继续待在大的公募机构里面，可能就会从专业型选手变成管理型选手，这是詹凌蔚非常不愿意的发展方向。到那时，他每天主要的工作将以行政管理工作为主，而能用于在自身热爱的投资上的时间则会变得很少。无法全身心地投入自己热爱的研究、投资工作，这点是主观上推动詹凌蔚离开公募大平台转向私募小团队的最根本原因。

然而，做私募其实很复杂，一个人既做投资经理又做管理，需要耗费大量精力，这是两位打算创业的合伙人同时面临的问题，当时他们都想找到一个理念相同、值得信赖的人协助自己。于是，二人一拍即合，互相协助，一方面在团队管理上可以有效分工，另一方面在还可以研究与决策中相互制衡、互相学习，在互补中共同进步。

在市场中不那么热闹的地方狩猎

中国 A 股市场本身波动较大，在这种市场环境下，观富资产将自身投资理念的核心定位于注重投资的安全边际，追求风险调整后的最大化收益。因而，观富资产在投资上不会只聚焦于单一领域或单一行业，而是通过构建相对均衡的投资组合来平衡获取长期收益与控制短期波动之间的关系。因为充分考虑到了 A 股市场的非理性特点，观富资产认为，人多的地方往往不安全，所以总体投资风格以逆向投资为主，但并非单纯的找冷门，而是强调宏观视角和产业视角驱动下的逆向投资，在市场不那么热闹的地方，去寻找安全边际高同时又能够符合未来一段时间二级市场风格与趋势变化方向的投资机会。

植根现实的逆向投资

观富资产形成这样的投资逻辑，实际上有两大原因：

第一个原因跟 A 股的市场特征有关。A 股市场的一大特点就是容易趋势化，且趋势的维持能力、可持续性不强；趋势形成的时间偏短，容易走极端。对于容易趋势化的品种，一定是在趋势化过程中抛弃了一些东西，当这些东西积累到一定程度，等到趋势演进的后半期，就可能成为反转的最大驱动力，就像一个硬币的正反面一样。因此，观富资产始终认为，在趋势后半期追逐趋势存在安全边际不足的问题，反而给逆向投资的人提供了较好入场机会。

观富资产认为，国内A股市场的现状对于逆向投资者是有利的，一方面可以缩短周期，不像美国可能三年才形成一个周期，A股可能一年就有一个周期。例如2014年、2015年小盘股大涨，把创业板股票的平均市盈率推高到100倍，像万科、招行、平安这些物美价廉的大蓝筹却被抛售，于是便给观富资产提供了很好的逆向布局机会。

第二个原因跟过往从业经历有关。观富资产总经理詹凌蔚曾就职于融通基金和博时基金，这两家基金公司有一个共同点，就是非常强调自下而上，强调对优质企业的挖掘和长期跟踪研究，始终相信一家公司长期创造价值的能力是由企业的基本经营活动决定的，这些从业经历为詹凌蔚的投资风格和投资逻辑奠定了坚实的基础，即基于深度基本面研究的企业价值评估，并进一步以此为基础精选个股投资机会。

2007年之后，詹凌蔚先后担任了2年长盛基金的投资总监、5年嘉实基金的研究总监，带领千亿元级的权益管理团队做研究、做投资，需要为团队做方向性的把控，强调前瞻性的布局，自那时起，他便开始更多专注在宏观方面的研究和投资策略的制定。见微知著，顺势而为的心态和思维深深地在詹凌蔚身上打上了烙印。

熔断后逆势加仓

在2016年年初，市场遭遇熔断，沪深300指数在一个月的时间内向下挖了一个20%的“大坑”。站在当时那个时间点，尤其是在组合净值普遍遭遇了一定回撤的情况下，观富资产召开了临时投委会，决定在市场情绪普遍较为悲观的情况下加仓，此后产品净值迅速回升，并由此在随后相当长一段的时间内保持了业绩领先。由格上研究中心发布的私募基金月报显示，从2016年3月开始，观富资产旗下产品的平均业绩（算数平均法）连续9个月位列北京地区规模以上私募管理人的第一名。

当时支持观富资产做出这样重大投资决策的依据也非常明确。

首先，在 2015 年年底，观富资产就明确了投资组合的大类资产配置应该较为平衡的目标，整体多头仓位不适宜太高但也不能太低，基本可以以 50% 为中枢进行动态调整。

公司认为 2016 年 A 股市场的宏观经济环境基本不可能孕育整体的指数级别的机会，但是也很难出现类似于 2008 年那样市场整体趋势性下跌的情况。一方面，市场的整体估值并不便宜，50 倍以上市盈率的个股占比在 2015 年年底依然整体较高，缺乏市场整体向上的估值基础；另一方面，观富资产认为企业整体的盈利水平将在经历了长达 5 年的通缩之后开始转向真正复苏，并且很有前瞻性地在 2016 年年初发给客户的周报中明确提出，PPI 大概率将在 2016 年年内的某个月转正，“通缩预期”逐渐转为“通胀预期”，市场风格也将由原有的对主题、概念的追逐，逐步回归到对企业盈利增长、估值折让等“确定性”的挖掘上。

基于这样自上而下的判断，观富资产在 2016 年年初确定了高端白酒、白色家电、禽养殖等“涨价线索”下的重点行业的布局；同时，基于对这些行业以及重点公司多年的跟踪研究，自下而上地选择了具备足够安全边际的个股。

第二，观富资产认为，2016 年年初市场的下跌主要源于人民币汇率的爬行贬值以及熔断规则对市场情绪的影响，这种短期市场情绪的宣泄并不能改变上述对 A 股市场整体宏观环境和投资机会的判断，相反，由于市场的下跌使得公司可以以更低的价格去介入其中的某些标的。

因此，在詹凌蔚看来，站在熔断后的“坑底”，做出逆市加仓的决定也就更加顺理成章、义无反顾。

每个人都有能力边界，把握全部行情转换趋势并不现实，观富资产也不例外。像 2015 年上半年，一二线公司涨了以后，詹凌蔚未能预测到三四线公司在四五月份的疯涨行情。他坦言，这种行情超出了能力圈，是自己不擅长的。纵观过往投资经历，观富资产投资的公司有两个特点：1. 长期跟踪的企业；2. 基本上都是行业中的一二线公司。

如何伸手接天上掉下的飞刀?

市场上不乏号称“逆向投资”的机构，秉承的是越跌越买，然而很多机构并不能取得好的投资效果。观富资产认为，所谓逆向投资，一定程度上是“伸手去接天上掉下来飞刀”。要想避免接飞刀时受伤，就需要具备尽可能精准的操作和宽阔的视角。映射到投资实践中，就是买下跌中或者趴在底部的股票时，需要控制好买入的时间点以及买入后的回撤。

具体而言，要实现这个目标就需要宏观视角的驱动。同一时间有大量股票趴在底部，也有很多股票是被低估的，但价值的实现需要催化剂或者风口，需要自上而下进行判断，这才是核心。观富资产讲的宏观视角驱动，并不像宏观分析师一样要分析 CPI 是 2.5% 还是 2.3%，而是在全球视野及经济发展规律中去观察并发现经济体中必然要发生的结构性变化。公司需要观察经济政策和国际经济的博弈，来分析未来一两年中，经济体最重要的变化，然后将这个变化投射进股市，判断其对股市的影响。不过，它也并不是判断未来股市指数的波动，而是看市场份额、行业和投资的逻辑是否存在线性影响。

观察到变化后，观富资产将其归类于中短期或中长期的逆向投资机会。公司将大部分精力花在寻找自下而上、中长期的逆向投资机会上，关注所投个股在风口下是否能最终杀出重围。另外一部分精力则用来寻找中短期的逆向投资机会，以平衡短期的回撤和收益。在这套投资体系下，观富资产的业绩曲线相对平稳，当然，进攻性也会有所损失。

逆市布局万科、五粮液等

在 2015 年下半年的股灾中，观富资产的逆向投资操作也非常成功。当时，观富资产旗下产品的第一重仓股是万科，第二是五粮液。

宏观视角上，当时整个股市在去杠杆，因而当第一轮股灾跌到 3 700 点时，国家救市，观富资产并不急于“越跌越买”，而是保持谨慎的态度。第二轮股灾，“8・11”汇改后，去杠杆变成人民币汇率的拐点，给国内泡沫资产带来很大压力，当时，观富资产对泡沫资产是非常排斥的，恰好在那个时点，公司找到了有绝对价值的股票，例如万科。

当时的万科股价大概 12–13 元，市值在 1 300 亿左右，一年的现金流有 400 亿，动态市盈率不到 10 倍，观富资产判断，这个价位是被严重低估的。不过，公司仍然没有马上买进，而是密切关注周期的信号。直到 2015 年 9 月 10 月，国家开始放松按揭，放开首付，这对于房地产行业来说是非常大的变化。故而，观富资产得出结论，当时万科既有绝对价值又有行业景气度，于是才真正开始投资布局。

再说五粮液。在茅台与五粮液之间，观富资产放弃了茅台，因为它认为茅台还在筑底，不能明确股价拉升日期，而五粮液已经是最便宜的了，从观测数据上看，它的高端买主很早便开始筑底。此外，还有第二个催化剂——五粮液发行了定增做员工持股计划。在此之前，观富资产一直认为，五粮液和茅台最重要的差距便是公司治理，而当五粮液做出的这一定增行为时，让它看到了五粮液在公司治理上迈出的巨大一步。因此，观富资产最终选择了五粮液。总结下来，这一投资决策既有在中观层面上看到高端买主的筑底，也包含了在微观层面上看到五粮液内部的治理变化。

三类风控，齐头并进，难点重点，同步攻坚

观富资产表示，公司风控分三类：合规风控、业务风控和组合风控。

合规风控是最基本和需要持续加强的部分。现在看来，监管层和中国证券投资基金业协会对私募行业的管理和规范会越来越严格，因此，合规方面的风控是观富资产未来明确要持续加强的部分。

业务风控方面，更多地体现在业务能力以及投资文化上。很多投资者都会关注观富资产是否有强制止损的机制，但这对于观富这样坚持逆向投资的机构来说是非常困难的。观富资产要做的是投资能力、文化和水平的提升。实际上业务风控的过程，就是把公司的基本面搞清楚，例如公司每天进行的晨会、每两周的重点公司

讨论会。另外，观富资产也建立了明确的股票池机制，分为基础池、核心池、重仓池，在投委会的指导下，由投资经理重点负责。

组合风控方面，观富资产的整体风格是追求稳健。作为一家逆向投资的机构，公司清晰地知道，控制波动更为重要，也更艰难。因此在任何时点上，公司都不会下非常重的赌注，不会出现单只股票持仓超过20%的情况，投资组合保持着相对均衡。

THE EVOLUTION OF HEDGE FUND 案例

加强股指对冲保护

2015年股灾期间，虽然观富资产已有所准备，早早将仓位降得很低，但产品出现的回撤仍然给创立伊始的观富资产带来较大压力。这次教训让观富资产对私募行业的风控有了新认识，之后它逐渐加强股指期货对冲方面的研究，对股指期货在风控上的作用进行了重新定位，将其作为保护多头组合不轻易因短期市场波动而产生大幅回撤的工具。

从大平台到小平台的转变

在观富资产看来，从公募到私募要面临的问题就是从大平台到小平台的转变，维持学习能力、持续进步的能力是非常重要的。而人力不够、资源不足等问题都摆在眼前，该如何去应对这些问题？观富资产自身从三大方面去突围，成功实现了良好转变和过渡。

第一，提高专注度。公募公司追求相对收益，要求团队对所有行业、领域进行覆盖，以免按下葫芦浮起瓢，担心错过某个行业的投资机会。不过，从事私募行业，就要转变这种思维。私募只需清晰地知道自身的能力范围，挣擅长的领域的钱，其他领域无论是涨还是跌，都没必要去追究，也尽量少尝试。例如，在2017年年初，观富资产非常看好港股，但因为自身能力圈不够，所以一直没有重配港股。其间一定错过了不少机会，但在观富资产看来，“自省”的这种观念是对的，因为投资未知领域的风险也是未知的。

第二，不依赖卖方。实际上以前在公募时，詹凌蔚也不太依赖卖方，主要靠自身内部研究，因而，自观富资产成立以来，整体团队在这一点上的过渡还是比较顺利的。而且，观富资产是做逆向投资的，卖方研究报告对于阶段性市场的热点关注更多，较少推荐一些趴在底部的股票。观富资产聚焦于打造内部独立研究能力，但在行业和宏观视角上，公司也会与卖方多做交流，增加分析角度。

第三，加强内部团队建设。观富资产自成立以来，团队就有不少于5位具有深入研究能力的分析师和投资经理。目前，除两位主办投资经理外，另外有4位分析师都是2010年左右入行，拥有7年的专职行业、个股研究经验，每个人都可以独当一面。观富资产一直致力于加强内部组织和机制建设，将内部讨论效益发挥到极致。

从合伙人到团队：实现自由与约束的平衡

在职务分工上，观富资产的两位合伙人均负责投资，分管不同的产品。同时，在公司其他职能上又各有侧重。总经理詹凌蔚还负责公司的战略制定和新业务的拓展，投研总监万定山则负责内部投研建设、投研质量把关以及研究员的培养。

在产品仓位和投资布局上，观富资产实行的是投委会指导下的基金经理负责制。投委会由两位合伙人和几位资深分析师组成，定期对投资仓位给出建议区间。在允许的仓位区间内，基金经理全权负责，无论投资布局，还是换手率、回撤控制等，投委会均没有强制性要求，完全尊重投资经理自身风格，可谓极大的放权。这套机制主张自由和约束之间平衡，建立在基金经理价值观一致、互相信任的基础上。

团队培养层面，观富资产的投研团队是梯队式的，由新人、资深分析师和投资总监构成。目前，观富资产在尝试招聘刚毕业或毕业一到两年具有天赋的新人来培养。新人培养一开始是由投研总监万定山亲自来带，打好基础后由成熟的分析师接手。对于第一年入职的新人研究员，公司不设奖金制度，不设KPI考核，但提供的固定工资较高，让其全身心投身于学习、研究。

股权配合虚拟基金的双重激励

在团队激励方面，观富资产认为，股权 + 虚拟基金的方式是比较好的激励制度。

股权是长期的激励手段。什么样的人能获得公司的股权激励？观富资产认为，最核心的是符合公司文化和价值观，其次是达到客观的评价标准，比如能力、贡献等。同时，对于股权激励机制，观富资产始终保持积极的态度去完善，目前，其初步拟定的是每三年对公司的股权结构进行评估和调整。

虚拟基金是在当前私募领域运用较少的一种激励方式。观富资产把虚拟基金比作一个蓄水池，是短期激励机制，可以定期反馈给员工。倘若由于市场原因，短期内存在业绩压力，公司可以通过虚拟基金保障投研团队的基本绩效，以便平滑短期和长期的激励。

关于实盘与虚拟盘的应用，观富资产也有自己的看法。不同于很多机构对于虚拟盘的诟病，在观富资产看来，实盘交易存在短期压力，反而可能会束缚团队的操作，相比而言，模拟组合交易没有短期压力，比较容易从中诞生原创思维，是值得推行的制度。公司每月都会召开模拟组合讨论会，希望从中找到突破点和好的投资机会。

深耕渠道的发展规划

观富资产认为最重要的合作伙伴是渠道，而国内比较重要的渠道有三个：银行、券商和第三方财富公司。渠道的选择又有三大评估标准：品牌、潜力及跟自身价值观的契合程度。渠道合作方面，观富资产认为首先要有大的合作平台，比如中信证券、招商银行；同时，保有一两个能够达成合作意识的渠道，能够持续长期合作。

另外，观富资产 ToC 和 ToB 的生意都做，但这是两种不同风险收益定位的产品，为此，公司采用不同基金经理负责制。具体而言，万定山管理的产品更多是 ToB，詹凌蔚管理的产品更多为 ToC，如此安排是与他们的风格和过往经历相关的。投身私募行业前，詹凌蔚管理公募基金，投资风格更适合个人投资者；而万定山管理社保基金和企业年金，更适合机构投资者的风险收益偏好。两手一起抓的方式有助于公司的稳健增长。当然，为了与之配套，公司未来还将考虑设置双市场部门，针对不同类型的客户进行服务。

中国经济："新模式"到"新繁荣"

谈到中国经济，观富资产总经理詹凌蔚认为，过去 5 年出现了一些转变。一方面是客观条件的变化，比如人口红利的消失；另一方面是宏观政策导向的转换。导致社会开始逐步注重效益，经济往集约式增长的方向发展，这种集约式增长，具体来说更具持续性和低波动的特征。

集约式增长既是阶段性目标，同时也一种过渡。经济发展永远是周期性波动和结构提升相互交织的过程，所以中国目前的状况是一个过渡期，可能会迎来再一次的繁荣。对于这种新的发展期，如果乐观一点，我们正站在一个超级大繁荣的起点；悲观一点，正处于一个过渡期。

未来的繁荣最主要的驱动力是来源于过去 30 年的初级人口红利上升到中级人口红利。站在需求端来看，目前国内社会拥有 1 亿多的白领，这些人群对消费、服务和生活方式的转变具有极致化的需求。再从供给端来看，这部分白领人群拥有一定的技术能力，同时又兼具了中国传统的勤劳、守纪律的品德，具有较强的创造力。因此，中国经济开始由外需的依赖型转向了内需的主导型，再叠加供给端生产效率的提高，已经能看到初步成效，例如在互联网、高铁、物流等领域中国都属于世界一流，这种驱动力也是中国迎来繁荣的基本条件。

若中国能在未来迎来黄金 10 年，观富资产认为，未来经济的核心增长引擎是：1. 农业的现代化，这是需要逐步观察的一个方向；2. 制造业的高端化和国际化，从发达国家视角去看，无论日本还是德国，制造业的全球化、高端化、国际化都是非常重要的，其中日本以丰田、本田为代表，德国以机械、精密加工为代表；3. 服务业的规模化。

THE

EVOLUTION OF

HEDGE FUND

20

海归派量化

泓信投资的多策略实践

量化投资在海外已经有超过 30 年的发展历史，近几年，随着投资工具的不断丰富，国内量化投资也开始蓬勃发展。目前来看，国内量化私募可以大致分为两类派系：一类是本土派，主要通过自身在国内市场的不断实践，摸索出一套量化投资理论；另一类是海归派，其团队中大部分成员有在海外知名机构工作的量化投资经验，回国后将这些经验进行本土化改进，最终运用于国内市场。上海泓信投资管理有限公司（简称“泓信投资”）便是海归派量化私募中的精英。

成立于 2014 年 2 月，凭借多年海外量化经验以及创立后的稳扎稳打，泓信投资已经成为了中国私募行业的重要一员。从发展历程看，深厚的量化功底、在系统上的极大投入、对人才的高度关注以及对合作伙伴的严格挑选等均是泓信投资成功路上不可或缺的因素。

量化私募可谓高 IQ 人才聚集地，泓信投资创始人尹克便自带这样的光环。1995 年，被保送北京大学学习，1999 年毕业后留学美国继续深造，在纽约州立大学先后获得计算机硕士、统计学硕士、计算机博士学位。随后，他便开始在投资领域大展身手。

尹克博士曾在苏格兰皇家银行（RBS）固定收益部任助理总裁，在瑞银证券投行部任副总裁，在高盛集团 FICC 部门任量化策略分析总监。2010 年，他受华尔街著名对冲基金 Pine River 聘请担任公司的全球量化策略总监，后又被派遣回中国，担任 PRCM 中国分公司总经理。他从无到有组建了一支超过 50 人的量化团队，负责 PRCM 美元资产的全球交易策略和量化模型开发工作，同时负责亚洲的量化股票交易。虽然当时主要投资于离岸市场，但旗下量化团队研发的股票量化模型也会测试在岸市场的表现。通过测试结果，尹克博士欣喜地发现，整个模型在在岸市场表现十分突出，由于中国市场散户比例很高，存在很大的套利空间，国内量化投资市场孕育着巨大的投资机会，尹克博士内心便萌生了创业的想法。

2013 年，在国内资本市场环境的激发下，尹克博士心中的创业梦想成为现实。“当时大盘约在 2 000 点，银行股的 PE 估值不到 4 倍，可转债相对正股的溢价几乎是零，受钱荒的影响，很多优质公司债的到期收益率在15%以上，各类资产都非常便宜，可以说是一个绝佳的投资环境。”于是，尹克博士在2013年离开了PRCM，并于2014年2月，和几个合伙人一起共同创立了泓信投资。

据尹克博士回忆，创业初期，公司的办公条件较为艰苦，六七个人仅在一个十几平方米的办公室里办公，根本谈不上独立的办公室和会议室。

当然，最令他们头疼的是资金募集。由于处于发展初期，公司同渠道尚未建立稳定的合作关系，资金来源并不稳定。让其印象较为深刻的是在发行第二期产品时，曾一度面临由于规模未达要求而不能成立的压力，后来通过公司合伙人介绍，找到合伙人原来的一个老客户，公司高管全部出动，一起去拜会这位老先生，给老先生讲产品的投资逻辑。最终打动了他，产品这才顺利成立。

拒绝水土不服，为量化对冲打上“中国制造”

运用最先进的金融科学技术，结合全球市场长期的量化投资经验，立志打造中国本土真正的量化对冲基金，为客户创造持续、稳健、可观的财富增值。

——泓信投资

创立伊始，泓信投资便将海外量化的核心理念——多策略投资定位为公司的战略发展方向。公司希望以尽量多的、低相关的策略为投资者提供相对稳健的收益，因此公司也一直致力于寻找低相关的新策略。成立三年多来，泓信投资已经开发出了包括债券、市场中性、CTA、期权、指数增强、宏观对冲等多种策略。

策略历史沿革

2014年，泓信投资发现，很多优质公司债的到期收益率在15%以上，且信用风险非常低，投资者承受的只是市场信用息差波动的风险，从收益风险比角度来说，当时债券是最好的资产，债券策略也成为公司最早的布局方向，泓信安盈系列债券策略产品应运而生。

市场中性策略是公司布局的第二个策略，也是市场比较常见的策略之一。2014 年至 2015 年上半年，股指期货一直处于升水状态，市场中性策略即使在股票端不能取得较高超额收益的前提下，也可以赚取股指期货升水的收益，投资机会非常明显。故而，2014 年泓信市场中性策略产品也迅速上线。

第三个布局的为期权策略，于 2015 年开始运作。对泓信投资而言，期权既是较好的对冲手段，又是极佳的套利工具。由于中国股票市场以趋势投资者为主，A 股市场的大幅波动为期权市场波动性套利带来了很多机会。期权市场的波动率也为投资者提供了观察股市情绪的新工具。2015 年股灾之后，当时市场极度恐慌，波动率超过 100%，期权迎来极佳的套利时机。不过，2015 年股灾后，市场环境非常艰难，泓信投资停掉 80% 的市场中性策略产品，把资金全部提前还给了投资者，静下心完善模型，在模型中加入人工智能深度学习技术，有效优化模型收益，并于 2015 年 8 月率先推出了全景多策略产品。

随后，泓信投资又顺应市场，陆续推出了指数增强、CTA、宏观对冲等策略。

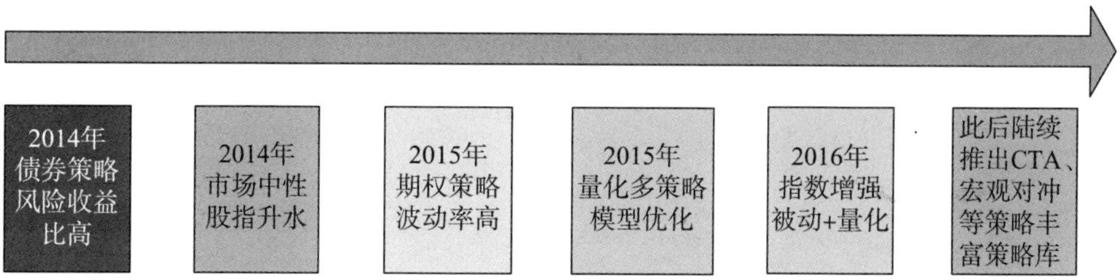

图 20-1　泓信投资策略上线时间节点图

资料来源：泓信投资、格上研究中心整理。

泓信投资在秉持低风险、多策略对冲的套利原则基础上，追求投资策略研究的广度和深度。广度上，目前泓信投资几乎覆盖了市场上所有的策略，重点实施量化选股、债券增强、商品期货 CTA、期权套利、股票量化对冲、宏观对冲和港股深蓝七大核心策略。此外，泓信投资的策略库中还包括很多因为市场工具有限、在国内无法实行的海外策略，旨在“提前布局，策略储备，择机上线”。深度上，公司旗下量化模型早已经受多国市场考验，并融入人工智能深度学习技术，进行本土化处理后提升自我适应能力，为进一步提升投资回报率提供坚实支撑。

THE EVOLUTION OF HEDGE FUND 对话

格上财富：如何看待海外模型的本土化？

泓信投资：需要对这些模型进行本土化完善和改造，以提高模型的自我适应能力。

近几年，随着国内私募基金的逐步正规化，吸引了越来越多国外量化团队的回归，随之到来的还有这些团队在国外市场的模型。尽管这些模型在国内也能运用，但是从严谨性角度，为避免“水土不服”引起较大回撤，还需要对这些模型进行本土化完善和改造，以提高模型的自我适应能力。

泓信投资认为，真正的本土化并不是简单地把原来模型的参数微调就可以。量化模型分为两个部分：模型框架与模型训练。模型框架就是人们常说的海外量化经验。模型训练即深度学习过程，用历史数据来“教会”这个模型，在不同的情况下该如何应对。在拥有一个较好框架的前提下，如果想要将这个模型运用于中国市场，还须用国内市场的数据进行输入、输出训练，进行本土化处理。

由于国内外市场运行规则不同，模型的有效因子也必然不同，所以做模型的人必须对市场有充分的了解，不能简单地把投资看成抽象的统计问题或者数学问题，这才是本土化最重要的部分。

要投资，先做好风险管理

风险管理先行，伞形模式下的投资分工

截至 2017 年 6 月底，泓信投资的投研团队已接近 30 人。公司主要采用伞形模式来对投研人员进行管理。公司按策略将团队进行分组，目前泓信投研团队已细分为股票量化、衍生品、债券、CTA、港股、宏观对冲及金融工程七大团队，全面覆盖二级市场。各策略在给定的风险预算限制下进行投资决策。

在策略的组合管理上，基金经理会综合考虑不同策略预期收益风险比、波动性以及相关性，制定最终方案。简单来说，一个策略如果收益越高、风险越低且与其他策略相关性越低，则被赋予的权重将会越高。权重以风险预算来体现。同时，组合给每个策略的风险预算也有限额，即使策略再好，也不会给过高的风险预算。

独门秘籍——自主研发风险预算系统

泓信投资坚持风险控制第一的理念，自公司成立以来便设置了严格的风控管理程序。在投资的实施上，公司会首先确定目标风险，再在确定的目标风险上，最大化预期收益；而非先确定目标收益，再最小化风险。

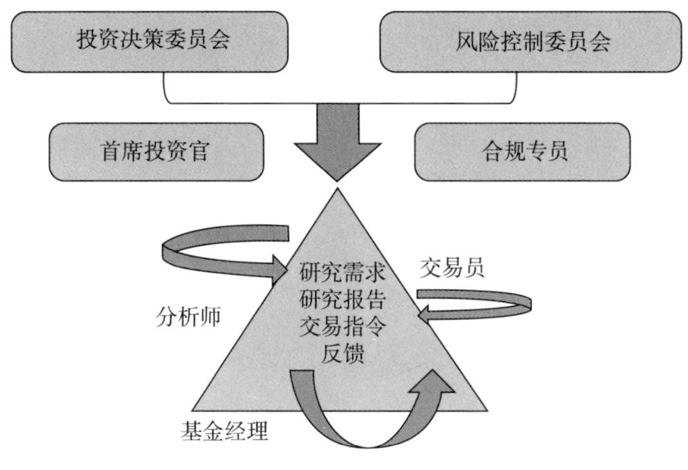

图 20-2　泓信投资风控机制

资料来源：泓信投资。

在具体的投资实践中，随着公司管理产品的增多，为了方便对所有产品进行统一的风险管理，有效监控持仓、风险度、盈亏情况等指标，泓信投资构建了自己的风险预算系统。该系统实际是一个跨资产的风控模型，可以把所有的资产，例如股票、债券、期货、期权等，放在一起，计算所有品种的波动及各资产之间的相关性，从而为组合中各个策略的配置提供一定的参考，同时，公司也可以依靠模型去对各个策略的风险预算进行把控。

泓信投资的风险预算系统优势明显。首先，它是跨资产的，打通策略，直击多类资产；其次，它和整个交易系统、产品系统是无缝衔接的，更便于实际使用；最后，该模型能够比较准确地计算出组合的预期风险收益率，为投资提供一定参考。

投资中的三两趣事

分级基金投资启示——机会只留给有充分准备的选手。2015 年 7 月初，虽然 A 股已经经历了回调，但泓信认为当时市场调整压力依然较大，而很多分级基金由于前期跌幅较大，面临下调，这就出现了套利机会。7 月 9 日早晨，尹克博士来到公司后，立刻进行分级基金研究。当时市场对分级基金的最大担忧是下跌以后基金的流动性风险，因此尹克博士当时挑选了一些流动性比较好的分级基金作为投资标的。做好投资准备后，他开始静候开盘。

然而，就在开盘的一瞬间，其看好的那些分级基金却齐刷刷地逼近跌停，市场明显对他的观点投出了否定票。不过，基于之前对这些分级基金所做的详细分析，他对自己的判断较有信心，于是，还是按原先的计划在风控允许的范围内大量买入。

他选择了与“一带一路”主题相关的分级基金（当时市场停牌的股票很多，但是以“一带一路”为主题停牌的股票很少），这大大降低了由于停牌带来的流动性风险。第二日，市场的表现印证了尹克博士的判断。公司买入的分级基金全部涨停，第三日再次逼近涨停，仅仅几个交易日，这一部分仓位就实现了不错的收益。

尹克博士表示：“整个市场错误定价时会出现非常离谱的套利机会，但即使这些机会非常诱人，在投资时也不能放弃风控，因为没有什么是绝对的；再者，机会只留给有准备的人。”

吃一堑，长一智——从此慎投企业债。2016年年初，按照泓信投资的模型，公司投资了一只财务报表比较健康的债券，当时仓位并不是特别高。然而，随后由于某些意外事件的发生导致这部分头寸出现了风险。尽管几经波折之后，这部分债务还是兑付了，投资业绩未受较大影响，但泓信投资痛定思痛，在这个事件发生后，公司基本没有再投资过企业债，转为参与上市公司的债券。

量化重要的不只是机器，还有人

投研团队搭建先行，能力与人品兼顾

创立之初，泓信投资便定位为量化多策略投资公司，在人员和硬件方面都有着较大的投入。以人员配备为例，在管理规模仅为十亿元时泓信投资就已构建了30人的团队，其中核心投研人员均具有知名学府数理化、统计学、信息技术等硕士以上学位。泓信投资认为，只有在起步阶段把地基打牢，将整个公司的组织架构设计好，才能在未来的发展过程中，容纳大体量的资金，为更多的投资者做好服务。

在人才的引进上，泓信投资秉持能力与人品兼顾的原则。一方面，公司青睐具有强大数理背景以及拥有全面金融知识的人才，另一方面，泓信投资也比较注重员工性格以及和团队磨合与相处的能力。

在激励机制上，公司采取股权与奖金相结合的方式。

在股权奖励方面，泓信投资是一家百分之百员工持股的公司，公司股份会持续奖励给对公司有突出贡献的员工，且以往每年都有员工成为公司新股东。尹克博士表示，只有经过时间的检验，才能确定一个人到底适不适合公司文化。如果直接从外部引进，虽然可以短期内看出该合伙人的能力，但是同团队的配合程度，却需要长时间检验，所以目前公司所有的合伙人均以内部培养为主。

在奖金激励方面，公司每一名员工的奖金发放均与他们的考核指标有较强的正相关性。目前来看，虽然公司的考核指标注重于业绩表现，但是员工的个人领导能力以及对整个团队的认同度也占据了很大的权重。

建立长效合作机制，资金构成机构化

对于私募机构来说，涉及的合作伙伴会比较多，如资金方、资产托管方、技术商等。如同选择投资标的，泓信对合作伙伴也有一套严格的甄选标准，业界口碑、能力、专业度等都是选择的指标。在泓信投资看来，双方合作关系的建立是一个双向选择、不断交互的过程。同类公司会互相吸引，泓信在选择优秀的合作伙伴，他们同时也选择了泓信投资，最后形成长期合作关系。

在合作关系的维护上，泓信投资始终坚持“互相尊重，实现共赢，共同发展”的根本理念，目前，泓信投资的资金来源基本上为机构资金，这也主要依赖于公司和各合作伙伴建立的长期、和谐的合作关系。公司成立初期，也会接受个人投资者的直接认购，但随着公司运营和发展，2015 年后公司开始改为直接与机构投资者合作的模式。

在泓信投资看来，资产管理公司的核心在于投资本身，面对个人投资者的界面，完全可以交给好的合作伙伴去完成。一方面，它们在这一领域相对会更为专业；另一方面，也可以减轻公司的运营压力，更好专注于投资，最终达到各自专注于最专业的领域、为投资者提供更好服务的目的。

当然，这并不意味着泓信在客户服务上的松懈。自成立起，公司便建立了客服部和市场部。泓信投资认为，资产管理行业本质是一个服务行业，投资业绩只是产品里面的一部分，其他服务同样重要，例如投资者的沟通、同渠道的沟通。基于这样的准则，泓信投资按照海外投资的惯例，会定期向投资者发送周报、月报等，同时也会积极跟投资者或合作伙伴分享观点、宣传投资理念，尽量做到投资透明，信息对称。

THE EVOLUTION OF HEDGE FUND 对话

格上财富：对比海外，目前国内的量化处于什么阶段？

泓信投资：加速追赶，前景可期。

量化投资在海外的发展已有约30年的历史，其投资业绩稳定，市场规模和份额不断扩大、得到了越来越多投资者认可。相较海外，国内量化起步较晚，虽然作为一个概念，国内投资者早有耳闻，但量化基金在国内真正兴起还是最近几年的事。

国内外量化市场最大的不同体现在市场发展程度上。以中美对比为例，美国相对中国而言，是一个成熟的市场，金融衍生品和工具较多，可以开发很多收益风险比较好的策略，目前海外对冲基金产品的策略数量可以达到50个以上，有的甚至超过100个。而中国资本市场仍处于初级阶段，能够用来对冲的工具有限，已有的工具也受到了一些限制，据粗略估计，目前国内市场真正独立的策略也只有10个左右。此外，在策略实施过程中，国内市场也受到了掣肘。以市场中性策略为例，在美国，股票多空基金可以做空个股，不同多空对冲基金回报的区别主要取决于对空头股票的选择能力。然而，在国内，空头选择仅有指数期货，多头组合的空间也相应有限，这就导致一只基金的潜力无法得到充分发挥。这个问题的解决就需要国内资本市场进一步金融创新，推出更多的投资品种。

不过，投资和其他行业不太一样，其最重要的是人，只有人才能将先进的技术、策略、理念等带入这个行业，最终推动行业的发展。而近年来，海外归来进入私募行业的人才越来越多，由于这些人的回归，使得中美量化交易之间的差距在不断收窄。

格上财富：与主观投资相比，量化投资的优势在哪？

泓信投资：完全不同的方法论，更科学高效的投资。

主观投资和量化投资所对应的是不同的投资方法论。主观投资是传统的自上而下的分析方法，先进行宏观经济判断，然后到行业，再到个股；而量化投资完全是自下而上、基于历史大数据的投资方法，代表的是电脑思维模式，相对主观投资会更客观一些。按照海外的经验，长期来看，量化相对于主观还是有很多优势的。下面是主要的几点：

◎ 第一，系统性。一般来说如果做主动投资，一个投资经理至多有三种投资风格，而量化投资可以更加系统地把一百多个不同的因子同时综合考虑，再运用到投资决策中。

◎ 第二，纪律性。主观投资有主观的判断，会受到情绪波动的影响，看好一只股票，到底有多看好，最终的仓位是多少，可能受到情绪的干扰。而量化完全是按照事先编好的程序、规则运行的，所以在纪律性方面肯定比人的主观要好一些。

◎ 第三，效益性。量化投资的效益性要好于主观投资。以股票投资为例，现在全市场有三千多只股票，收盘以后，如果通过人工把每只个股复盘完，可能就到第二天开盘了。量化因为使用的是电脑，所以基本上一秒钟就可以完成。

◎ 第四，风险性。量化投资的风险更低一些。量化的大数据会比较分散，持有的股票数量可能会在200～300只。在这种量级下，个股的黑天鹅风险比较小。而主观投资在投资前期，需要做很多的尽职调查，决定了其投资组合可能不会太大。投资永远都有预期不到的地方，这种黑天鹅风险对主观投资的影响更大一些。

此外，从适应性或者智能性来说，量化投资比主观投资也要好一些。因为市场环境总在变，我们的投资需要适应市场环境的变化。电脑相对来说比较量化，能够比较客观地区分每天的盈利和亏损到底是投资体系的问题，还是只是随机的波动。如果是投资体系的问题，模型会根据最新的市场环境和数据进行逐渐的调整，但是对人而言，短期内很难去做这种归因。

格上财富：如何看待人工智能在量化领域的运用？

泓信投资：智能化将是必然趋势。

围棋的复杂度远远大于国际象棋，对于整个AI而言，这绝对是具有划时代意义的里程碑。因为无论从算法上，还是从解决复杂问题的能力上，都有了飞跃性的进步。

对于投资来说，也是亦然。未来，智能的模型会逐渐成为主导。从某种意义来说，投资战胜市场比下围棋要简单很多，因为AlphaGo战胜的是围棋的世界冠军，我们投资不需要战胜无数巴菲特和索罗斯组成的市场，需要战胜的只是中国散户的平均水平，这是一个更简单的问题。不过，市场环境是瞬息万变的，我们需要整个模型更智能一些。

格上财富：对于私募机构来说，如何实现管理规模的突破？

泓信投资：从资金的需求出发。

在规模突破上，最核心的就是要实时考虑市场的需求是什么？从本源来看，投资公司其实是一家服务公司，你要考虑整个资金的需求是什么，整个大环境是什么样的。

社会财富大部分配置在固定收益上，而随着经济的下行，固定收益产品的预期收益率降低，风险上升，所以我们就在考虑，是否产生了新的需求？能不能在二级市场上去复制一个固收产品收益特征的曲线？2015年，泓信投资便开始思考这个问题，并于当年成立了泓信全景系列产品，利用多策略套利来达到这种目的。之后市场的走势也证明了公司当时判断的正确性，资金对于这类收益风险比的产品需求巨大，2016年，全景系列的规模快速突破，同时也带动了其他产品线的突破。

公司在泓筹系列产品上的布局思路也较为类似。2016年年初，公司认为量化对冲的成本很高，而多头模型可以做出超额收益，于是便开始思考，有什么办法可以克服对冲成本又能获得超额收益？最终公司选择了不对冲。在这种情况下，下一步要做的就是为这类高波动、高回报的产品找到匹配的资金。

因此，总体来看，规模的突破只是一个表面的现象，核心是要去梳理市场的需求，在满足资金需求的前提下，把策略做到最好。此时，规模的增长就只是一个过程。

THE
EVOLUTION OF
HEDGE FUND

泓信好书荐

《黑天鹅》

作者：纳西姆·尼古拉斯·塔勒布

《预期收益》(*Expected Returns*，未出中文版)

作者：安蒂·伊尔曼恩(Antti Ilmanen)

《期权与期货》(*Options and Futures*，未出中文版)

作者：唐纳德·斯本恩(Donald Spence)

THE EVOLUTION OF HEDGE FUND

第四部分

私募群雄炼成秘笈

THE
EVOLUTION OF
HEDGE FUND

从野蛮生长到规范化发展，私募行业的快速发展势不可当。行业影响力、社会认知度不断提升，行业数量和规模也稳步扩张。经历强监管环境和多轮牛熊洗礼，私募行业可谓大浪淘沙，只有少数机构屹立不倒，不断崛起为行业翘楚。这些机构有什么样的特质值得学习和深思，对投资者筛选基金有何借鉴意义？面对日益激烈的竞争环境，新兴私募机构又能得到怎样的启示？

《道德经》有云：“道生一，一生二，二生三，三生万物。”私募行业的发展亦是如此。一家私募机构在成长过程中，通过内外功的修炼，实现从 0 到 1 的突破，进而针对不同策略、不同阶段，寻求不同的“术”，不断构建和谐的生长状态，在层层裂变中化茧成蝶。格上研究中心实地调研了近 2 000 家私募机构，将成功私募的发展路径加以总结，并以专访的 18 家精英私募案例，为您讲述私募的崛起之路。

THE EVOLUTION OF HEDGE FUND

21

内功修炼篇

方法论的构建——投资策略的形成与完善

市场时刻在变，不变的是在市场中寻找投资机会的方法。投资方法论的建立是私募基金管理人长期发展的基石，一套成熟、稳定、适应市场的投资策略，是决定基金表现的原始动因，直接影响着私募基金未来业绩的确定性和持续性。在格上研究中心过往接触的众多私募管理人中，有些私募机构不太重视投资体系的完整性，也并不清楚其投资业绩的取得，到底是投资逻辑的必然，还是市场机遇的巧合。倘若短期的投资业绩依靠的只是运气，一旦市场环境发生变化，就无法适应，一蹶不振。

纵观各大成功的私募管理人，格上研究中心发现，投资方法论的构建，通常都需在“变与不变”中博弈。

不变的坚持——多年投资经验，铸就投资基因。不少私募管理人在进驻私募之前，都有着丰富的投资经验和证券从业经历，其间已经形成了一套较为成熟的投资方法和体系。这里说的是一个投资体系，不仅仅包括“术”层面的投资方法，还包括系统的投资理念，甚至上升到“道”层面的投资哲学。它不仅仅是多年经验的总结，还有对投资的更高维度、更深层次的思考。

例如理成资产创始人程义全出身券商研究所，是中国资本市场最早进行行业研究的人员之一。从行业比较研究，到产业周期轮动分析，通过多年对行业发展背后推动因素的探究，程义全最终将投资视角锁定到人口周期相关的产业链方向，关注需求增长和技术进步，聚焦投资生态链，进而形成了理成资产独特的投资理念。

改变的魄力——反思与革新，紧跟时代。好的投资体系并非一成不变，也需要不断反思、改良和创新，做到与时俱进，不断适应新市场的变化。例如：A股市场的一大特点就是容易趋势化，且趋势的可持续性不强，一旦到趋势后半期，去追逐趋势就会面临安全边际不足的局面，这反而可能成为反转的最大驱动力，从而形成了观富资产逆向投资的理念。再如：中国经济的一大特点是波动大，进而导致跟经济相关的股票、债券、大宗商品等资产的价格波动也较大。系统性风险频繁在不同资产类别上发生，所以乐瑞资产将原来的债券策略丰富化，调整为不投资单一资产，而是挑选最优性价比的资产加以集中持有，并通过资产之间的轮动和切换来获得稳健低风险的回报。后来，随着经济波动率的降低，竞争加剧，乐瑞资产认为，公司目前这套投资体系并非始终有效，仍需要根据市场变化而调整。从这个角度出发，乐瑞资产做了两件事：1. 向二级资产下沉；2. 吸纳数据驱动的量化方式。

这种基于变化的转变，对于“公奔私”的私募管理人更是如此，他们从大平台到小平台，投资体系上整体有几大转变：1. 投资方法的变迁，一个是追求绝对收益，一个是追求相对收益，在仓位管理、回撤控制、组合构建等方面都是不同的；2. 心态的准备，私募能够直接接触到投资人，基金经理面临的压力相对就更高，同时，在公司治理方面挑战重重，也需基金经理在心态方面做出相应调整；3. 取舍和聚焦，与公募庞大的团队、资源、信息相比，私募有一定差距，懂得在行业、领域的聚焦和取舍是至关重要的；4. 加强团队内部建设，打造一支精锐之师，是铸造强大竞争力的必备武器。由于私募团队人员有限，在进行基本投资及管理的同时，需要从零开始组建自身的研究团队。实现投研内部化，是私募规模化进程中必须要克服的阻碍。

初心之问——私募创业的原动力探究

能够成立私募的，大多是有一定投资经历、对投资感兴趣的人。其中，不乏公募、券商、银行等机构的明星基金经理或者高管，江湖地位和既有收入都不错，有的早已实现财务自由。选择进驻私募显然是个挑战，不但要承担机会成本，还要面对投资者的质疑、企业管理困扰、业务拓展四处碰壁等诸多复杂的压力和问题。然而，当困难来临时，要靠什么坚持下来？

格上研究中心经过多年的研究发现，任何事，单靠坚持是不行的，真正考验的还是成立私募的初衷，不忘初心，方得始终。例如，有的私募机构看重的是利益，将私募作为实现财富扩张的便捷路径，那么它们对于事业的重视度，对于投资的责任感都往往不足，也更加关注短期利益，容易出现决策偏差。这在遇到困难时体现得比较明显，它们的坚持度和韧性就非常不够，甚至可能造成非公平交易，面临监管风险。

真正能够将公司持续运营下去，甚至打造百年老店的私募基金管理人，创立私募通常有几方面动因。

创立私募的动因	代表机构（部分）
梦想实现	重阳投资、朱雀投资、展博投资、中欧瑞博、富善投资、泓澄投资、观富资产、拾贝投资
机制更优	朱雀投资、弘尚资产
蓝海进军	乐瑞资产、富善投资、泓信投资

图 21-1　私募创立的主要动因

资料来源：格上研究中心。

私募是让梦想照进现实的事业。对于优秀的私募基金经理而言，投资并不是一份工作，或许更接近他们毕生的追求和爱好。私募提供的是，一个草根打造正规资产管理公司的可能性。创办私募不需要如券商、公募基金般高额的资本和深厚的集团背景，也不需传奇靓丽的光环，需要的正是扎扎实实的投资实力。可以说，私募是他们长期事业的延续。

例如，对于泓澄投资董事长张弢来说，投资这件事，起点是爱好，一路走来，逐渐转变为责任、担当，不断地驱使着他铿锵前行，并将投资定位为长期事业来发展。又如观富资产总经理詹凌蔚清晰地认识到，如果自己不出来创办私募，继续呆在机构里面，可能就会从专业型选手变成管理型选手，这是他非常不愿意的发展方向。专注投资这件他酷爱的事情，才是主观上驱动着他出来做私募的根本原因。

私募提供更好的机制安排。私募从成立之初，便主打“绝对收益”的投资目标，并将管理人的收益安排与投资者的真正收益紧密绑定，将投资着眼点切实放到投资者的利益上。在这种机制的作用下，私募的所有行为基本都围绕着“为投资者谋求利益最大化”而展开。例如，私募采用的是“业绩报酬 + 低固定管理费”的收费方式，将公司收益主要定位于投资者获取收益后方可提取的业绩报酬。同时，在投资品种、仓位限制等方面均有一定优势，大量公募基金经理投身私募，为的是追求更好的机制，实现投资效益最大化。正如弘尚资产总经理尚健所说，公募基金通过收取基金管理费盈利，而私募基金通过收取基金管理费和超额收益提成盈利，相较而言，私募管理人和投资人利益更加一致。弘尚资产正是本着为投资人利益着想的目的而成立的。

私募是把握新机遇的利剑。国内资本市场正在经历着从不完善到逐渐完善的过程，其间孕育着很多新的机遇，部分投资精英就是敏锐地发现这种市场变化，择机入场。私募这一适宜投资创业、操作灵活的品类，正是策略创新的不二选择。

例如，富善投资创始人林成栋博士早在股指期货推出以后，就感知量化是一片新的蓝海，经过几年技术积累，对国内衍生品市场、量化投资策略均有储备之后，他立马行动起来，打造了今天的富善投资。再如，泓信投资投资总监尹克博士在担任 PRCM 中国分公司总经理期间，通过在国内市场测试其开发的股票量化模型发现，整个模型的在岸市场表现尤为突出，存在更大的套利空间和投资机会，其内心便萌发了创业的想法。

THE
EVOLUTION OF
HEDGE FUND

22

运筹篇

从合伙人开始面试——公司团队如何组建

私募机构以人为本，虽然没有大型公募基金、券商的人员体量，但要实现的投资专业度却不输分毫，甚至对投资业绩要求更高。这就要求私募机构无论是合伙人层级还是投研团队，每一个岗位上的人员都是精兵强将，必须是可以独立作战的特种兵。一般而言，人才引进主要有内部晋升、外部引进以及内外部相结合三种方式。其中，分歧最大的内部晋升和外部引进两种方式，各有利弊，一种是时间换空间，一种是空间换时间。人才引进的选择机制需要深度结合私募机构自身的情况而定。

在本书专访的 18 家私募管理人中，在合伙人晋升方面，大部分采用内部晋升和外部引进相结合的方式，其中，乐瑞资产、泓信投资、富善投资、观富资产、中欧瑞博投资等机构则明确采用内部晋升机制。在投研团队引进上，大部分是新老结合的方式，既会用有资质的新人来自主培养，也会招聘一些行业经验丰富的资深研究员，只有少数机构审慎地选择了单一人员培养方式，如重阳投资、观富资产、乐瑞资产、星石投资等公司在自身已具备一批资深投研力量的基础上，加大新人的培养力度，而北京和聚投资、展博投资等则坚持选用行业老人。

通过内部晋升方式，在投资理念的契合程度、团队黏性上都相对更高，配合也更加默契，但前提是内部团队要有适合培养的人才，且需要设置完善的培养机制，方可实现内生化。例如，考虑到只有经过时间的检验，才能够确定一个人到底适不适合公司文化，泓信投资的合伙人全部是内生的，基本不从外部引进，公司股份会不断地奖励给对公司有突出贡献的员工，且以往每年都有员工成为公司新股东。而在投研团队方面，观富资产目前在尝试培养刚毕业或毕业一两年并具有天赋的新人，因为观富资产旗下拥有两位投研出身的合伙人和几位资深分析师，在团队培养上有足够的资源储备和能力；重阳投资目前新的投研人员也主要从学校中直接招录，这些应届毕业生来到重阳投资，得到统一的培养，使得他们拥有共同的研究理念、研究方法，最终让重阳的理念与文化得以传承。

公司进行内部培养需要充足的资金支持以及完善的培训机制相辅助，随着私募的逐渐发展壮大，内部培养的条件越来越成熟，运用的效果也会越来越好。例如，星石投资早期会招募行业老人进入投研团队，而现在更愿意自主培养应届毕业生，尤其是名校学生，以此保证招到最好的投资苗子。为了让投研人员更快成长，公司建立了完善的“传帮带”梯队制，以及一套完整的培训机制。

有的私募机构因团队背景偏投资和研究，所以选择从外部引进管理型合伙人，负责提升公司的整体运营效率。重阳投资 2013 年引进原中金公司投行部执行负责人王庆作为公司总裁，不仅有益于公司解读宏观趋势，还对加强管理运营裨益颇多；2015 年其又引进原高盛集团董事总经理殷雷加盟重阳国际，负责重阳海外业务的管理运营；同年，原中国证券投资基金业协会副会长汤进喜加盟并担任副董事长一职，更加夯实了重阳的风控合规制度；2016 年 3 月，宝钢集团原副总经理陈缨履新重阳，她丰厚的财务管理经验进一步加强了重阳的上市公司研究实力。有的私募旨在打造平台型公司或综合资产管理机构，通过外部引进也将是最适合的方式，如高毅资产专注于资本市场投资，先后引入多位基金经理，打造平台型私募，而理成资产致力于打造综合型资产管理平台，先后引进不同产品线的负责人，采用多基金经理制等。外部引进合伙人的方式，通过全市场挖掘人才，可以快速实现公司能力范畴的扩充，使公司更快迈上一个台阶，当然同时也增加了一定的磨合成本，对团队的稳定度管理提出了更高要求。

在投研团队人员的引进上，有的私募偏好从业经验丰富的行业老人。例如，北京和聚投资目前内部的研究员均以行业内资深分析师为主，在石油化工行业、TMT行业以及港股方面的首席分析师均为新财富分析师；再如展博投资对研究的深度有一定要求，其投研人员很少出自卖方，而主要是来自买方，偏好有实业背景的人。

对于内外部相结合的人才引进方式，则主要与私募的发展阶段相关，一般而言，大多在私募发展初期以及规模化后使用。私募发展初期，从外部引入合伙人或成熟的投研人员，可以快速实现公司的正规化运作，同时辅以新人，合力形成完整的投研团队。如，在中欧瑞博投资成立初期的招聘中，有经验的研究员和刚毕业的应届毕业生均为公司选择的对象。当公司发展到一定规模后，其对于各类职能管理类部门要求更加精细化，进而形成新的引进目标。例如，理成资产在投研人员的招聘上做到“两结合”，既会聘用有行业经验的人作为各行业负责人，也会考虑一些素质突出的应届生作为团队力量，快速形成“传帮带”的培养模式，将行业研究逐层细化、深化。

从分歧中获益——多基金经理制下的策略磨合

目前，多基金经理制在国内很多私募机构中都存在，例如在本书专访的18家私募基金管理人中，有15家采用的是多基金经理制，占比颇高。相较于单一基金经理主导的公司，多基金经理制下，投资视角更加丰富，头脑风暴的优势不言而喻。不过，多基金经理制的公司治理亦存在更大的压力，如团队磨合及协作、意见分歧解决机制等。格上研究中心发现，主要分为两大处理模式。

有条件的放权管理

为保障团队的多元化和充分的主观能动性，部分私募机构选择对多基金经理进行放权管理，但不是完全放权，而是有条件的放权：

一类是宏观把控下的放权，即自上而下管控总体投资风格，而对具体投资操作充分放权。例如观富资产实行的是投委会指导下的基金经理负责制，由投委会对投资仓位给出建议区间，在允许的仓位区间内，基金经理全权负责，无论投资布局，还是换手率、回撤控制等，投委会均没有强制性要求，完全尊重投资经理自身风格，可谓极大的放权。再如，有的机构是由投委会决定宏观经济和行业层面的下一阶段的配置方向，再由相应的板块或行业投资经理全权负责该部分仓位的管理，此种方式多在宏观对冲或管理期货策略中使用。

另一类是底线管理下的放权，即公司管控风险底线，而对投资方向、投资风格、投资操作均彻底放权。例如，鼎锋资产目前在深圳和上海均有个百人团队，两个团队相对独立，各有分工，但对于奖惩机制和风险控制，公司采用“桌面协商”的方式制定统一标准，对各类问题制定书面规定并参照执行，做到公平、公正、公开。再如，理成资产坚持基金经理要对组合负完全责任，充分发挥其个人主观能动性，也不会刻意调换基金经理，而是交由市场进行选择，公司一方面提供良好的投研团队支持，另一方面建立统一风控要求，只要不触碰风控，基金经理有充分的自主权。

全程管理

为保持公司投资风格、净值表现的一致性，也有部分私募机构选择对行业配置、仓位管理、回撤控制等方面设定统一标准，实行全程管理。例如重阳投资强调保持自身特色、充分发挥优势，要求团队用同样的思路、框架和语言去沟通，强调理念的一致性和风格的一致性，公司的投研团队主要从应届生开始培养，逐渐成为公司骨干、投资经理，让他们在投资理念和企业文化上保持与重阳更好的契合度。

如何选择多基金经理制下的管理模式，取决于公司的风格和定位。例如鼎锋资产、理成资产强调多元化，保持基金经理的本我特性，充分发挥主观能动性，对基金经理的管理和约束相对较松，实行底线管理的方式。而重阳投资、星石投资强调在细分行业、细分市场中保持自己的特色和地位，注重保持投资风格的一致性，故而选择全程管理的方式。

稳定军心也是一门管理艺术——激励机制如何设置

激励机制是保证基金公司员工的积极性与忠诚性的最直接手段。良好的激励机制可以使得员工对于公司产生足够的认同感和主人翁意识，也会使得员工面对来自外界的诱惑时能够坚守自己的岗位，减少信息泄露和人才流失的情况。

从国外经验来看，成熟的激励机制既有物质激励，包括给予员工的股权激励、与业绩挂钩的绩效和提成、恰当的奖金、丰富的福利待遇等，也有非物质激励，包括感情激励、信任激励、荣誉激励、职位晋升、培训等。科学有效的激励机制对于调动员工积极性、发掘员工潜能、提高员工素质等具有突出的作用。

在本书籍专访的18家私募机构中，运用较多的是股权激励、绩效激励，做到长期和短期激励的结合，也有一些非物质激励方式，例如晋升激励、培训激励、感情激励、福利激励等。

股权激励方面。例如，世诚投资内部员工在公司工作到一定年限，通过公司内部的薪酬委员会考核，就可以通过持股发展为公司合伙人，此外，公司目前也在筹备引入期权激励的方式；星石投资除每年都拿出利润的一部分，专门用作员工激励外，还会不定期吸纳业绩表现优异的投研成员为合伙人，给予股权激励；乐瑞资产对于贡献突出的员工授予虚拟股权，即分红权，使得团队骨干参与利润分配，等等。股权激励一方面使员工与公司利益趋于一致，降低委托代理成本，减少短期行为，从而保证企业的长远利益；另一方面，也有利于留住人才、吸引聚集人才。而平衡各股东在公司投资及运营中的职责，避免“搭便车”风险则需要在规划和制度安排上进行一定的考量。

绩效激励方面。大部分私募采用跟实盘业绩挂钩的方式提供绩效激励；也有采用虚拟盘业绩的，例如，观富资产认为，实盘交易存在短期压力，反而可能会束缚团队的操作，相比而言，模拟组合交易才是诞生没有短期压力的原创思维的地方，是值得推行的制度。绩效激励机制让员工收入和工作目标的完成情况直接挂钩，有利于调动工作积极性，挑战则在于考核体系构建的科学性，以尽量实现预期的激励效果。

晋升激励方面。例如，泓澄投资有一套完整的新人晋升路径，从研究向投资方向发展，从虚拟盘，逐渐到管理小组合或者专户，是比较成熟的一套机制和流程；乐瑞资产有导师制度，为每位员工提供职业发展路径规划。合理的晋升激励能够为员工的职业生涯打开通道，提供良好的职业发展平台，激发员工积极性，更是留人和用人的好方法。

培训激励方面。例如乐瑞资产设有内部思享会制度，由内部资深总监或外部资深从业者主讲，对全体员工尤其新员工进行大量培训。培训对于员工来讲，既学习了知识，也促进了专业的提高，是员工自我的提升，进而帮助提高工作效率，但仍面临培训动力不足、学习积极性不高等问题。再如，星石投资的“传帮带”机制让每个级别的投研人员不仅可以学习与研究相关的知识，还让他们在职场的发展中不迷茫，董事长江晖及几位类别和行业基金经理也会亲自“阅卷”，给研究报告打分。虽然这样工作量很大，但可以帮助研究员快速提升研究能力，强化研究思维，在团队的共同努力下，将投研能力和投研效率不断提升至新的高度。

此外，在私募机构中还有运用一些其他的激励方式，例如富善投资向员工提供补充住房公积金、购房补贴、教育培训经费等，充分体现对自身员工关怀和在福利方面的激励措施；又如，鼎锋资产提供欢乐的团队氛围，每年安排国内游、国外游和部门游，下午有水果、下午茶，还组建了足球队、音乐队、篮球队等，给员工以情感的共鸣和激励；再如乐瑞资产强调员工的高峰体验，打造员工勇夺第一的思维和积极向上的长期体验，给员工以充分的感情和荣誉激励。

未雨绸缪，不预则废——风险事件的应对方案

收益往往伴随着风险，作为私募管理人，风险控制能力是公司综合实力的体现，获取长期收益的前提往往是保护本金的安全，尤其是在市场出现“黑天鹅”或表现不佳时，风控的价值就体现出来了。不过，真正的风控并非是简单地进行仓位控制或设置止损线，而是一套完善的体系。

简单的硬风控是最基本，也是最容易达到的，例如法律法规层面的合规风控、持仓限制、止损机制等。这些在成熟的私募基金管理人中均有所体现，他们普遍向公募看齐或者严于公募要求。例如乐瑞资产要求员工及家属不得炒股、炒债、炒商品等，如果有配置资金，只能购买公司产品，一旦违规被发现就会开除处理。

除此之外，真正的风控是一个系统工程，覆盖到投研全流程的各个环节。如星石投资专门设置了“类真空”的投研环境，保证投研团队的独立性，避免投资决策受到外界的影响。多基金经理共同管理制和股票池制度的建立，避免因为个人的状态好坏、投资偏好等因素影响产品的业绩表现，力争为客户打造长期持续、稳定的投资体验。不同私募基金管理人根据自身投资策略要求不同，风控体系也有所差异，下面分主观策略和量化策略两大类来看：

对于采用主观策略的私募基金管理人，市场更多关注行情变幻时的加减仓及净值下行时的预警止损线，而实际上，投资组合的构建和管理更为重要，好的组合能够适应市场，在抵御风险的同时获得超额收益。通常，成熟私募管理人强调的有：

◎ **事前对宏观、产业和个股的充分认知和判断，将风控前置**。例如，世诚投资强调风控前置，在风险发生前就认识清楚有所防御，在选择个股时，严禁道听途说、拿来主义等，尽量在买前把个股分析透彻，在事前做好风险的把控，一旦面临危机不会让自己手足无措；理成资产将更多精力放在研究体系的构建，在深化研究的过程中过滤掉很多风险，将诸多风险拒之于事前。

◎ **投资组合的均衡**。例如，泓澄投资一般会将投资配比分为两部分：一部分仓位去配置一些基本面比较稳健的行业，以此来保障整个投资组合能够获取比较稳健的收益；另一部分仓位来配置一些弹性相对较高的周期性行业、机会性热点或阶段性主题投资机会，以此使整个投资配置可以获得较高的收益，从而提高整个投资组合的风险收益比。

◎ **事后的业绩归因分析**。例如，乐瑞资产每月末会进行绩效分析，从而验证之前的资产配置判断是否正确、策略效果是否明显，保障公司团队能够及时总结经验教训，从而对原有认知、模型进行完善和调整，修正后形成下一阶段的投资决策。

对于采用量化策略的私募基金管理人，其业绩的优劣与策略的有效性紧密相关，私募不仅需要根据不同市场环境，不停进行策略的创新，提高策略的适应性，同时，还需充分考虑同类私募机构的策略发展进程，提升程序开发技术以及策略的精细化程度，创造更多的阿尔法，以期在竞争越来越激烈的行业格局中脱颖而出。因而，风控机制也主要围绕策略的开发、创新迭代与整合，从软硬件角度全面展开：

◎ **严谨的策略研发流程。**一个全新的策略，也许源于投资经验的总结，也许源于大数据的分析，甚至有可能源于灵光闪现的一个创意。不过若要真正形成可以运用于投资的策略，这还仅仅是个开始，尚需更多的论证和检验，从开发、回测到实盘检验，在反复的证实与证伪过程中不断完善。例如，淘利资产的量化策略模型开发流程包括：初始构想、模型开发、测试交易、正式交易四个阶段，在任一环节模型未通过投委会决议，则该策略就无法进入到公司策略池中。在淘利资产看来，不同策略的实盘测试周期会有所不同，阿尔法策略因为包含因子众多，风险和盈利特征复杂，实盘测试的时间相对长一些，而 CTA 策略因为涉及品种较少，逻辑相对简单，实盘测试的时间相对短一些。

◎ **严格的策略淘汰机制。**一般而言，大多数策略会内置止盈及预警止损机制，并根据市场特征进行调整，以达到硬性风控的要求。不过，即使如此，也无法一劳永逸，还需要紧密跟踪各策略的业绩表现，优胜劣汰，降低无效策略的资源占用。

◎ **科学构建策略组合。**同主观策略构建投资组合相似，量化策略也需进行策略的整合。策略整合没有统一的方法，但绝不是简单地拼凑。例如，泓信投资自主研发的风险预算模型可以把所有的资产，包括股票、债券、期货、期权等放在一起，计算波动性和相关性，从而为组合中各个策略的配置提供一定的参考。有的量化私募机构给不同子策略赋予风险预算，通过定期回测资产及策略的波动性，进而对组合进行动态调整，当策略波动率变大时，该策略赋予的权重下调，反之亦然。

◎ **应急风控**。与主观策略不同，量化策略对 IT 系统存在着明显的依赖，因而，对于硬件系统的应急预案也是必不可少的，包括备用服务器，断电情况下的紧急预备方案等。国外对私募机构的尽调一般分为投资尽职调查和运营尽职调查，其中运营调查就涵盖了应急方案和风控方面的内容，包括 IT 系统是否能满足投资需求，是否有足够的数据备份和灾难修复系统等。

THE
EVOLUTION OF
HEDGE FUND

23

外延拓展篇

精品店还是百货店？——产品线设立考虑的因素

纵观整个私募行业，目前私募机构主要有两类不同的发展路径。第一类为精品店模式，即专注于单一策略，希望通过持续的专注与钻研，将现有的投资策略发挥到极致。比如以重阳投资、淡水泉投资、星石投资、世诚投资、中欧瑞博投资、拾贝投资为代表的机构，专注于股票策略。第二类为百货店模式，即在将已有产品线发挥到极致后，私募机构还会积极进行不同产品线的拓展，通过开发新的策略类型，为投资者提供更为丰富的投资选择。在具体发展方向上，不同私募机构的选择也略有不同。有的私募更倾向于纵向拓展，即将投资标的慢慢向已有标的的上下游延伸。如景林资产曾经仅提供二级市场股票型基金，而后慢慢向一级半市场的定增基金以及一级市场的股权基金拓展，目前已具备股票基金、定增基金、新三板基金、PE基金等。有的私募则会横向延伸，将投资标的拓展到不同的大类资产。如乐瑞资产最早起家于债券策略，现在除了债券策略外，公司还有宏观对冲策略产品线。此外，经过多年的发展与积累，目前富善投资旗下也包含CTA、市场中性等多条策略产品线。

就目前整个私募行业发展的现状来看，大多数选择百货店发展模式的主观型私募机构，更倾向于进行产品线的纵向拓展。一方面，公司在原有领域构建的核心能力，可以用于拓展到该资产的上下游；另一方面，经过纵向拓展后，新开拓的产品线也可以在一定程度上对原有产品线有所增强。比如，目前市场中部分以股票策略为核心的私募会更倾向于向一级半或者一级市场拓展。一方面，公司在挑选个股的逻辑以及多年积累的资源可以一脉相承；另一方面，公司在一级半或者一级市场的投研也可以反过来进一步增强与完善自身对二级市场的理解。

相较而言，目前市场中的大部分量化型私募则更倾向于选择进行产品线的横向拓展。一方面，对于量化私募机构而言，由于只能投资一些具有公允价格且流动性好的品种，故投资范围在单一资产上的纵向拓展方面具有一定的难度，如权益类资产方面，由于流动性不好且不具有公允价值，股权或者一级半市场量化策略暂时难以涉及。另一方面，相较于主观投资，量化策略在投资过程中更加强调数据处理的精细度、策略的完善程度、系统的稳定性等，管理人对所参与市场的深度理解能力上要求则有所弱化，故相较于主观投资，量化投资进行产品线横向拓展时门槛相较要低一些。

在格上研究中心看来，“精品店”也好，“百货店”也罢，最终都有可能取得成功，前提都是需要先夯实内功。只有在投资理念、投资团队、后台系统相配合的基础上，产品线的拓展才有可能最终成功。同时，前瞻性的布局与市场环境的配合也异常重要。如当年朱雀投资在市场推出股指期货后不久，便看到了未来量化对冲在国内市场的前景，开始积极布局了阿尔法策略产品线，随后市场开始进入震荡行情，原有的股票多头策略受市场环境影响，难以持续取得较高的稳健收益，而此时量化对冲策略优势明显，受到了市场的追捧，公司在该产品线的管理规模迅速扩大。又如在历经多轮市场回调后，2016 年年初泓信投资发觉市场继续出现大幅下跌的风险已经不大，便开始布局指数增强策略，而 2016 年年中当各私募机构开始意识到指数增强的价值，纷纷积极着手时，泓信投资在该策略上已经累积了半年的优秀实盘业绩，于是很快便得到了市场的认可，成为“第一个吃螃蟹的人”。

版图的诱惑——规模增长的方法选择

对于私募机构来说，管理规模始终是公司发展的追求目标之一。一方面，只有具备足够大的管理规模，公司才能够长期持续稳健地运营、吸引更优秀的人才加入平台。另一方面，对于新型私募来说，只有具备一定的管理规摸，才能达到大型机构投资者对投资顾问筛选的要求，进入到它们的白名单，最终对公司形成有效的正反馈。

牛市要不要顺势扩张？

市场行情的配合无疑是私募管理人扩充管理规模最好的时机。国内私募行业发展十余年来，真正让大多数私募机构赶上的系统性投资机会，便是始于 2014 年的大牛市。2014—2015 年期间的牛市行情，让大多数私募机构踏上了管理规模新台阶，新私募一跃而升至几十亿元量级的比比皆是。当前行业内的大部分顶尖私募，也大多是那一年站上百亿元级别，如朱雀投资、和聚投资、展博投资等。

市场很多人对规模的迅速扩张讳莫如深，投资者担心规模扩大后，收益会大幅降低，而私募机构也同样有所顾虑。在格上研究中心进行尽调的时候，曾经有机构表示，它们很纠结牛市行情下是否要顺势扩张。实际上，规模扩张并不可怕，只有足够大的规模才有可能支撑更好的投研管理。私募机构的思考重心并不在于规模扩张本身，而是要在顺势扩张之前，考虑清楚资金来了之后要如何处理，提前做好投研支持，并且充分考虑新进资金安全垫缺失的特殊性，可能还需要在投资操作上有所调整，尽量降低大量资金高位回调的风险。

亮眼的业绩无疑是吸引投资者最直接的利器。如 2013 年，上证综指跌幅超过 6%，而展博投资旗下产品获取了超过 20% 的平均收益，在投资者的火热追捧中，公司规模迎来了持续的上涨，仅仅一年，其管理规模从 18 亿元左右上升到了 30 亿元左右。

酒香也怕巷子深，尤其对于不能公开宣传的私募而言，渠道的攻克是加速公司发展进程的有利推手。因此，依照研究成果控制渠道引进的节奏，化被动为主动，则成为私募机构的下一课题。如和聚投资便较为重视与渠道的合作，公司成立以来一直跟部分渠道保持着长期的联系和沟通。2013 年四季度，公司战略性看好 A 股市场的投资机会，但当时其管理规模不大，子弹不足的紧迫感十分浓郁。于是，公司开始跟各个渠道进行频繁的沟通，希望将资金募集节奏放在趋势形成的左侧，在牛市来临前上车。最终在与渠道合作方的共同努力下，公司在 2014 年年底管理规模突破了 50 亿元，2015 年顺利突破百亿元。

渠道的拓展和维护必然离不开强大的市场团队，如和聚投资目前市场团队人数达 14 人，负责前台销售、中台营销支持、后台支持。再如，星石投资旗下也有一支高达 50 人的市场团队，方便进行日常资金的对接以及各个合作方和投资者的沟通工作。当然，市场团队力量的大力铺设并不适合所有私募，如对于成立初期的私募管理人，其公司发展重心更需专注于投研力量的提升，成立之初便大力拓展市场人员的做法，还有待商榷；而对于致力服务机构投资者的私募而言，市场人员也无需过多，如乐瑞资产坦言，虽然其管理规模早已达到几百亿元，但由于专注服务于机构投资者，沟通相对顺畅，对市场人员的人数要求不高。

多产品线的铺设同样是私募实现规模突围的法宝，尤其是对选择“百货店”经营模式的私募机构而言。如鼎锋资产旗下包含股票基金、新三板基金、定增基金等多条产品线，通过各条产品线共同发力，带来了公司整体规模的发展；量化策略方面，目前富善投资旗下包含了套利、市场中性、CTA、股票多头等多条产品线，且主要产品线如 CTA、市场中性等管理规模均在几十亿元级别，在为投资者提供不同风险偏好产品的同时也实现了规模的增长。

值得注意的是，规模并非没有上限，它与公司投研团队的实力、策略的规模容量等息息相关。规模是一把双刃剑，在适度的规模范围内，随着管理规模的扩大，它会对公司业绩起到间接的助力作用；但当规模扩大到一定范围时，也有可能成为业绩的杀手，而随着业绩的下滑，又将给规模的扩张带来负反馈。当规模的扩张超过私募机构自身条件能够承载的极值时，甚至会给公司发展带来不可逆转的后果。如 2015 年牛市期间，部分私募机构趁着牛市的东风，疯狂进行规模的扩张，而忽视了自身平台在投资能力、策略容量上的限制，最终在危机来临时自尝苦果，旗下多只基金出现爆仓，公司多年积累而来的品牌也毁于一旦。在这种情况下，格上研究中心也发现，为了在规模与公司运作之间建立平衡，不少私募机构在规模的扩张过程中，开始适度控制规模。如重阳投资在 2015 年上半年认为市场过度疯狂，参与投资的风险收益比并不太高，故当时暂停了不少旗下产品的申购。

做甲方还是乙方——合作方的筛选

合作方的选择是私募机构在发展的过程中自始至终都需要面对的问题。从上游的交易、托管到下游的资金募集，都会涉及到合作方的参与。对于私募机构来说，合作方并不仅仅是一家帮助分担相关职责的公司，更是公司发展过程中的战友，好的合作方在为公司带来业务支撑的同时，还能够给公司带来更多的品牌溢价，而不称职的合作方不仅会在运营、投资上给公司带来更多困扰，在品牌的传播上也可能给公司带来负面影响。据格上研究中心了解，由于合作方的不成熟或者不稳定，最终给私募的经营管理带来困扰的事情时有发生。如有的私募成立初期资金来源主要为大客户或者大机构的资金，后期并未注重其他渠道的拓展，最终当资方由于某些原因赎回资金后，导致整个公司管理规模大幅缩水，给公司后续的经营带来了巨大挑战。

据格上研究中心了解，目前市场中大部分知名机构在合作方的选择上均有自己的一套标准，但是在公司发展的不同阶段，它们会根据公司发展的不同情况做出相应的调整：

在公司发展初期，由于公司在管理规模、研究资源的获取能力并不够强，且公司内部运营压力较大，故大部分私募公司在合作伙伴的选择上并不会设置太多的要求，更多是基于成本和利益的考虑，只要该合作伙伴与公司的理念一致、能够带来更多的资源、帮助公司更快的成长等，都在公司选择的范围内。

随着公司发展日趋稳定，在运营、管理上不断成熟，大部分私募机构开始注重合作伙伴的挑选，更倾向于去寻找对应领域最为优质和专业的机构作为自己的合作伙伴，通过强强联合进一步提升自身的竞争力。如在历经 9 年多的发展过后，展博投资便意识到精选合作伙伴的重要性，目前公司更愿意与一些理念一致、效率较高且符合公司发展战略的机构合作。比如在券商的选择上，展博更注重其研究价值，托管方面会选择效率较高、靠得住的机构等。又如，观富投资在挑选合作伙伴时除了要求合作方与公司价值观吻合外，还非常注重合作伙伴的品牌及未来的发展潜力。

投资者筛选私募攻略

随着私募行业的快速发展，目前证券类私募基金数量在3万只以上，证券类私募基金管理人超过8 000家，在庞大的私募机构和私募产品中，如何筛选心仪的私募，成为众多投资者的难题，基金评价体系的构建也引起了各方的关注。通过多年研究摸索，格上研究中心形成了一整套基金评价体系，主要包括定量评价和定性评价两个部分。

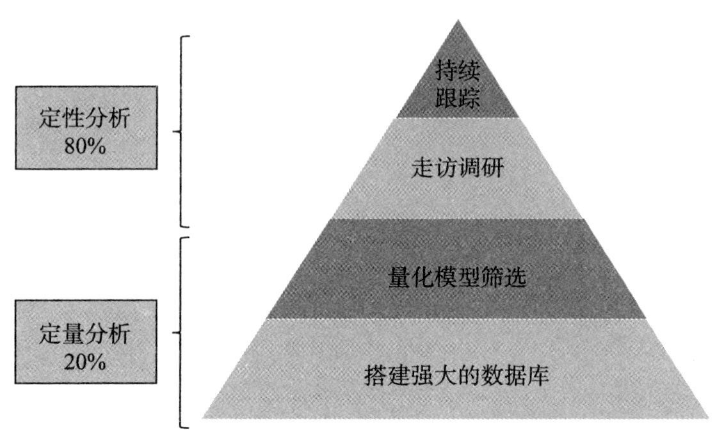

图 B-1　格上调研体系：定量与定性相结合

资料来源：格上研究中心。

科学的定量分析

在对于私募基金产品的评价过程中，过往的量化数据可以给出一个客观而又直接的答案。然而由于私募的私密性，在做定量分析时一般面临较大困难。

一方面，为了提高量化分析的有效性，需要尽量完善数据库。不仅要实现产品数据的完整性覆盖，还要对数据属性进行梳理，形成科学、统一的分析口径，并对待分析数据进行无效或错误数据剔除，清洗掉数据的噪音。

另一方面，需要正视量化分析在基金筛选中的有效程度。私募数据的样本种类较少、数量过低、质量较差是不争的事实，比如，相较于公募基金，对私募进行量化分析时，缺乏完整的持仓数据，净值数据体量也偏小，进而导致量化模型失效或显著性不高。因而，在量化分析的应用上，格上研究中心仅将其筛选比重降为 20%，更多用于私募基金的初选阶段，毕竟过往实现丰厚收益的机构，未来继续实现丰厚收益的概率，比过往业绩并不优秀的机构要高一些。

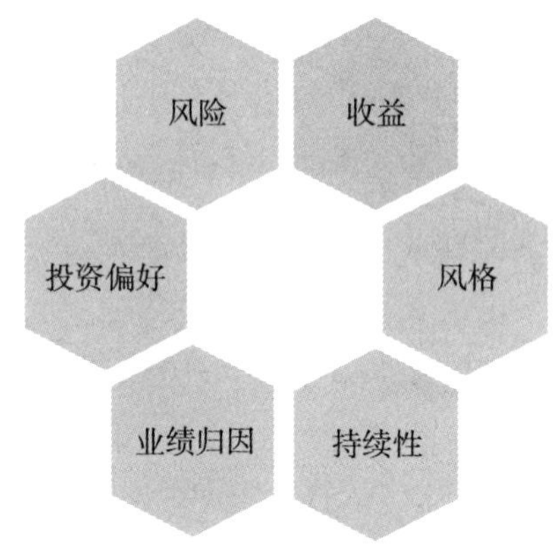

图 B-2　格上研究中心的定量分析因素

资料来源：格上研究中心。

鉴于此定量分析目的，格上研究中心采用的量化分析体系更多着眼于投资者的投资体验，并将长期持续投资理念注入其中，综合考虑私募基金的中长期收益、最大回撤、净值波动和风险调整后收益等指标，在关注盈利能力的同时，增加了对下行风险、业绩持续性、风格延续性等方面的考量。

前瞻的定性分析

面对未来的诸多不确定性，在定性分析之后，我们有必要对私募基金进行定性分析，并将主客观分析结果相结合，进而帮助我们对私募基金做出更全面、完整的评价和判断。从实际情况来看，由于私募的私密性较高，在定性评价过程中，不仅需要投资方面更高的专业性判断，还需要非投资领域的识人之明。

经过多年的沉淀，格上研究中心逐渐形成了 5P 原则，分别对公司的投资哲学、管理人团队、决策流程、投资组合以及过往业绩进行综合评估。

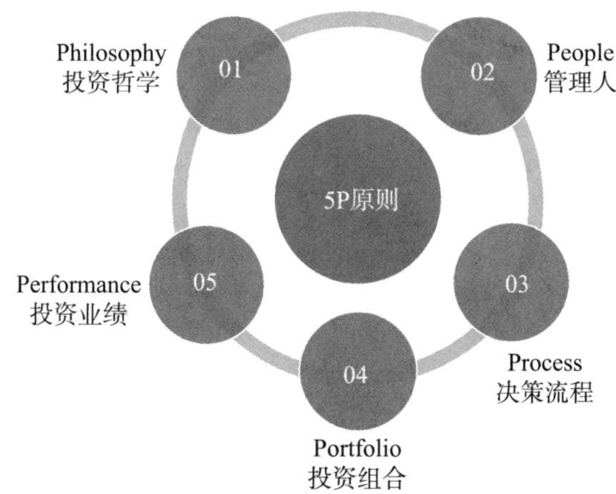

图 B-3 定性分析原则：5P 原则

资料来源：格上研究中心。

1. 投资哲学

私募基金的投资逻辑应该是最先被考虑的因素。成熟、稳定、适应市场的投资逻辑，是决定基金表现的原始动因，直接影响着私募基金未来业绩的确定性和持续性。

历经多轮市场考验的投资理念，更容易形成稳定的投资风格。一方面在风险上，经过长时间的市场浸润，基金经理从骨子里打上了敬畏风险的烙印，进而全方位地体现在投研风控的各个环节，而不仅仅是几条硬性止损措施。另一方面则体现在投资上，正所谓“专注创造价值”。长期磨炼的技能，更能在熟悉的领域或行情中，精确地把握投资机会。虽说历史业绩不代表未来，但投资者能够看到的、不会说谎的，也唯有投资业绩而已，风格越稳定，越有利于投资者对其进行评估。

◎ **成熟性。**投资逻辑成熟性体现在是否有一套行之有效的投资逻辑和投资体系；是否经历了长时间各种行情的检验；是否建立在对事件和市场的真知灼见基础之上。当面临多变的市场时，拥有成熟的投资逻辑意味着，可以通过完整的分析框架全面分析投资机遇与风险，并做出快速反应，而不仅仅依赖类似灵光一现的经验判断。毕竟经验可以成为判断的依据，但不能成为判断逻辑的全部。

◎ **稳定性。**具有坚定的投资理念是至关重要的，唯有这样才能使其在跌宕起伏的市场环境中顶住压力，坚持自己的判断和立场。如果一位基金经理过往一直奉行“价值投资”，但在某个时段突然发生了风格漂移，开始根据趋势选择投资标的，对投资标的的喜好也发生了变化，这无疑是一件比较危险的事情。每位基金经理都有各自熟悉和擅长的领域，若是突然脱离了舒适的投资体系，就需要对新风格和新理念进行更长时间的观察和确认，而不仅仅凭借短期的业绩表现做出草率的判断。

◎ **适应性。**投资逻辑的形成和发展是与特定时期经济发展水平、市场运行特征和投资者结构等状况紧密相关的。没有一种投资方法或逻辑可以适用所有市场，都需要根据市场环境的转变进行微调。例如巴菲特的价值投资被引入中国市场时，也面临水土不服的状况，因为巴菲特的理念有两大前提：一是资金的长期属性；二是成熟市场的低投机性。这些与中国市场都存在明显的不同。因而，价值投资也需要根据中国特色进行调整和变换，但其逻辑本身并没有发生变化。

当然，舒适的投资习惯，也可能反手成为桎梏。此时，有人选择坚持本我，放弃短期不适应的市场；有人选择听从市场，灵活应对。但无论选择哪条路，早已深入精髓的方法论仍是所有投资理念的核心与本源。如同一个人能够通过后天学习增强修养，却难以改变本性一般。

2. 管理人团队

私募的核心是人，需要对全部私募从业人员进行评估。其中，基金经理是私募的灵魂。对基金经理进行评判时，除了对其投资理念、思维深度进行考量外，还需要考察其作为企业管理者的能量。同时，对于其团队的考察评价也必不可少，只有拥有专业稳定的投研支持，独当一面的综合保障，基金经理才能将其能力发挥到最大。

格上研究中心在对基金经理进行评估时，总结了几个重点关注的方向：

◎ 首先是人品。人品端正的人才能保持良好的人生状态，长期维持对内、对外良好的合作生态，减少投资过程中出现非公平、欺诈等现象的可能性。为了全方位地了解一位基金经理，格上研究中心通常需要通过多种场景、与多人沟通加深了解，减低片面误判的概率。

◎ 其次是天分。基金经理是否具备投资天分，对宏观经济、市场表现或者某些事件是否有自己的真知灼见至关重要，这是区别卓越、优秀和平庸的主要考察方式。无论是个股选择、趋势研判、技术分析、量化建模等投资方法，都要有过人之处，方可脱颖而出，成为同类策略金字塔尖的少数精英。

◎ 再者是心态。无论做什么事情，焦躁、冲动都容易做出错误的判断，投资更是如此。如，要对市场抱有深度的敬畏之心；在投资面前不骄不躁，不被市场的情绪左右；面对已创造出的丰硕成果时依旧保持警惕，而在情况陷入窘境时不盲目悲观。很多人都知道要保持平和的心态，但知易行难，真正做到的凤毛麟角。其实，要做到真正的从容，还是源于深刻的市场认知和长远的投资视角。信心在，自然心态平。

◎ 最后还要考察其他综合能力。如，基金经理做人、做事、公司治理、规划等方面的能力等。其中，采用何种公司治理方式尤为重要。

公司治理是私募管理人做好投资业绩的核心保障，一个行之有效的公司治理模式，有助于私募机构的长远发展，也能够让基金经理专注于投资，避免精力分散。对于公司治理方式的评价，格上研究中心主要从以下三点着眼：

◎ **股权结构的合理性。**股东不仅能给予资金上的支持，还能够在投资、经营方面影响颇深。如，很多机构的核心投研团队本身就是主要持股人，这类私募一般拥有较高的投资积极性和团队稳定性。又如，有的机构存在潜在的实际控制人，需要抽丝剥茧地了解公司真正的经营意图或投资方法。再如，有的机构股权结构变更频繁，则要考察对公司投资和经营是否产生了实质影响。另外，倘若公司的股权高度集中于某一个或几个人时，对于这些实际控制者的考察就显得更为重要。

◎ **激励机制的有效性。**这是保证公司员工的积极性与忠诚性的最直接手段。良好的激励机制可以使员工对于公司产生足够的认同感和主人翁意识，也会使员工面对来自外界的诱惑时能够坚守自己的岗位，减少信息泄露和人才流失的情况。合适的激励机制包括给予员工股权激励、和业绩挂钩的绩效和提成、恰当的奖金、升职的空间等，将员工和公司的利益捆绑在一起。

◎ **管理的合规性。**在评估私募机构时，合规管理也是必须考虑的一环，否则一旦触碰底线，能力越强，导致的恶劣影响越大。在考察时，其运作基金的透明度、管理账户的结构、组织架构的完整性、公司的法律问题等均应纳入测评体系。例如是否设立了独立的风险控制岗，对投研人员的投资管理、对客户资金及自有资金的投资管理等是判断一家公司是否进行实质性风险控制的关键指标。

一个人的精力是有限的，再优秀的基金经理也无法面面俱到、事必躬亲地完成投资和公司管理过程中的每一项工作。充分发挥集体的力量，可以使投资决策达到最优。格上研究中心在评估团队时主要关注以下几点：

◎ **专业水平**：不管是投研团队，还是职能部门，专业水平都是考察的重点。投研团队只有拥有过硬的专业水平，才有能力找出对投资最关键的因素，成为基金经理的左膀右臂；职能部门只有具备独当一面的水准，才能够最有效率地完成既定任务，而无需分散基金经理的精力。

◎ **团队合作**：对于一个团队而言，能否成功地发挥出其最大效率的关键便是合作的能力。当一个团队里有恰当的团队分工、合理的规章制度、和谐的团队氛围时，这支团队才能实现最高的工作效率。反之，若一支团队的内部矛盾重重，哪怕其成员的能力很优秀，也难免“1+1 < 2”。

3. 决策流程

投资是个完整的体系，过程控制也很重要。一个高效、合规、完备的决策流程，是投资策略有力执行的保障。

首先，决策的形成讲求高效，在投决会或决策人员安排上，并非人员越多越好，而是涵盖关键部门、关键人物即可；在投资决策流程上，并非越长越好，尽量做到精简、高效，纷繁复杂的决策步骤更多是内耗，容易错失最佳投资时机；在决策的执行上，则追求近乎于完美的执行力，否则一切仅仅停留在纸面研究上，不过空谈而已。

其次，决议的形成讲求科学。例如，到底应该采用高度集权的决策机制，还是彰显集体智慧的全体投票，两种方式本身孰优孰劣并无定论，但需要与其采用的投资理念相通、与表决人员的投资实力相匹配。

最后，在决策全过程中均要体现出风险控制和合规管理的理念，格上研究中心认为，即使可能影响到决策的效率，必要的投资底线和经营红线仍坚决不能碰。这些均是在实际对私募进行评价过程中要考虑的问题。

4. 投资组合与过往业绩

对于私募基金最直接的评价指标，自然是其所持有的资产组合以及其过往的投资业绩。基金业绩是基金表现最直观的体现，通过量化分析体系可以分析出一些投资特征。而观察基金的投资组合，则是印证基金业绩与基金经理表述的投资逻辑是否一致的有效方式，即是否“言行合一”。通常，不同时点的重仓股、持仓明细、交易记录都是考察投资组合重要文件。例如，从重仓股中我们能够更加精准地窥探其重点行业布局和持股脉络，有助于进一步了解基金经理的投资能力和交易方式，也是验证基金经理是否言行合一或者眼高手低的直接方法。

结语

10 年是一个里程碑，10 年又是一个新的起点。中国私募行业从 2007 年以前的草莽英雄的灰色地带，到 2007—2010 年一场“硬仗”后挣得栖身之地，再到近年来的井喷式发展和迈向规范的新征程，发展已有十余载。私募行业已经在资本市场、中国金融体系中挣得一席之地，成为能够跟公募匹敌的重要参与者，行业影响力、社会认知度也在不断提升。近两年来，在强监管影响下，对规范化、合规化等提出全面要求，私募行业进入比较困难的发展阶段，优胜劣汰进程加速。

不过，在资管大发展、居民财富持续积累的大环境下，私募基金依旧面临巨大的发展机遇。对标海外来看，美国的私募行业管理的资金总规模是我国的 10 倍左右，而中国 GDP 总量是美国的 2/3 左右，因此中国的私募规模还有很大的增长空间，且中国私募基金管理人平均管理规模仅为美国的 1/20，千亿元级的“巨头”在国内更是凤毛麟角，未来私募行业的发展是非常可观的，有着广阔的发展前景。我们相信未来私募行业必将谱写出新的篇章。

本书回顾了过去十余年私募行业的发展历程，探秘 18 家资深私募机构走过的成长路，为正在探寻生存之道的从业者、投资私募的机构投资者及个人投资者、关注私募的读者呈现一部洞悉私募行业长期发展的书籍。要衷心感谢参与本次书籍专访的 18 家私募机构，感谢它们对格上研究中心编撰本书初心的认可和大力支持。它们讲述公司发展历程、分享突破困境的成功经验均毫不吝啬，让本书汇聚精华。特别鸣谢星石投资，为本书的文字修改提出了宝贵意见。特别感谢桂敏杰先生、高瓴资本的张磊先生在百忙之中为本书撰写序言，为本书增色颇多。最后，对所有支持编写的人致谢。

未来，属于终身学习者

我这辈子遇到的聪明人（来自各行各业的聪明人）没有不每天阅读的——没有，一个都没有。巴菲特读书之多，我读书之多，可能会让你感到吃惊。孩子们都笑话我。他们觉得我是一本长了两条腿的书。

——查理·芒格

互联网改变了信息连接的方式；指数型技术在迅速颠覆着现有的商业世界；人工智能已经开始抢占人类的工作岗位……

未来，到底需要什么样的人才？

改变命运唯一的策略是你要变成终身学习者。未来世界将不再需要单一的技能型人才，而是需要具备完善的知识结构、极强逻辑思考力和高感知力的复合型人才。优秀的人往往通过阅读建立足够强大的抽象思维能力，获得异于众人的思考和整合能力。未来，将属于终身学习者！而阅读必定和终身学习形影不离。

很多人读书，追求的是干货，寻求的是立刻行之有效的解决方案。其实这是一种留在舒适区的阅读方法。在这个充满不确定性的年代，答案不会简单地出现在书里，因为生活根本就没有标准确切的答案，你也不能期望过去的经验能解决未来的问题。

湛庐阅读APP：与最聪明的人共同进化

有人常常把成本支出的焦点放在书价上，把读完一本书当作阅读的终结。其实不然。

时间是读者付出的最大阅读成本
怎么读是读者面临的最大阅读障碍
“读书破万卷”不仅仅在“万”，更重要的是在“破”！

现在，我们构建了全新的“湛庐阅读”APP。它将成为你“破万卷”的新居所。在这里：

- 不用考虑读什么，你可以便捷找到纸书、有声书和各种声音产品；
- 你可以学会怎么读，你将发现集泛读、通读、精读于一体的阅读解决方案；
- 你会与作者、译者、专家、推荐人和阅读教练相遇，他们是优质思想的发源地；
- 你会与优秀的读者和终身学习者为伍，他们对阅读和学习有着持久的热情和源源不绝的内驱力。

从单一到复合，从知道到精通，从理解到创造，湛庐希望建立一个“与最聪明的人共同进化”的社区，成为人类先进思想交汇的聚集地，与你共同迎接未来。

与此同时，我们希望能够重新定义你的学习场景，让你随时随地收获有内容、有价值的思想，通过阅读实现终身学习。这是我们的使命和价值。

湛庐阅读APP玩转指南

湛庐阅读APP结构图：

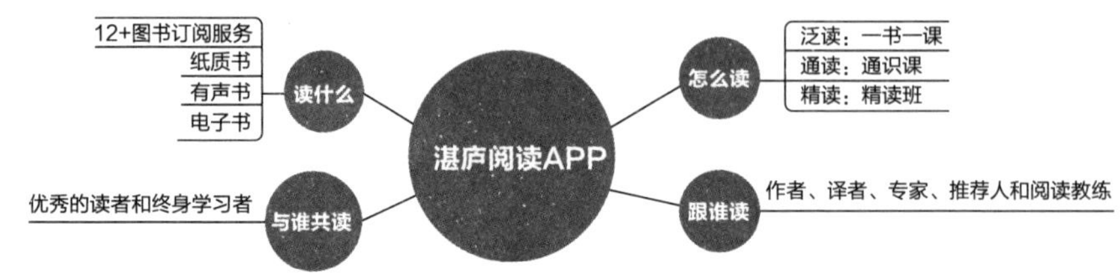

三步玩转湛庐阅读APP：

APP获取方式：

安卓用户前往各大应用市场、苹果用户前往APP Store
直接下载“湛庐阅读”APP，与最聪明的人共同进化！

使用APP扫一扫功能，遇见书里书外更大的世界！

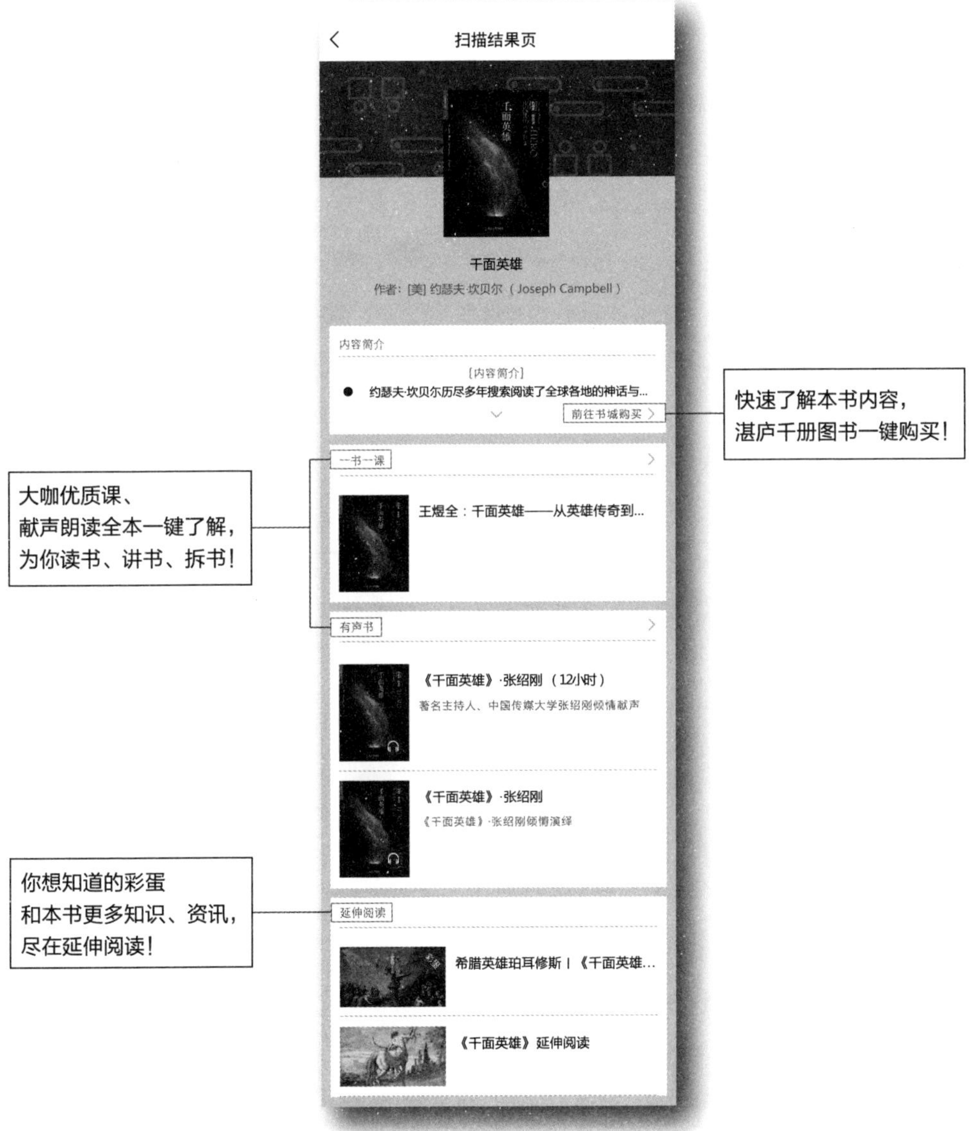

湛庐CHEERS

延伸阅读

《商界局外人：巴菲特尤为看重的八项企业家特质》

◎ 股神巴菲特、戴尔公司董事长兼CEO迈克尔·戴尔、投资新贵比尔·阿克曼强烈推荐，查理·芒格亲自审定。中国知名投资人张化桥倾情作序。

◎《福布斯》杂志号召“美国商界人士人手一本”的杰作。

《资本之王》(经典版)

◎《资本之王》(经典版)，全球私募之王黑石集团成长史。

◎ 唯一一部透视黑石集团运作内幕的权威巨作。

◎ 首度展现黑石创始人史蒂夫·施瓦茨曼叱咤风云的私募传奇。

《投资中最简单的事》

◎ 轰动中国投资界的惊雷之作！盈利就是做好那些最简单的事情！

◎ 高瓴资本集团创始人兼董事长张磊专文力荐，国务院发展研究中心金融研究所副所长巴曙松等名家一致盛赞。

《富可敌国》(经典版)

◎ 顶级对冲基金大亨们的传奇人生。

◎《金融时报》与高盛最佳商业图书入围作品。

◎ 金融业的未来取决于对冲基金的历史。

图书在版编目（CIP）数据

私募的进化：金融超级蓝海中的跌宕十年 / 格上研究中心著．—成都：四川人民出版社，2018.3

ISBN 978-7-220-10715-3

Ⅰ．①私… Ⅱ．①格… Ⅲ．①股权 – 投资基金 – 研究 – 中国 Ⅳ．① F832.51

中国版本图书馆 CIP 数据核字（2018）第 040224 号

上架指导：金融 / 投资理财

本书法律顾问　北京市盈科律师事务所　崔爽律师
张雅琴律师

SI MU DE JIN HUA

私募的进化

金融超级蓝海中的跌宕十年

格上研究中心　著

责任编辑：吴焕姣　杨雨霏　蒋伦智
版式设计：湛庐文化 Cheers Publishing　李新泉
封面设计：WONDERLAND Book design 仙境 QQ:344581934
责任印制：王　俊

四川人民出版社出版
（成都市槐树街 2 号 610031）
石家庄继文印刷有限公司印刷　新华书店经销
字数 354 千字　开本 720 毫米 ×965 毫米　1/16　印张 22.5　插页 1
2018 年 3 月第 1 版　2018 年11月第 4 次印刷
ISBN 978-7-220-10715-3
定价：79.90 元